貨 幣 如 何 改 變 我 們 的 生 活 及 未 來

錢的歷史

COINED

The Rich Life of Money and How Its History Has Shaped Us

KABIR SEHGAL

卡比爾·賽加爾 著 林添貴 譯

時報出版

重量級推薦

賽加爾在本書中敘述數百年來金錢對人類具有的意義，也提出壯觀的未來前景。他已替我們奠定基礎，方便我們向前走，賦予金錢新意義並安排金錢在我們生活中的新角色。

——尤努斯（Muhammad Yunus），諾貝爾和平獎得主

很精彩的紀錄，冶歷史、哲學和個人軼事於一爐。賽加爾的觀點不僅吸睛，還啟人深思。

——艾薩克森（Walter Isaacson），暢銷書《賈伯斯傳》作者

《錢的歷史》與一般談論貨幣的教科書截然不同，本書非常有趣。賽加爾將刺激你思索，我們的金錢危機和金融體系。

——沃爾克（Paul Volcker），美國聯準會前主席

寫得真好，很有創意。這本妙書，將讓你以全新方式思索金錢。如果你想了解金錢如何影響人類，以及它將如何繼續影響我們的行為，請讀本書。

——拜爾（Sheila Bair），美國聯邦存款保險公司前董事長

對貨幣史很不尋常的檢討。賽加爾寫了一本引人入勝的書，跨越數千年歷史，介紹讀者認識影響貨幣歷史的許多重要人物。

——卡特（Jimmy Carter），美國前總統

天底下最好的東西是免費有好康，但是自有人類文明以來，金錢對人類一直有最深刻的影響。賽加爾這本書描繪錢幣史話栩栩如生，值得你花點辛苦賺來的錢買來拜讀。

——布蘭森爵士（Sir Richard Branson），維京集團創辦人

撰寫金錢的文章比賺到錢容易多了，賺到錢的人則譏笑只知寫文章的人。

——伏爾泰（Voltaire）[1]

根據傳說，那是一個純金製造的寶城，有白銀鎖和鑽石門，一切都精雕細琢，使用最貴重的材料，依賴最精緻的技巧。瑟爾希巴的居民誠心誠意相信傳說，他們尊敬可能跟天城有關的一切東西：他們儲存貴重金屬、罕見寶石，他們摒棄一切短暫的絢麗，他們開發整體的諧合。

——卡爾維諾（Italo Calvino）[2]

敬啟者：

我們很遺憾向大家報告，展覽館陳列的百年誕辰紀念硬幣不見了。不論是哪位先生女士持有這些硬幣，鑑於它們的重大歷史意義，懇請你交還。這些硬幣是印度總統在德蕾莎修女百年誕辰時親贈給博濟會（Missions of Charity）總監的紀念物。我們願以等值的錢幣換回這些硬幣，也保證全程保密。

——印度加爾各答德蕾莎修女聖母之家張貼的公開信

目次

推薦序（一）

金錢並非萬能，沒有錢萬萬不能？

劉奕成

余憶童稚時，不敢張目對日，不能明察秋毫。說來俗氣，在我依稀記憶可及的童年，先認識的除了家人、食物，好像就是「錢」。

那是一兩歲時，還是三四歲時，我記不太清楚，反正歲數又不是錢財，毋需錙銖比較。彼時家中寄寓工寮，晚上常見一群剛下工的勞動者拿出傢伙，開始玩起遊戲。我搬張小凳子坐在一旁觀戰。在眾聲喧嘩中，看到人們往砌好的城池中投擲紅紅綠綠的紙。每一陣子，就會有人塞張紙到我手中，說：「給你吃紅啦！」

全世界的小孩子，不論識不識字，快樂或悲慘，在很小的時候，就認得「錢」。有的從在柑仔店買柑仔糖，先認得錢「支付」的用途，有的從幫父母存紅包，先認得錢「儲蓄」的用途，也有像我在認得「東南西北中」幾個字的同時，先認得錢「遊戲」的用途。

我們都不需要太久，就發現除了最初的驚喜之外，錢還有多般功能。張大嬸教我：「有錢能使鬼推磨。」李大媽也說：「我家東西都是錢伯伯送的。」初出茅廬的有志青年，最早發現錢的功能有其侷限性，告訴幼小的我：「金錢不是萬能。」然後在受盡挫折之後在我耳旁再補一句：「但是，沒有錢萬萬不能。」

沒有錢真的萬萬不能嗎？我尋思良久。我們不但很早就認識錢，也知道錢的影響力很廣，踏遍世界各地，只要拿出當地的錢，甚至是美元，就能夠用錢換得一定價值的商品或服務。但是我們可能跟錢太熟悉了，於是不曾尋思過錢的身世、意義和價值。

作者賽加爾（Kabir Sehgal），是我在摩根大通的前後期同事，身為投資銀行家，天南地北的飛是生活的日常，我當年趁機造訪大聯盟棒球場、ＮＢＡ籃球場、歐洲的足球場，才華洋溢的作者，不但有金融專業，同時也多次贏得葛萊美獎，這樣一位橫空出世的怪才，則是趁著天涯行旅的機遇，遍尋耆老，追索錢的身世、錢的脈絡，甚至於錢的生態系。

這樣獨特的切入角度，造就了這本書的奇幻面貌，作者嫻熟經濟學及貨幣銀行學，但並沒有使用艱澀的經濟理論闡述貨幣，而是透過自然界的共生關係出發，溯源錢的歷史、剖析交易的本質，從而援引賽局理論的囚犯困境，延伸出人類的合作與分工問題，緊接著奇峰突起，從理性預期引領讀者進入投資組合最適化，並從金融海嘯探討非理性的人類行為，帶領讀者進入全新的神經經濟學領域，流暢的推理底層，是堅實縝密的經濟理論基石。作者「上窮碧落下黃泉」，穿梭古今「美」外，最後連外星人也登場現身說法。我絲毫不怕爆雷，因為誰能想像得到外星人跟錢有什麼關係？

經濟學原本是解釋經濟活動的語言，然而我們在學習經濟學的漫漫坎坷路途上，才發現大部分的經濟學課本，其實用的是詰屈聱牙的文言文，難怪學習之旅事倍功半。上過經濟學最基礎課程的人，所謂生產四要素：勞動、土地、資本和企業家精神。如果你我詢問經濟學如何高分過關，但是已經四五年沒碰教科書，還是回答得七零八落。不過，如果從一開始我們就是以投顧老師的語言來記得這件事，我們會記得：「偷搶拐騙不算，合法的賺錢方式有以下四種：憑自己的勞力賺錢、靠土地賺錢、用錢滾錢，還有讓別人替自己賺錢。」投顧老師用淺白的說法，讓大眾輕易入門、永誌不忘，更建立自己的江湖地位。這本書的作者，就有這樣的本事，深入淺出，攫得讀者的心，無怪乎書籍一出版就榮登《紐約時報》及《華爾街日報》的銷售冠軍。

書中最令我咀嚼再三的，是錢幣也可以是象徵性的藝術，在電影《最後一封情書》（*Dear John*）中混鑄幣就成為重要的配角，每個硬幣的符號表徵意義不盡相同，稀有性造就其不凡。我們不妨想像一下幾年後金錢會以什麼模樣存在，是否交易的目的消失，還是能以另一種蒐藏的形式流傳下去。

會有這樣的懷想，是因為許多人都體認到，在全世界吶喊「去現金化」的浪潮下，金錢未來未必仍以傳統的紙鈔、硬幣形式存在，可能只是一串數字。此外，數位貨幣自比特幣

（Bitcoin）開始，區塊鏈（BlockChain）的破壞式創新，預期將徹底改變金融業的基礎架構，由傳統的中心化，轉變為多中心化，到最後的去中心化，未來在物聯網及區塊鏈成熟後，可望發行電子貨幣，讓大至大企業、小至個人戶皆可透過帳聯網完成所有交易。未來的金錢也許是一串的數字，也許是一串的二進位碼，也許是我們現在根本想像不到的一種全新型態。

所以「沒有錢萬萬不能。」這句話還算話嗎？你指的如果是錢的「現金」意涵，這句話可能要改。我們可以沒有「現金」。但是如果指的是流動資產如存款帳戶，在可預見的未來，「錢」當然還在，但是風貌已經大異其趣。

是怎麼樣的面貌？讓我們翻開扉頁，錢來也，錢攏來了。看看「錢」從過去到現在的面貌轉化，或許可以揣想「錢」從現在到未來的可能變化。終於，談起錢，不再俗氣，感覺有點學問，非常有趣。

——劉奕成，中國信託商業銀行信用金融執行長

推薦序（二）

金錢的未來形式

穆罕默德・尤努斯

一九七四年，我在孟加拉吉大港大學（Chittagong University）教授經濟學，每天必須經過毗鄰新校舍的典型小農村卓布拉（Jobra），才能抵達校園。同一年，孟加拉發生嚴重飢荒，數百萬人受苦受難。當我發現自己無力解決民間疾苦時，頓時感到知識的傲慢開始溶失。我以為至少一次能救一個人，也是功德，能夠稍解無力感。

我抱著這個微弱的使命感，開始每天在村子裡走動。視線所及，百廢待舉，我也不知從何下手。此時，我發現農村高利貸盤剝嚴重，最貧窮的人慘遭此一機制剝削。我本著「一次一人」的信念，開始用自己的錢借錢給窮人，自此誕生了微型信貸的理念。

我借錢給窮人的經驗，幫助自己重新評估金錢的價值。經濟學對金錢的傳統定義，狹隘地把它視為一種工具，用來最大化人類自我利益，或是當作慈善，散布出去。可是金錢也可用來推進重要的社會目標，例如降低貧窮、保護環境，但是這些目標需要創新的運用，以及願意用新視角，透過多元學科來看待金錢。賽加爾的新書《錢的歷史》正是這樣一本適時的著作。

我在二〇一〇年於紐約市首度認識賽加爾。他非常關心二〇〇八年金融危機給全世界數以百萬計的人帶來苦難，他同意我的見解：我們需要重新設計金融體系，讓它們更負責任、更包容生民。他甚至更進一步想要明白，金錢為何及如何影響我們的生活，甚至想要重新評估金錢在我們生活中該扮演的角色。當時他提到想寫一本書，希望該書能豐富我們對金錢的理解、擴大我們的視界，補強我們的財經知識。

他千辛萬苦完成這本書，對金錢提出獨到、令人驚艷的研究，金錢不僅是買賣的工具，透過時代演進，也是人類的沿伸。這本書反映我們多層面的性質，它透過生物學、人類學、歷史，和神學等不同學科，探索金錢和交易。賽加爾檢驗金錢的用途、創造，和長久以來的變化，也檢視金錢未來的形式，為何金錢是我們生活裡的強大勢力，乃至應該如何運用金錢。

賽加爾檢討金錢的前世和今生，也推論可能的未來。我最感興趣的是未來金錢的形狀：會變成什麼樣子？如何在變動中的社會保有力量？這是我透過微型信貸所認得的金錢角色，這個概念可以使人們有能力，促成社會有意義、可永續的改變。這也是我透過不配息的社會企業——它們以解決人間世問題為職志——所看到金錢的力量。愈來愈多人讀到本書，擴大他們對金錢的了解，知道目標不在積攢財富，我希望他們在未來開辦社會企業。

姑且不論錢幣的未來會如何演變，賽加爾寫了這本書，對我們貢獻卓著。他已在本書中敘述數百年來金錢對人類具有的意義，也提出壯觀的未來前景。他已替我們奠定基礎，方便我們向前走，賦予金錢新意義並安排金錢在我們生活中的新角色。他也想像未來，以金錢作為建設我們珍惜的世界基礎，又會是怎樣的景象。謝謝你，賽加爾。

——穆罕默德·尤努斯（Muhammad Yunus），

諾貝爾和平獎得主、孟加拉鄉村銀行（Grameen Bank）創辦人

導言

金錢是什麼？

紅燈。

雅加達。

遲到了。

一個憔悴的赤腳女乞丐抱著嬰兒，就在我坐的計程車前方踱步。我們四目交視。我把頭轉到另一邊，我看到另外好幾個乞丐排成一行，伸出食指。

真奇怪。

街上的聲音和遠處傳來隱約可聞、呼喚禱告的聲音，和諧地交織在一起。宣唱現在已進入第三段，提醒我伊斯蘭在這個城市的角色——這是人口將近一千萬活潑的大集合體。

我離家數千里，就這樣置身其中。

燈變綠了。

該動了。

咦，怎麼不走呢？

我催司機老大：「老兄，走啊！」但是他不動，腳還踩在煞車上，別人已經按喇叭催了。乞丐靠過來。我預期她會敲窗子，於是把頭轉開。

前門開了。

嗯。

她一屁股坐下來，開始轉動空調。我不知該怎麼抗議。

我們四個人——司機、女丐、嬰兒和我——默不作聲，計程車動了。這是綁票嗎？如果是的話，這可是最靜悄悄、最有秩序的綁票。或許我該打開《寂寞星球》（*Lonely Planet*）印尼篇，瞧瞧它怎麼建議自衛保身術。

我們很快就上到快速道路，進入高承載車道。我終於明白了。

這不是綁票，而是一樁交易。這個女乞丐變乘客，讓司機和我合法使用快速車道，換取小費。她是雅加達許多亂世求生者之一。這些人不在乎車子把他們載到哪裡，司機也不在乎。其實，我也不在乎。

我們追求的是同樣東西：我們都想賺點錢。女乞丐很高興坐幾公里順風車，可以換幾塊錢；司機老大每天跑車上百公里，為的是掙錢養家；而我飛了一萬公里來異地，為的是一個投資機會。

乍看之下，錢只是交易工具、交易的通道口，從一雙手換到另一雙手，但是錢絕非僅是用來交換的東西。從更寬廣的視角看，錢在這個交易中扮演一種社會、心理、自然，甚至藝術的角色。

由於錢的緣故，我遇到之前從未見過的三個人。雖然我沒把他們加入臉書朋友（印尼是臉書最大的市場之一），金錢協助建立一個以前根本不存在的關係。金錢刺激和打造了我們的互動。

金錢也刺激大腦：預期會有收穫的想法啟動依伏神經核（nucleus accumbens），這個大腦的獎賞中心。賺錢的念頭，或許刺激司機和女乞丐腦中的依伏神經核。以為會損失金錢、以為我被綁票，啟動我的杏仁核（amygdala），也就是大腦的恐懼中心。

金錢扮演自然或演化的角色。在最基本的層面，人類受到需要與渴望生存所驅動。所有的人類必須與其他人交易以便生存。計程車上的四個人可謂互相依賴：我希望車子把我送到目的地；司機希望收到車資；女乞丐想賺小費；而嬰兒有個地方安穩睡一會兒。金錢幫助我們取得資源而生存，從一口飯到有個地方休息，都是如此。固然金錢是人類發明出來的東西，但所有的有機體靠的是交易才能生存。從海膽、海藻到鳥與花，在地球上交易是生命的根本。

在印尼這個世界一隅，鳥與花甚至印在鈔票上。一九六〇年，印尼中央銀行（Bank Indonesia）發行印尼盾（rupiah）紙券，印上本地的生物，如太陽鳥、綠色野禽、月下香、九重葛。在這裡，金錢不僅是價值的象徵，也是印尼社會珍視的事物之象徵，有如本地生長的花卉和動物、國家著名山峰和金玉格言，或是國父。某些紙鈔印著印尼的國徽金翅大鷹胸盾（Garuda Pancasila），一頭大鷹緊抓著一條彩帶。大鷹（Garuda）實際上是印度教毗濕奴神（Vishnu）的象徵——對於全世界伊斯蘭信徒最多的國家，紙鈔印上大鷹很不尋常。但這個象徵透露印尼文化史上的一個篇章，以及印度教如何在西元二世紀傳入這個島嶼國家。事實上，這個象徵可以追溯到西元前第三個千年，古代美索不達米亞（Mesopotamia）的鷹與蛇的神話。這個象徵傳遍許多地區，數千年來有好幾個文化將它納入。譬如，美國一元紙鈔的背面有大璽，它的正中央就是一頭老鷹。牠的嘴尖叼著一條彩帶，乍看就像一條蛇。金錢上的象徵是一種文化化石，連接到我們的歷史，可作為我們未來的標竿，提醒人們應該期許怎樣的美德。

金錢是演化的產品？

我從來沒想過要到投資銀行任職。事實上，我上班第一天還哭呢。我在倫敦念完研究所後搬到印度芒伽羅（Mangalore），和好朋友攜手創業，成立一家線上教育公司。我們燒光了資金，因此我向倫敦的投資銀行投履歷表，申請電腦程式師工作，以便存錢還債。雷曼兄弟（Lehman Brothers）和J．P．摩根（J. P. Morgan）兩家公司都願意雇用我。我希望可以說，自己的眼光好，仔細考量它的歷史重要性、堅若磐石的財務平衡表，以及閃亮的管理團隊，因此選擇了J．P．摩根。但其實不然，我是以公司位於哪裡做出決定。J．P．摩根的辦公室在倫敦市中心，而雷曼兄弟位於東倫敦康納利碼頭（Canary Wharf）的金融區。我不喜歡天天搭捷運趕上班，因此就選了J．P．摩根。

上班第一天，我就後悔了，因為在銀行上班。在銀行上班沒有不好，只是個性不合。我必須穿衣領燙平的襯衫上班，每封電子郵件結尾必須附上：謹祝平安。我必須學習如何使用財金術語，搞好我的經理。一切都正經八百，跟我憧憬的人生完全不同。

在倫敦工作幾個月，也在舊金山過個水之後，我在二〇〇八年被調到紐約新興市場證券部上班。我是個經紀人，負責把開發中市場公司的股票賣給大型法人投資人，例如退休年金、共同基金，和管理數十億美元資產的避險基金。我認真工作，但心裡總是有個念頭：這份工作我不會做太久。

不久，世界開始天搖地動。首先，J．P．摩根紐約辦公室位於中央大火車站（Grand Central Terminal）上方，因此當火車駛近時，你可以感到轟轟作響。其次，雷曼兄弟垮了

（我在印度參股的公司也垮了），金融大危機正在上演。我占了十分獨特的位子。我在大樓交易廳一排桌子中有個座位，大樓屬於身陷危機的其中一家銀行所有。我可不是坐在邊邊角角的位子，其實我就在賽局之中。當時我赫然想起，至今還是沒忘記：我就是歷史的一部分，我決定留在這一行裡，而且也沒有被裁員。

身為全球市場的菜鳥，我被新聞報導中那一連串字母縮寫代號：AIG（美國國際集團）、AAA（預期違約風險最低）、CDS（信用違約交換）、TARP（問題資產拯救計劃）、VOL（成交量平均線）、ZIRP（零利率政策）搞得七暈八素。我在手提電腦裡開了一個SGO檔案，意即「狗屎進行中」（Shit Going On），把預備週末抽空讀的東西儲存在其中。我被金融危機造成的傷害嚇到，但是我不明白究竟怎麼會如此。我坐在地鐵六號線，看到成年人因為遭裁員，淌著眼淚抱著一紙箱的文件回家。我記得在電視上看到美國人住家被法拍，一臉悲戚。時隔七年，我已經被擢升為副總裁，但還在努力思索個中原因。

我立志要搞懂金融危機和它的肇因。我花幾年功夫研究，這本書即是心得結晶。我從讀一些有關金融危機的書開始，很快就發現，自古以來金融體系的風暴和蓬勃此起彼落，從一六三〇年代荷蘭的鬱金香狂熱，到二十一世紀之交的達康（dot.com）泡沫。我閱讀歷史著作，如查爾斯・金德柏格（Charles Kindleberger）和羅伯・艾利伯（Robert Aliber）的《狂熱、恐慌和崩盤》（*Manias, Panics, and Crashes*），以及羅傑・羅文斯坦（Roger Lowenstein）

的《天才失敗時》（*When Genius Failed*）。這些舊教科書加深我對經濟史的興趣，引導我去讀亞當・斯密（Adam Smith）、大衛・李嘉圖（David Ricardo）、約翰・史都華・彌爾（John Stuart Mill）、卡爾・馬克思（Karl Marx）、約翰・梅納德・凱因斯（John Maynard Keynes）、腓德瑞克・海耶克（Friedrich Hayek）、穆瑞・羅斯巴德（Murray Rothbard）和米爾頓・傅利曼（Milton Friedman）等經濟哲學家的著作。我讀了好幾百本書尋找答案，讀得愈多就愈加想深入了解。

我對金融危機的研究，激發自己問一個更廣泛的問題：金錢究竟有哪部分是我們無法掌握的？金錢有些部分讓我們產生怪異、不理性的行為。我從丹尼爾・康納曼（Daniel Kahneman）、阿莫斯・特佛斯基（Amos Tversky），和李察・塔勒（Richard Thaler）等行為經濟學家的作品去找答案，他們都是研究人們做經濟決定時的心理。他們的研究引導我接觸布萊安・柯納森（Brian Knutson）和保羅・格里姆契爾（Paul Glimcher）等神經經濟學者的著作，他們檢驗及詮釋人們做財務決定時大腦的狀況。包括財務在內的所有決定都由大腦主導，於是我又研究演化經濟學家海姆・歐菲克（Haim Ofek）的作品，他研究數千年來大腦是如何發展，以及金錢是否是演化過程的產品。我愈是深入研究，愈是想擴大研究的範圍。我發現竟然有這麼多角度，可以了解金錢是什麼。

很顯然，若只是聚焦金融危機，或以傳統經濟學考量金融，會讓人看不到金錢對我們的意義之全貌。何況，世界不需要多添一本研究二〇〇八年金融危機的書。

金錢就像音樂的音符。敲了一個音鍵，許多音符在另一頻率如響斯應，而我們卻聽不見。同理，金錢也有許多面向是我們看不到的。就以兩千五百美元做例子。即使數字相同，把它當作歲入、所得、稅款、戰利品、賄賂、特定撥款，或酬勞金看待時，它的意義都不同。某人是否積攢兩千五百美元，或是把它捐給紅十字會，會透露出他們的價值觀、個性，甚至宗教信仰。假設某人付給岳母兩百五十美元，作為她代為打理感恩節晚餐的酬勞。如果這是可接受的行為，人類學者就可以從此觀察分析社會：市場規範取代了家庭規範。從這個案例可以了解，金錢改變了社會規範，修正了人類行為。

金錢的必要，以及它的多重頻率，導引我走到一個更廣泛的問題：金錢有什麼特色，讓全世界繞著它奔忙？我對金錢的癡迷（不是要賺錢，而是要了解金錢）即受這個問題所影響。本書的核心就是這個問題。

用多元方法思考金錢

金錢的傳統定義是，它是交易的媒介、計價的單位，以及價值的保存。它可能源自於經濟學家威廉·史丹利·紀旺斯（William Stanley Jevons）一八七五年的專書《金錢與交易的機制》（*Money and the Mechanism of Exchange*）。這個定義很貼切描述金錢的經濟功用。前文提到的計程車經驗，鈔票擔任交易的媒介，易手的有價值的東西。它也作為印尼人計價的單位，因為它提供衡量服務的標準計算，在這裡服務指的就是搭計程車。我們不爭論一萬「盾」值得什麼。它也是價值的保存，我把它放在皮夾裡，隔幾小時、幾星期，甚至幾年後再拿出來，它大約還有相同的價值（不考量通貨膨脹和其他長期下來影響金錢價值的發展）。

但是，我的計程車經驗告訴我，金錢並不只扮演經濟角色，傳統的定義也有侷限，它沒有考量其他詮釋金錢的方法。

更廣大的視角需要有更廣義的定義：我把金錢界定為價值的表徵，用以代表其他東西價值即東西的重要性或值不值得，因此金錢是某種有價值、重要性的東西之表徵。

這一簡單但廣義的定義並非我原創，但是它讓我們超越把金錢單純視為貨幣工具。它有助於我們聽到金錢的不同頻率，並替本書的議題拼圖定下框架。儘管金錢在本書中被透過萬花筒稜鏡觀察，但是它一直可以被理解為價值的表徵。每一章都透過不同的視角稜鏡析解金錢，以便用新角度觀察同一主題。這正是本書的宗旨：打造多元方法思考金錢。

方法之一是把金錢看作有生命的東西。它活著、能睡覺，它呼吸也會自己調適。這是因為我們人類變動不居，自從金錢創造以來，已將它調適為更符合我們的需求，從貴重金屬變成塑膠貨幣。但我們固然認為是自己決定金錢的形式，其實金錢也影響我們。一想到金錢，我們的皮膚導電係數就增加。我們大腦把金錢視為刺激，所以大腦掃描到某人即將吸入古柯鹼，其實和即將拿到錢的人的反應，幾乎無法分辨。金錢之於我們，就和巴伐洛夫（Pavlov）和他的狗一樣：期待有所收穫，會刺激和制約大腦。

有些學者認為金錢可能導致宗教的成立或散布。希臘、印度和中國發明硬幣，畢達哥拉斯（Pythagoras）、佛陀和孔子等領導人都有成群的追隨者。處理金錢是許多宗教經書的中心題目。〈馬太福音〉中十分之八講道都提到金錢或財富。金錢可能影響我們的宗教信仰和調整我們的神經線路，證明它的無所不在和影響我們的生活。它幾乎介入我們生活的每一部分：從出生，為新生嬰兒送禮；到死亡，得到遺產；到來世，購買贖罪券以拯救靈魂。

我以本書原文的副標題：金錢的豐富生命和它的歷史如何影響我們，把金錢擬人化，以突顯它的影響力。我也採用生物學的設計，作為本書的組織架構。這本書討論金錢的生命，它區分為頭腦、身體和靈魂三大部分。

在頭腦部分，我問「為什麼？」也就是，為什麼我們使用金錢？我運用生物學、心理學和人類學來回答這個問題。在第一章，我前往加拉巴哥群島（Galapagos Islands）追尋交易的源起。這是一個很奇特的起始點，但是檢視金錢之前，我們必須先了解交易的性質。在這些島上，我認識一些科學家，他們教導我生物演化過程，以及交易在地球生命的重要性。我把每樣東西都歸結到細胞，用來理解為什麼生物互相交易以及進入共生關係：通常是為了取得食物和資源以便生存。在大自然世界裡，能源可作為一種通貨。但是在人類世界裡，金錢也是首要的通貨。為了處理金錢，人類必須具有象徵性思考能力。因此我探尋大腦的演化和擴張，以及象徵性思想的第一個跡象，如何出現在幾萬年前洞穴畫之中。

在第二章，我進入到大腦裡面，檢視財務決定的心理學和神經科學。下意識悄悄地在表象底下運行，即使我們不認為如此，但大腦的確已在進行財務決定。例如，氣候會影響一個人給服務生多少小費；店裡播放那一類型的音樂，會影響顧客買那一種酒；甚至基因可能會影響某人做出有風險的財務決定。神經經濟學的應許、神經科學和經濟學的連結關係，可能比傳統經濟模型更能告訴我們人類行為的意義。神經經濟學可以揭露為什麼要花錢，或至少能了解哪些隱性力量指導我們的財務決定。

在第三章，我探討社會大腦、群眾的集體智慧。有些人類學家主張，是債務而非以物易物，才是金錢的前身。我發現不同的文化如何處理社會債務或餽贈：紐西蘭的毛利人、所羅門海特羅布里恩群島（Trobriand Islands in the Solomon Sea）的居民、太平洋西北部的瓜求圖人（Kwakiutl），甚至使用Napster和Kickstarter（譯按）的網路鄉民。我探討餽贈經濟在哪裡終止，市場經濟又在哪裡開始。當市場價值至高無上時，加上每樣東西都有價格，它會導致債務的黑暗面。當社會債務轉化為市場債務時，它可能造成卑鄙的行為，如以債務逼人為奴。

在身體部分，我問「什麼？」也就是：錢是什麼？我藉由研究有史以來金錢的實體形式，以及它未來可能的形式來回答這個問題。第四章是有關硬體貨幣（hard money），從貴金屬製作的錢之故事。我參訪紐約聯邦準備銀行（Federal Reserve Bank）地下室金庫，看到政府採取很慎密的措施保護黃金。我追蹤從古代美索不達米亞到古代埃及，以金屬為錢的源起。西元前七世紀，硬幣在利底亞（Lydia）出現。在後來幾個世紀，散布到整個希臘和地中海世界。羅馬帝國時期，硬幣脫離以金屬為基礎，依政治原因操縱。在改變金錢的形式時，人類亦試圖打造社會及控制別人。

第五章是有關軟體貨幣（soft money），即與金屬不相干的錢之故事。我發現十世紀的中國最早使用紙鈔。十三世紀的忽必烈汗，廣泛使用紙鈔來統一他的帝國。但紙鈔只是現代金融制度的一部分，十八世紀的法國是紙鈔如何可以重振衰疲經濟的例證。約翰·勞（John Law）的金融制度雖只存在四年，部分拜軟體貨幣之功，它達成財政復活。現代財政制度依賴軟體貨幣，因此我研究美元的歷史，直到它在一九七一年與黃金脫鉤為止，並且說明聯邦準備理事會和銀行業如何合作創造今天的金錢。

第六章是有關未來的故事，好的、壞的，以及難以想像的故事。如果世界遭遇經濟劇變，我們可能倒退使用商品和服務。在二〇〇八年的金融危機中，黃金價格飛漲。許多人恢復以物易物，拿實體商品交換，而不只用鈔券。如果世界避開災難，金錢有可能愈來愈走向塑膠化和無形化。在新興國家，信用卡不多，但有極多的手機。當手機成為全世界數十億人偏好的支付方法時，金錢的未來將會實現。金錢的未來或許會像科幻小說：網路虛擬錢包（neural wallet）的興起，人人連線到儀器，就可以透過它交換思想和能源。

在靈魂部分，我問「如何？」也就是我們應該如何運用金錢？我轉向人文學科，如宗教和藝術。金錢不只是價值的象徵，也是我們價值觀的象徵，要看我們如何使用和表達。在第七章，我突顯主要宗教如何提供豐富的指示、教導如何處理金錢。我摘述《聖經》、《妥拉》（*Torah*）、《古蘭經》（*Koran*）和《吠陀》（*Vedas*）的教訓。在這些經文中，談到實質財富，似乎有一種精神邏輯，認為「少就是多」或「夠就夠了」。例如，耶穌建議一個富人賣掉俗世的財物而追隨他。在印度教裡，透過經驗物質享樂（artha），人覺悟到需要拋棄它而獲致解放（moksha）。

在第八章，我和一位考古學家一起到孟加拉鄉下，尋找托勒密（Ptolemy）曾經提到的一個失落的文明。透過在遺址發現的一堆硬幣（金錢的象徵），我們可以辯識這個文明。這些象徵、藝術，有助於把金錢提升到有價值的金融地位。它們也表現出對一個國家的認同和文化史。我因為工作的關係，旅行超過七十萬英里，到過二十五個以上的開發中國家，如土耳其、泰國、南非、斯里蘭卡等等。我利用空暇拜訪硬幣蒐藏家。我請教他們，哪種錢幣最能代表他們的國家，以及在這些硬幣上的符號代表什麼意義。本書從對舊石器時代洞穴藝術的符號提出歷史解釋做開始，以各地風情畫的敘述劃下句點，我藉此詮釋貨幣藝術上發現的創意。

本書不是要推動大理論，也不預備提出完全獨特的觀點。的確，還有無數的題目可以列入本書，我所選擇的主題也可以更有深度地加以研究。每一章都可以作為一整本書的主題來寫，但每一章都意在激發你的好奇心，而非滿足你的好奇心。

金融危機引燃我的好奇心，引爆我對金錢的觀察。它引起我以新方法去思考一個古老的題目，去聽取金錢的不同頻律。音樂家杜克・艾靈頓（Duke Ellington）的格言：「不要有框框」，成為我的圭臬。我的探索引導我從細胞到社群、從生至死、從內部心靈到外部空間，去檢視金錢。我模糊了科學、社會科學和人文學科之間的界線。我踏遍每個半球，走訪超過二十五個國家，我探討它的過去，也夢想它的未來。本書呈現有史以來貨幣的多維度，跨學門的圖象。本書想要深化讀者對金錢史的了解，並且展現金錢又是如何經常用難以察覺的方式，繼續影響我們的未來。我希望本書能引爆讀者對金錢的認知，協助讀者找出新方法去思索它。

譯按：Napster是線上音樂服務公司，被控告侵權後已停止音樂服務。Kickstarter是二〇〇九年在紐約成立的一個「眾籌」平台，許多藝術家透過這個平台為電影、音樂、動漫等創意專案募股集資。

篇一

頭腦——為什麼我們使用金錢？

章一 叢林世界

——交易生物學

我一向謹記研究的主題，等候第一道曙光慢慢地、一點一點地放出清晰的光線。

——艾薩克・牛頓（Issac Newton）[1]

我們有必要協助自己的兄弟。

——亞當・斯密（Adam Smith）[2]

小樹枝緊密依偎在一起，長在同一樹幹上，它們可說是互相競爭。當小樹枝必須靠鳥兒叨啣，它的存在就仰賴鳥兒們。或許可以比喻，小樹枝與其他果樹相互競爭。

——查爾斯・達爾文（Charles Darwin）[3]

海灣的水底活動很活躍，海獅和形形色色的魚由我身邊急速游過。我往大洋方向游去時，一陣冰冷的海水包住我身子。為了找尋比較暖和的地方，我掉轉方向，游向有陽光照射的一個窄縫。可是我的腳被一塊尖岩石刮到，只好暫時不動，只能等候。我扶著一塊被海藻包覆的黑色火山岩，這時候我看到它了。

我要了解金錢的源起，以下海活動為起始。我不是在找沉到海底的海盜船寶物，我找的是另一種寶物。我的朋友深呼吸，然後下潛十一英尺到一處石脊底下，空手從那裡挖起一塊小小的綠色東西。她浮上水面，朝我游過來，以便讓我看清楚。

她說：「這就是我們要找的東西。」

她當然曉得，因為她研究的就是海洋生態系統。

這位朋友名叫瑞秋．季德曼（Rachel Gittman）。她也不是為錢而來。

她笑著說：「沒有人為了錢而投身科學研究。我剛開始時也沒幾個錢。」

瑞秋生長在維吉尼亞州喬治王子郡一座農場，大部分時間在戶外自然環境中成長。「小時候我就迷上大自然，希望對自然世界能有更深入了解。」不到三十歲的她，現在是教堂山北卡羅萊納大學生態學博士候選人。她要幫助我更了解世界、更了解金錢。

但為了向她請教，我得追著她跑。

我從一個很特別的地方展開對金錢根源的了解。要展開對金錢的了解，很明顯可從東非洲大裂谷（Great Rift Valley）開始，探索被用作通貨的文物，而且此地也發現許多早期人類的化石。我也可以到土耳其西部，那裡是古代利底亞王國所在地，據聞西元前七世紀硬幣在此問世。但是我若從這些地方踏出第一步，就好比棒球賽已經進行到第八局，才打開電視機看轉播。美國太空總署（NASA）估計，人類存在的數千年，約經歷八百個世代。這當中有六百多個世代住在山洞裡，只有最後幾個世代出現印刷文字[4]換句話說，人類存在只占地球歷史的十萬分之四時間。[5]我來到現代人類足跡罕至的一個地方，我在這裡可以觀察生物交易的起源。

我坐著命名「命運」的一艘搖搖晃晃的汽船來到太平洋赤道附近、厄瓜多（Ecuador）外海。我的目的地是加拉巴哥群島的伊莎貝拉島（Isabela Island），要和瑞秋會合。

我選擇加拉巴哥群島是有原因的。這個群島啟發達爾文，得出他的物競天擇演化理論。他在大作《物種起源》（*On the Origin of Species*）中寫道，他搭乘英國皇家海軍小獵犬號（HMS Beagle）的旅程及他在加拉巴哥群島的觀察，將「對物種的起源——神祕中之最神祕，投下一些光線。」[6]我親自到加拉巴哥群島考察，或許也能對金錢的根源，尤其是交易的性質投下一些光線。

這是很適合拍照的一天，蔚藍的天空，海上微風也和緩了熱浪。瑞秋戴一頂北卡羅萊納大學標記的藍色棒球帽，配同色恤衫、黑色短褲與戴墨鏡，在碼頭和我會合。她在加拉巴哥群島參加海洋生物研究計劃。我們沿著一條砂石路緩緩徐行，三十五分鐘後我開始上課了。

瑞秋說：「在這些島上到處都發生交易行為，從食物鏈的最底下到最上面。」

因此我們從底下開始。

我們穿過紅樹林，繞過一頭睡夢中的海獅與牠拉的屎，嚇跑一隻藍腳海鵝，也經過三十多隻大蜥蜴，來到伊莎貝拉島東南方的小海灣珍珠殼（Concho de Perla）。我們戴上護目鏡和腳蹼，接著跳進水裡。

瑞秋浮上水面時，手裡抓著一隻綠色的海膽。她跟我說過海膽，但我找不到，還多虧她幫忙。這是我在加拉巴哥群島學到交易行為的第一課。海膽是草食動物，為了保有精力而吃海藻。牠不是唯一吃海藻的生物，雀鯛（damselfish）和海膽是競爭對手。有時候雀鯛會從脊柱部位抓起海膽，把牠移到別的地方，別來搶海藻。[7]這就是某個生物如何排擠別的生物的實例。

要找出共生關係，也就是兩個不同生物交易互利的實例，我只需潛入水中就可看到。有一頭直徑兩英尺的大海龜依傍在火山岩，張開牠的鰭，好讓五條瀨魚吃鰭上的寄生物，替牠整理乾淨。寄生物會在龜殼上形成炭酸鈣附著物，雖然不會傷害海龜，但有些甲殼類附著物的物種則被認為會引起傷害。某些狀況，小魚甚至游進大魚口中，才能完全清除寄生物。

瑞秋解釋，共生關係是海洋生態系統非常重要的成分，許多生物相互依賴以生存和繁殖。她告訴我，珊瑚水螅（coral polyps）和蟲黃藻（zooxan-thellae）之間的交易。雖然很難用肉眼觀察，但她為我詳加說明。珊瑚透過分泌炭酸鈣形成骨架，骨架再形成礁塊，成為數千種海洋物種的棲息地。蟲黃藻是一種微形海藻，活在珊瑚的組織中。透過細胞呼吸的過程，珊瑚產生二氧化碳。蟲黃藻利用二氧化碳行光合作用。光合作用的副產品是氧和有機化合物，提供珊瑚所需的精力能源（energy）。[8]換句話說，蟲黃藻提供珊瑚食物，珊瑚提供蟲黃藻棲身之地。

會交易的生物比較能生存

我探索金錢，從我們為什麼會要用金錢開始。再次借用棒球來做比喻。光是看著球棒，很難決定棒球的目標。棒球的目標是要比對手球隊多擊出幾支安打。球棒是工具，協助達成安打。同理，一張紙鈔是便利交易的工具。

在最基本的層面，人與人交易以取得生存所需的東西，如食物與住所。金錢雖是人類所發明，但所有的生物都要交易才能生存。我們人類依賴其他生物保持健康，譬如我們的皮膚和嘴裡都有微生物存在。我們腸道裡就有超過一百兆的微生物，細菌在腸道裡協助消化養分，新陳代謝精力，並且綜合維他命。我們腸道裡的細菌也可能趕走寄生菌。[9]我們的腸道提供細菌生存之地，而它協助維持我們的健康。

用蘇斯博士（Dr. Seuss）的說法，交易發生在船上，和山羊進行，在茅舍裡也在內臟裡。到處都有交易，已經是地球上生活的一部分，但我們卻常忽略。從生命開始，精子碰上卵子，到生命結束，蛆蟲上了屍身，交易都在進行中。

持平地說，發生在人類之間的交易，和發生在其他生物之間的交易是不同的。差異在於人類的大腦讓我們感受到交易，能使我們仔細地思考。當人類腦子能有符號表徵的思想能力時，就可能看到事情的潛在價值。鹽、大麥和可可亞等商品，就是早期的通貨。當人類生產量開始大於他們的消費量時，剩餘的大麥成為可交易以取得其他東西的項目。剩餘成為價值的象徵。當剩餘的大麥用來交換其他東西時，它的價值就實現了，也就成為通貨。

我們比較容易了解，發生在一個有機商品交換另一個有機商品，它們很自然地當作食物，這樣的精力能源就能轉移。我們不必否認，人類和非人類都一樣，需要精力能源是所有物種交易的首要觸媒。差別在於，人類可以戰術性地交換精力能源，看到它的象徵價值，把它轉化為實現的價值。人類交換肉類、大麥等食品時，是以新方式交換精力能源。人類能以更審慎的方式交換富含精力能源的商品，這也指出人類的演進性質。

演化論經濟學家歐菲克，在他的大作《第二天性》（*Second Nature*）中提出一個問題：「交易是人類演進的初期媒介，或只是現代文明的全新人為製品？」[10]他提出，交易是一種演進力量的可能性：會交易的生物比較可能生存與繁殖，並且把「交易特質」傳承給未來世代。交易（合作）在演進上是有利的。也有強烈證據顯示，善社交的人實際上比較長壽。[11]歐菲克在他書中提到，人類的交易或許就是最早出現在生物的持續和進步之現象。從微生物的交易發展到動物王國、舊石器時代部落，再到華爾街證券交易員，透露出一股演進力量精彩的進展。

歐菲克注意到，相同物種生物如何交易的模式。例如螞蟻和人類，都依賴分工以便更有效率的完成任務。同一物種的某些成員尋找食物，其他成員負責養育年輕一代。負責某一部分任務的個別生物，便成為這一部分的專家。專家又製作特殊工具，以便完成任務。

以人類來講，我們察覺到交易增加我們生存的機會。這份察覺會導致製作便於合作，甚至贏過其他物種的工具。起先，這些工具用來完成一個簡單的工作，但是大腦符號表徵思想的能力，使人類可以看到這些工具不僅只是實體器物。易敗壞的商品被拿掉，換上不易敗壞的器物，如農作用具、武器和珠寶，用來作為初期的通貨。人類可以看見這些工具的象徵價值：它們可用來交換其他有價值的東西。當人類大腦愈發繁複，文明也變得愈發複雜時，就需要統一、普世的工具，可以更廣泛的交易。這個工具就是金錢。

這是令人感到興趣的理論：交易竟然是我們演進的一部分。最後，金錢是交易的結果。歐菲克的理論刺激我思考另類生物學的解釋，想了解為什麼我們會想到要使用金錢。要了解金錢的基礎，我必須先搞懂交易的起源。

早在金錢被發明，或是人類在地球上流浪之前許久許久，生物就已經相互交易以求生存。大約三十八億年前，地球開始出現第一批生命跡象：單細胞原核生物（prokaryotes），譬如沒有細胞核的細菌。二十億年前，多細胞真核生物（eukaryotes）出現。這些細胞形成黴菌、植物、動物和人類。透過共生作用，真核生物形成。當一個原核生物攝取另一個原核生物時，真核生物發展起來。這個較小的細胞沒有被消滅，它們永遠徘徊在附近，成為胞器（organelle）的特殊結構，像永遠不搬走的房客。

這個胞器即粒線體（mitochondrion）。生物學家懷疑它原來是原核生物。粒線體長得像原核生物，繁殖也像它們，從比較大的細胞獨立分裂出來，也就是說它是半自主的，但它依賴細胞攝取許多蛋白質。[12]最後，粒線體失去在大細胞之外生存的能力。家庭收容了房客。謝天謝地，它們也起一些作用。

其中一項作用就是提供食物給家庭。粒線體供應精力能源給大細胞。它有兩個薄膜，就像一棟房子裡的牆面。一個薄膜捲起來以支撐其表面區域，這樣才能生產更多的精力能源，即腺苷三磷酸（adenosine triphosphaze, ATP）。

所有的生物都需要精力能源才能繁殖和活動。所有活細胞裡都找得到分子（molecule），腺苷三磷酸把精力能源從食物傳送到細胞。就和珊瑚與蟲黃藻的關係一樣，細胞提供棲身地，粒線體提供精力能源。

真核生物創造出來的這個理論，被稱為原始性共生（symbiogenesis），即兩個細胞結合成一個，它說明了世間生命的基礎。俄國植物學家波里斯．米海洛維奇．科左—波里揚斯基（Boris Mikhaylovich Kozo-Polyansky），在二十世紀初最先提出原始性共生。[13]這是似乎言之成理，也是被普遍接受的真核生物如何發展的說法。科左—波里揚斯基的理論，暗示共生關係攜手合作，是所有多細胞生物生命的根本。

共生的花園

討論共生，若不包括昆蟲與植物這兩種多細胞生物的發現，就不完整。沒錯，豕草（ragweed）和青草（grass）等植物是靠風而非昆蟲傳播花粉，但效率不足。這些植物必須製造大量花粉，以便風能吹走足夠的花粉讓花受精。

植物需要借重昆蟲繁殖，昆蟲需要從植物攝食。花朵發出討喜的香氣和漂亮的顏色，招徠昆蟲、鳥和蝙蝠。花朵提供牠們花蜜，這是從陽光得出的含糖水溶液。研究顯示，花蜜的含糖量從一八％至六八％不等。花蜜有糖類、蛋白質、氨基酸和酵素，提供精力能源讓昆蟲生存下去。蜜蜂把花蜜化為蜜，本質上就是儲備能源，像備用發電機，當冬天花朵凋謝時即可啟動。

蜜蜂不僅需要花蜜，也需要儲存在花粉氨基酸中的養分。花粉由花粉囊（anthers）製作，是雄性受精的媒介。兩萬五千多種蜜蜂，有許多利用花蜜和花粉作為幼蟲唯一的營養品。蜜蜂身上有毛，協助收集花粉。花粉儲存在連接蜜蜂後腳的花粉收容器，蜜蜂就像信差送快捷郵件一般運送花粉。鮮花訂下的交易條件是：我會給你食物，你幫我送貨。

這種關係至少在十八世紀就有人研究。大多數的研究都導致許多科學家下出結論：無法想像植物與昆蟲不是共生的世界。共生是共同演進的例子，是相互有益的夥伴關係。這樣交易的歷史可以追溯到一億年前，雌性昆蟲的標本就被發現載有花粉。這個跡象顯示，牠們有可能為幼蟲搜尋食物。[14]

蜜蜂與花，就像細胞與粒線體、珊瑚與蟲黃藻、海龜與瀨魚，以及人類與腸道內的細菌一樣，互相幫助生存。

自然的通貨

在這些共生的例子，精力能源受到交換。因此可以說，精力能源是大自然的通貨。[15]要強調精力能源在共生關係的角色，我們要再提到蜜蜂與花朵之間的電力交換。當一隻大黃蜂停到花朵上，它尖叫地把花粉搖晃出來。有人估計八%的花朵靠這種方法授粉。[16] 蜜蜂擺動翅膀，可以用電力振動花朵。花朵和周遭的空氣相比，會產生負電，蜜蜂則有正電。當蜜蜂停到花朵上，負電的花粉附著到蜜蜂身上。

研究人員決定測試電力，是否在花朵和蜜蜂之間的共生關係產生差異。他們製作一個假花的花床，半數花朵有類似花蜜的溶液，另一半則有驅蟲劑。大黃蜂偶爾會在花床中搜尋食物。研究人員在某些花朵加上負電，蜜蜂就會常常來。去掉負電後，它們又恢復偶爾才來。蜜蜂走後，花朵維持一分鐘以上的正電，彷彿掛招牌請下一位訪客「請勿打擾」。[17]

蜜蜂和花朵包含在活生物更大交易的一部分。共生能源轉移最大的例證，就是光合作用和細胞呼吸。請看光合作用的化學反應：$6H_2O + CO_2$ ＋光粒子 $\rightarrow C_6H_{12}O_6 + O_2$。

在反應的第一部分，有水（H_2O）、二氧化碳（CO_2）和光粒子。水從根部進入植物，二氧化碳經由綠色植物葉子吸收，就如蜜蜂造訪的植物一樣。它們結合看不見的光粒子，即所謂的光子（photons），由綠色植物中的葉綠素之類的色素分子所捕捉。結合起來後會產生葡萄糖（$C_6H_{12}O_6$），可立刻使用或儲存起來，以供日後創造更繁複的食物（例如水果）。氧（O_2）是光合作用的副產品。雖然這是最基本的解釋，光合作用是製造氧和精力能源，就是天然通貨的根本。所有的食物鏈始於生物從非有機物質，例如我在珍珠殼海灣游水經過的海藻，會產生生物的細胞核。

細胞呼吸就是逆向的光合作用，這是分解食物以釋出精力能源的過程。動物攝取水果、蔬菜等生物細胞核，然後借助氧，把它們轉化為二氧化碳和腺苷三磷酸。細胞呼吸的化學反應如下：$C_6H_{12}O_6 + 6O_2 \rightarrow 6H_2O + 6CO_2 + ATP$。

葡萄糖透過所謂的醣解（glycolysis）過程分解為丙酮酸鹽（pyruvates）分子，它在粒線體中處理，散發出二氧化碳。葡萄糖中出現的精力能源透過一個電子運送鏈輸送，創造出副產品：氧。這個運送鏈最後產生腺苷三磷酸。光合作用和細胞呼吸，構成共生交易的良性循環，使我們所知的生活可以持續下去。[18]它把糖分子轉化為蜜蜂等生物可利用的精力能源，把外在的通貨轉化為更有用的東西。

精力能源和金錢都是流通的通貨（Currency）。「Currency」這個字來自拉丁字「currere」，意即「流動」或「跑動」。[19]精力能源和金錢都有價值，生物爭著要取得它們。雖然地球吸收相當大量的太陽能，但只有一小部分進到有需求的生物。因為為了它，競爭相當激烈：有些植物長得比較高來吸引更多陽光，遮住其他植物，使它們餓死。很了不起的是，飢餓的植物告訴它的根部要長快一點，植物學家把這種反應稱為「避免蔭影症候群」（shade avoidance syndrome）。[20]

如果生物得到精力能源就必須立刻使用，表示這個生物太危險地依賴其來源。如果來源中斷，這個生物可能死亡。這也是為什麼，許多生物囤存精力能源。鯨魚為了長途跋涉，囤積脂肪。鳥和松鼠把食物收藏起來，好比有需要時可提錢的儲蓄帳戶。儲存精力能源讓生物在面對不確定時，有某種程度安定感。由於它有價值、受歡迎，也可儲存，精力能源在人類世界的角色和金錢相似。

或許金錢可稱為多一桶精力能源的演進版替代物。我們的祖先從漁獵和收集食物演進到耕作及保存食物，但人類的生產多過他們的消費，於是剩餘有了象徵的重要性。多開採一桶鹽不只是多一些鹽可供消費，它可以幫助保存其他食物、其他精力能源來源。傑里科（Jericho）是西元前九千年新石器時代最初的文明之一，它成為死海（Dead Sea）鹽的交易中心。於是人類吃了更多豬、牛等肉類，因為鹽能保存肉品。[21] 對鹽的需求強勁，因此它成為一種通貨。

鹽從只是岩塊、一種保存食物的方法，變成更有用處的東西。鹽模糊了商品和通貨之間的界線，因為自古以來它就兼具這兩個角色。人類沒有像動物那樣立刻消費鹽，而是思考鹽還能有什麼用途。他們看到鹽可以像辣椒那樣使用，藉由著重鹽的商品面，我們看到一種精力能源如何可以交易，化為另一用途：C↓C。

「C」在這裡代表商品。在以物易物交易中，鹽和辣椒都以「C」代表。你以鹽換辣椒，你依然交易商品，實現它們維繫人類、協助人類生存的演進任務。但和精力能源一樣，這個商品因為交易，從一種形式轉換成另一種形式。在使用金錢的比較先進社會，交易依然是精力能源形式的轉換。卡爾．馬克思（Karl Marx）在《資本論》（*Capital*）第一卷中，認為商品轉換為金錢是最基本形式的貨幣交易：C→M→C。

「C」還是代表商品，商品賣掉，化為金錢「M」，例如硬幣。這些錢可用來買另一種商品，例如辣椒。[22]你將會見到，人類發現「C」可以轉化、可以交易，是創造「M」的第一步。我用這個例子來說明類似大麥這樣一種精力能源來源，透過交易可以轉化為不同形式商品。金錢也可以作為各種形式的轉化。即使今天，金錢用來取得容易敗壞的商品，這些商品本質上就是我們生存所需的精力能源的形式。雖然現代金錢已經抽離它的演進角色，但仍然是我們取得所需熱量的工具。

人的關係

達爾文「適者生存」一詞經常被用以形容和別人競爭。社會底層人士為了食物等基本需求，有時候必須和別人鬥爭。達爾文在英國哲學家赫伯特．史賓塞（Herbert Spencer）的建議下，採用這個詞語。史賓塞相信後人所謂的社會達爾文主義（Social Darwinism），即演進不只影響人類，也影響社會：單純的社會演化為較複雜的社會。比較惡毒的解釋是，強者或比較「合適者」攫取更多的獎賞。

然而，達爾文使用這個字詞有更廣泛的意義，他要表述所有物種的生物發展，不只是用來描述或正當化人類社會。[23]達爾文認識到共生和合作攸關生死存活，他發現生物細胞是小宇宙，是合作的系統。他甚至推動「泛生」（pangenesis）理論，一個稱為芽球（gemmules）的細微粒子標記明白數據之後，注入生殖細胞。細胞融合就是為人父母者如何把家族特徵傳遞給子女，例如嘴喙大小和眼珠顏色。[24]他的理論後來被基因學所取代，但還是強調達爾文對合作攸關生命的主張。達爾文在《人類的由來》（*The Descent of Man*）中更進一步主張，同一物種之內的同情心，是演進力量的產品：「透過自然的抉擇，（同情心）將會增加；社群有最大量、具有最大同情心的成員，最能興旺，培育最多後嗣。」[25]

政治學者羅伯．艾瑟羅（Robert Axelrod）在他的重要巨著《合作的競化》（*The Evolution of Cooperation*）得出結論：合作有助人們生存，因此從演進而言是有利的。他主持一個模擬比賽，比賽結果支持此一結論。

他在比賽中採用著名的「囚徒兩難」賽局。所謂囚徒兩難賽局，先假設你和朋友都被逮捕。警方把你們隔離偵訊。你將會判刑一年，但如果你舉發朋友，可獲減刑。你的朋友也得到警方開出相同條件。如果你們兩人都舉發對方，刑期都會更長。但如果你們兩人都保持緘默，即互相合作，兩人都有好處。但因為你不知道朋友會如何選擇、是否會出賣你，於是你陷入兩難困境。

一九八〇年，艾瑟羅規劃一個電腦比賽要看哪個策略最棒，你是否應與朋友合作。他給四種結果分別定下得分：

（一）如果你和朋友合作，兩人各得三分。
（二）如果你舉發他，而朋友合作，你得五分，朋友得零分。
（三）反過來，你合作，而朋友舉發你，你得零分，朋友得五分。
（四）如果你們兩人互相舉發，兩人各得一分。

告發對方的誘因很強，不論你的朋友舉發你或和你合作，你都會得分。[26]

熟諳囚徒兩難賽局的不同學門專家，例如演化生物學和經濟學學者，在兩百多回合賽局中提出策略對抗。贏的策略留在比賽中，輸的策略淘汰。艾瑟羅寫道：「這個過程模擬適者生存……起先，成功的法則會增加，但後來不成功的法則消失，要想成功就需針對其他成功法則有更好的表現。」[27]他發現，提出策略的專家採取太過強烈競爭做法，以為其他囚徒會出賣你、告發你。[28]

贏的策略被稱為「投桃報李」（Tit for Tat）。即使參賽者曉得投桃報李已贏了上一回合，他們也無法在下一回合擊敗它。這個策略需要在第一步就合作，在後續動作又互惠。

投桃報李顯示合作是有好處的，但如果有人攻擊你，你應該反擊以懲罰他們。又如果此人改為合作，你應該原諒他們、和他們合作。如果你們兩人都合作，有助於個人情勢。他寫道：「你受惠於其他玩家的合作，訣竅是鼓勵這種合作，有一個好辦法就是清楚表達你會投桃報李。」[29]

雖然艾瑟羅的比賽只是理論上的比賽，但有很深刻的影響。他的書得到相當廣泛跨不同學門學者超過兩萬次引述，其中包括思考合作是否是演進算式（evolutionary algorithm）的學者。乍看之下，艾瑟羅得出的結論支持歐菲克的理論，但後者認為合作在演進上是有利的。

艾瑟羅和演化生物學家威廉・漢彌爾頓（William D. Hamilton）把他們的發現套用到生物學，以無花果樹和黃蜂這一對共生關係生物作為例子。黃蜂為無花果樹內的小花傳授花粉，牠們換來可以下卵的棲身地，因此牠們的幼蟲有營養來源。黃蜂可藉由少給無花果樹內小花授粉而「告發」（背叛），無花果樹的「告發／背叛」之道是停止授粉不足的無花果之成長，害死黃蜂的幼卵。[30]這兩種生物似乎都反射性地遵循投桃報李法則。演化論生物學家李察・道金斯（Richard Dawkins）同意艾瑟羅的結論：「許多動、植物不斷地從事囚徒兩難的賽局，在演進時刻演出。」[31]

不僅野生動物如此，人類亦然。在艾瑟羅的比賽中，即使基於某種原因，不合作比較划算，人類彼此大多還是合作。這或許是因為人類察覺，合作增加生存的機會。人類和大部分動物不同的是，人類在行動前會思考，而他們推理認為合作最好。這個結果強化經濟學家路德維希．馮．米塞斯（Ludwig von Mises）的觀點，他在《人類行為》（*Human Action*）一書寫下：「人類在掙扎求生存時會有潛在的合作認知，因為他們了解合作互相有益。」[32]我們似乎從生物本能上即接受合作，這一醒悟有助於增進我們作為物種生存的機會，即使也有許多生物學家認為，個人是基於自我利益而合作，不是因為最後會有利於物種而合作。

的確，合作和社會化增加我們生存的機會。狄恩．歐尼希博士（Dr. Dean Ornish）發現，心臟病的一個主因是離群索居。[33]琳恩．馬塔佳德（Lynne McTaggart）在她的著作《結合》（*The Bond*）提到：「有良好支援網絡的健康成年人，比起情感上沒有支持的人，血液膽固醇比較低、免疫功能也比較高。」[34]

有一項研究顯示，中風病人若離群索居，會比社交多的病患有更高機率再度中風。[35]另一份報告整理上百份人際關係和健康結果的比較研究，結論是任何型態的社會關係可以增加五〇％的生存率。離群索居、沒有任何社交和支援網絡，等於每天抽菸超過十二支，會增加肥胖症的可能性。[36]

合作有助生存，吻合科左－波里揚斯基的原始性共生理論。道金斯認為，它在基因層已證實為真，他主張「自私基因」造成合作：同一物種的生物有相同的基因，即使基於自利行動，他們的合作有助於恆久化他們的基因庫（gene pool）。[37]「適者生存」講的是基因，不是生物。所有的生物，從腸道細菌到人類，通常會透過交易以追求自身利益，但有個效應是它會恆久化他們的基因，流傳到未來世代。由於合作增加我們生存的機會，「自私基因」可能會在人類社群散布開來，成為恆久化基因庫的方法。鼓勵合作的這個「自私基因」，可能就是我們演進算式的一部分。

研究人員試圖研判靈長類，是否擁有使他們更傾向於合作的基因。他們查驗兩百多種靈長類物種，得出結論是：社會行為是遺傳學（genetics）的一種函數關係。他們沒有找到特定的基因，但也排除其他的變數。譬如，狒狒不論位於什麼地區或環境，都展現相同的社會生活模式。有一項研究，研究人員注意到二百一十七種靈長類有掠奪食物的行為。他們發現在大約五千二百萬年以前，掠奪行為可能已成為社會行為。他們假設，靈長類群居是為了增加生存機率。如果牠們獨居，可能招徠別人掠奪。他們說，這種更加社會化的掠奪模式「促成合作行為的演進，可能提供平台，出現類似人類的特質，包括成立同盟、合作建構防衛，以及大腦擴大。」[38]

人類的脫氧核糖核酸（DNA）百分之九十九和黑猩猩相同，因此研究人員也假設，人類的交易或許也出自遺傳。[39]他們在一項研究中發現，有個基因會造成合作和利他行為。研究人員要求上百位參與者記住和重述一堆數字，如果他們能重述成功，可得到現金獎勵。得到獎金後，研究人員讓他們看一個祕魯小女孩需要捐助的慈善廣告。參與者可以選擇匿名捐出全部或部分獎金做慈善，不過研究人員有辦法查知是誰捐款。在研究之前，研究人員已蒐集所有參與者的DNA樣本。研究人員專注在「兒茶酚—O—甲基轉移酶」（COMT）基因，它有「COMT–Val」（Val：纈胺酸）和「COMT–Met」（Met：甲硫胺酸）兩個變種，在人類身上平均分配。[40]研究人員發現，有「COMT–Val」的參與者捐出的金錢為兩倍，並且有兩成以上具有此一變種的參與者捐出全部獎金。[41]

人類為什麼合作的另一個可能是，催產素（oxytocin）這種「愛的荷爾蒙」作祟。它在大腦中製造，散布到血管，不過在依伏神經核的神經元中有個催產素的神經末梢（receptors），它是大腦獎賞中心的一部分。血液中的催產素很低，需要刺激才會提升。母親以母乳餵嬰兒時催產素會升高，當人們與朋友擁抱或在臉書上和朋友通聯時，催產素也會升高。[42]

有一項研究顯示，捐錢的參與者和他們血液中的催產素數量有正面相互關係。[43]另一項專注因果關係的研究顯示，注射催產素的參與者比只是受到語音圖象鼓勵者，更會大方捐款給陌生人。[44]研究人員甚至測試催產素，是否改變處於囚徒兩難賽局人士的行為。參與者若在賽局前見過夥伴，催產素會提升其合作。然而，夥伴若先前不曾碰過面，它會加劇不合作行為。這些結果顯示，催產素可以增強原已存在的社會連結（social bond），但是不能從零創造出社會連結。[45]

假設有個合作基因存在，或許可以解釋為什麼我們組織家庭、部落、俱樂部和國家。當人類大腦愈來愈先進，或許這個基因就透過類似投桃報李這種更複雜的行為，以及類似平等和道德的觀念表達出來。[46]我們很難搞清楚這些行為源自哪裡，但很明顯的是，人類終於體會合作會增加他們生存的機會，而他們也創造工具以培養合作。

分而克服之

達爾文對於生命如何在加拉巴哥群島，這個生物多樣化的微宇宙發展起來很訝異。由於島嶼與大陸隔絕，顯得較少可以影響不同物種發展和差異化的因素。達爾文後來發覺，許多物種在群島上獨有，但又與鄰近大陸的生物類似。

達爾文觀察野生動物，比較鳥類的身體結構，記載牠們身長有幾公分。他提出一個有名的理論，認為這些島上發現的十四種鶯類（finches），相互有關聯，但又可辨識為不同。他注意這些鶯類各有不同大小的鳥嘴。他發現鳥嘴的大小有一部分是因為每一物種的利基（niche）決定，例如鳥嘴大的鶯類可以啄開硬籽。這些鶯類熬過達芬妮大島（Daphne Major Island）的乾旱，大量繁殖開來。[47]鳥嘴大小似乎是演化來的特質，使每一物種更適合在其環境生存。[48]

瑞秋解釋：「鳥嘴是工具。」我們離開珍珠殼海灣，擱下順風車，坐到一輛紅色貨卡的後座（因為我們渾身濕透，女車主不願毀了她的座椅）。我們在一家名叫「El Tundel de Mayra」的小餐館吃飯，繼續討論。她的實驗室夥伴琳西・卡爾（Lindsey Carr）和我們會合，一起享用酸橙汁醃魚、炸薯條，和可口可樂午餐。琳西來自南加州，早已把這些南美洲島嶼當作家。琳西過去五年在加拉巴哥群島，居住超過三百六十五天，她即將成為在加拉巴哥群島研究海洋生物得到博士學位的第一個美國人。她耐心解釋，這些島上的交易是如何進行。幾個星期後我回想起這段對話，才恍然大悟她在教我初級經濟學。

琳西說：「工具促成專業化。當你成為專家時，你縮小自己的利基，如果別人也都專攻他們的利基，競爭亦會降低。」

她談的是達爾文的鶯類，但也可以適用於亞當・斯密的屠夫身上。達爾文和亞當・斯密都住在蘇格蘭，都受到十八世紀啟蒙時期蘇格蘭知識份子的影響。達爾文甚至在他的著作《人類的由來》引述亞當・斯密的發現。

亞當・斯密在《國富論》一開頭就思索分工的問題。對他而言，交易源自於偏好。亞當・斯密認為，分工給社會帶來專業化。不是人人需要做屠夫，我們要吃羊肉時才去找屠夫。同樣的，屠夫牙痛才需要找牙醫。屠夫和牙醫都需要工具，因此「需要是發明之母」。屠夫有切肉刀去切開肌肉組織，牙醫有口腔鏡去探看病人的口腔。專業化導致需要開發工具，從鳥嘴、切肉刀到口腔鏡都是如此，[49]或許有一種工具替創造金錢鋪了路。

第一支掌上型電腦

考古學家路易斯・李凱（Louis Leakey）是英國傳教士的兒子，學術上景從達爾文。他在一九二六年前往肯亞，在東非大裂谷的艾爾門泰塔湖（Lake Elmenteita）附近挖掘。三年之後，他的團隊挖出一批手斧，估計有五十萬年。[50]非洲、亞洲和歐洲，到處考古挖掘都找到幾十萬年前的類似雙面手斧。[51]一九三一年，李凱在坦尚尼亞的歐都瓦峽谷（Olduvai Gorge）找到一把一百二十萬年前的手斧，現在收藏於倫敦大英博物館。它的材質是一塊綠色火山岩「響岩」（phonolite），由小圓石敲打雕塑而成。這個過程產生一把淚珠形的斧頭，有一個尖端和鋸齒形邊緣。尖端可用來當鑿子用，在地上挖洞。尖銳的一面可用來重擊動物，像一把原始的切肉刀撕開獸皮、從樹上刮下樹皮，或在洞穴壁上刻畫圖案。

從上古的手斧可以推論出很多東西。第一，它們的歷史比人類物種更久遠，人類（學名智人（Homo sapiens），意即有智慧的人）只能上溯二十萬年以前；[52]第二，這一工具顯示製作者有創意能力；第三，製作者可能用手斧當作通貨；第四，這些製作人可能還有其他工具促進合作；第五，手斧可能有助人類改進飲食，它提供更多精力能源給大腦，進而發明金錢。

對靈長類社會行為研究的結果顯示，我們的祖先過著群居生活。他們體會合作可以增加生存機會。為了要培養合作，他們會在不同領域專業化，製造出分工，譬如有人當狩獵者抓獵物，有人養育小孩。手斧能協助獵人獵殺和對付大型獵物，而大型獵物可為大群人提供營養食物。米塞斯寫道：分工合作是「人類在生存鬥爭中首要的工具」。[53]

製作手斧需要有認識力和機巧靈活。大約一百七十萬年以前，我們的祖先為了保存精力、便於尋覓食物，而開始直立走路。若是氣溫變冷、樹林減少，直立行走有助於搜尋獵物，在開放的草原看得更遠。雙足行走的結果就是我們的祖先能夠騰出雙手，開始以新方法運用雙手，譬如創作新工具。他們能夠運用雙手，把思想表達為實質形式。考古學家約翰・霍菲克爾（John Hoffecker）在他敘述詳盡的書《思想的景象》（*Landscape of the Mind*）中寫道：「人類發展出高度不尋常的能力，把腦子裡的資訊外部化，或許這是雙足走路和製造工具的特殊技能的間接結果，而最後成為思想的基礎。」[54]就像雕塑家從一塊大理石雕鑿雕塑，我們的祖先在製作手斧之前，一定需要視覺化手斧的形狀。製作者的大腦愈有能力、愈複雜，工具就變得更精細。經年累月下來，斧頭也有改進；設計人可能透過收徒弟，傳下如何製作工具的知識。考古記錄上比較晚近的手斧，變得更細，由不同的材質製成，工藝也較精美。大部分斧頭很勻稱，是準備和經驗的結果，說不定是有美學感的製作者的作品。

某些學者認為，手斧具有象徵的價值。大腦象徵性思考的能力，把這些工具轉化為可以交易的項目。但不可能是人人自己製作手斧，專業的工具製作人可能拿手斧換其他物品，譬如材料、食物和居所。[55]手斧在分布相當廣闊的地區出土，由此可見它們普遍受到運用，對它們有強烈的需求，它們也值得交易。學者甚至認為，手斧可能已成為一種儀式藝品或通貨。[56]考古學家也找到許多無法手握的巨型斧頭，認為可能象徵一個人的財富、地位或保護族人的能力。大型手斧，也可能有助於吸引交配伴侶。[57]

如果我們最早的祖先可以創作手斧，說不定他們也有其他工具，譬如語言。有一項研究，請考古學家敲製手斧，同時掃描他們的大腦。結果顯示，主司製作工具的那部分大腦，和主司了解及處理語言的部分是相同的。如果你能製作工具，你也可以組成文字。和手一樣，聲道也是工具，協助向外表示思想。[58]我們很難確知，人類的祖先在何時得到說話的能力，因為聲道所屬器官長年下來已經消失，不見於考古記載之中。

手斧也幫助我們舊石器時代祖先改變攝食習慣。考古學家已經挖掘出土這個時期經屠宰的大象，以及其他大型獵物和淡水魚的證據。[59]在處理動物軀體的附近也找到手斧，[60]今天英國泰晤士河附近也找到一些手斧。湖泊和河谷提供淡水，不僅吸引人類，也吸引動物。我們的祖先或許躲在附近樹林裡，捕殺獵物，剝其皮、食其肉。人類大多還攝食蔬果之時，手斧已成為他們取得肉品，進而取食的工具。

過渡到肉食是早期人類發展一個相當重要的現象，最終創造出金錢。肉比植物有更高的卡洛里密度。發現火，使得我們祖先能煮熟肉，使得肉品更常食用。有能力儲藏及烹調食物或許觸動我們祖先的胃縮小，因為人類的胃只有其他出土靈長類動物的胃之百分之六十。[61]而且，多吃肉提供精力能源去成長另一個器官，那就是大腦。我們的大腦亟需葡萄糖，它消耗我們軀體百分之二十的精力能源，大約十二瓦，幾乎足以點亮一個燈泡。[62]但是我們的大腦不是一直都這麼大，我們最早祖先的化石遺骸顯示，頭腔小於現代人類的頭腔。

除了人類攝食之外，大腦為什麼會擴大還有其他原因，譬如氣候和競爭。

在舊石器時代，我們的祖先到處遷徙，今天出土許多遺骸和手斧就是證明。他們遭遇種種不同的環境，從北半球較冷的溫度到非洲的乾燥氣候。史密松尼學會（Smithsonian）根據海洋沖積物的證據和早期人類的大腦大小（用了一百六十個頭顱），比較地球氣候的不同。早期人類的大腦在八十萬年至二十萬年前這段期間增大最快，也就是人類終於出現的時期。[63]這段期間地球也經歷幾次冰河時期。[64]另有學者提出理論，認為人類大腦擴大是因為獲取更多資源的社會競爭所致。

大腦擴大，出現了意識和象徵性思考，這個能力導致金錢被創造出來。

象徵性思考

一八七九年在西班牙北部，八歲女孩瑪莉亞・桑札・狄・紹陶拉（Maria Sanza de

Sautuola）和她父親在桑坦德（Santander）西郊的阿爾塔米拉（Altamira）散步。她一路往前跑，跑進一處洞穴，竟在洞穴頂上發現令人難以置信的藝術作品。這是有史以來第一次發現舊石器時代的洞穴壁畫。畫作大約成於一萬三千年前，跨越數個世紀。壁畫上有十五頭野牛及其他大型動物，是用礦質氧化物繪成，有多種顏色。畫像栩栩如生，和實體一樣大，有些甚至有三度空間效果。[65]由於這些壁畫太逼真了，許多人指控瑪莉亞的父親、業餘的考古學家馬瑟里諾・桑札・狄・紹陶拉（Marceline Sanza de Sautuola）作假。許多人認為，我們舊石器時代的老祖宗沒有能力畫出如此精細的藝術作品。後來這些圖畫被證明為真跡，聯合國教科文組織把這一地區宣布為世界遺產古蹟。

此後考古學家又找到一百多個洞穴，其藝術作品可上溯到四萬至一萬兩千年以前。和阿爾塔米拉洞穴壁畫一樣，有些是彩色畫，用土色的礦質氧化物混了血液或其他液體著色。有些則利用木炭，並以石頭在壁上刻繪。洞穴中也找到其他物品，例如利用象牙和骨頭製作的珠子，以及樂器和武器。舊石器時代的矛，九成以上都有某種裝飾。德國西南部某一洞穴找到一個大胸脯的女性人型像，它代表舊石器時代繪畫豐富的主題。[66]

舊石器時代的藝術最常見的圖象是大型動物、肥胖婦女和三角形的女陰，這些可能代表食物與性。畫作中罕見男性，而且到處是女性及其外陰部，突顯早期人類重視繁衍生殖。當然不會所有的女性都肥胖，可是百分之九十五以上的畫中女性是胖女人，考古學家因此認為胖女人可能象徵宜於受孕、生產，能養育子女。有一項研究針對舊石器時代五十多個女性畫像做分析，發現其腰臀比例平均零點六五五，幾乎與今天對男性調查認為最性感的比例相當。[67]舊石器時代女性的畫像活脫就和今天泳裝女模人人艷羨，如出一轍。

考古學的記錄充滿著我們祖先企圖向外表達思想，例如透過裝飾化的手斧，這可以追溯到一百七十萬年以前。舊石器時代藝術，揭示早期人類對外表述能力的狀況。人類有高度的創造力，可以改變一切。[68]人類可以看到野牛，記住牠，然後以藝術方法把牠重繪出來。這個能力使思想見諸真實世界、創造藝術，是人類獨有。

文明被界定為：能在頭腦之外儲存象徵。[69]不論是手斧或硬幣，這些東西必須先透過心智架構予以建構。這種心智圖象化以符號表徵和思想傳遞給別人，他們再加以精進，傳給未來世代。人類社會成為去集中化的神經網絡，而工具使人類可團結一致像個單位合作，有如螞蟻世界一般。交易的演化力量從細胞開始，進入社會產生「超級大腦」，即社會的集體思想。霍菲克爾觀察到：

思想就是超級大腦：以語言及其他形式象徵所促成的大腦整合，創造了思想。雖然超級大腦由一群個別大腦組成，但它是演進生物學的產品，展現在生物演化中不知或不明顯的屬性。[70]

這些屬性之一就是人類有能力透過社會，外界化思想。新石器時代開始時，人類先進的天賦能力會導致以新方法合作、新工具去促進它。這一步走了好幾百萬年，但是創造金錢所需要的兩個因素：合作及象徵性思考，早已存在。

人類明白，合作能增加他們生存的機會。他們現在可以製作象徵性和社會的工具，幫助他們達成目標。這個能力使精力能源這項通貨變成商品金錢（C to C），最後又轉化成硬幣和紙鈔（C to M to C）。這些價值的象徵，代表它們所能得到的。大腦所釋放出來的創意，甚至會使人把藝術象徵放到金錢工具上，古今中外的通貨都出現各種符號表徵。就和舊石器時代的藝術家在洞穴內繪畫一樣，今天我們在鈔幣上表現。

我到加拉巴哥群島走了一趟，有助於我略為了解一個相對現代工具的生物起源。達爾文在這些島嶼上的觀察，使他理解天擇是所有物種之間共同的連結。同樣在這些島嶼上，瑞秋打開我的雙眼看到自然界交易無所不在，以及所有的生物如何互相依賴以求生存。

加拉巴哥科學中心（Galapagos Science Center）是教堂山北卡羅萊納大學，和厄瓜多的基多聖法蘭西斯科大學（Universidad San Francisco de Quito）合作的設施，設在聖克里斯多巴島（San Cristobal Island）。我到那裡參觀，又碰上更多生物學家，他們也與我分享更多的交易例證。實驗室技術主任和我坐在海洋生物學實驗室的木凳上，我提出許多問題請教。他替我做出簡單的歸納：「如果交易有助於生物的生存，它一定是演進算式的一部分。」

人類發覺，合作是演進上的利多，因此他們創造語言和手斧等工具來促進合作。人類已經持續不斷創作新工具來方便交易、合作，以及增加我們生存的機會。金錢的形式在過去數千年來演進改變，也是要讓交易更方便、有效率。

起先，這些工具協助我們交易精力能源。營養品是大多數生物共生交易的觸媒，當人類生產大過消費，而不是勉強餬口之時，他們把鹽和大麥等食物拿出來交易。這些商品金錢不是共生性質，因為它直接填補生存的終極需要。當我們大腦有了象徵性思考能力，人類不只交易食物，也交換其他工具，例如手斧、矛或農用器具。這些項目脫離原始演進需求：吃和求生存，然而這些工具是所取代的東西之象徵。

經過一段時日之後，人類有符號表徵能力的思想和「超級大腦」，會看到超越這些工具的價值，也就是創造一個受全體人類接受的普世工具之價值。以商品金錢起始的金塊，慢慢變成硬幣、紙鈔和數位貨幣。這個金錢工具也變得愈來愈脫離其演進意義，它只會受我們想像力侷限。

章二 腦袋片段

——金錢心理學

由於真正理性沒有重大經驗證據，所以你不能堅持自己的信念。

——亞倫・葛林斯潘（Alan Greenspan）[1]

他估量得失時，以得一失二為準，這是正常的。

——丹尼爾・康納曼（Daniel Kahneman）[2]

大腦中的圖象，賦予我們打開黑箱的希望。

——布萊安・柯納森（Brian Knutson）[3]

在古埃及，大腦被認為不重要。準備製作木乃伊時，會從鼻管把大腦吸出拋棄。但是心臟要保留，因為古埃及人認為心臟是靈魂所在，是意識的載體。[4]

但是我們現在知道，大腦會促進思想、催化行動，它是創造和詮釋金錢這種表徵的地方。金錢是思想的表現，因此探討大腦如何處理金錢、詮釋它的價值，以及了解金錢究竟代表什麼，就有一定的道理。要確認大腦是如何解讀金錢，有一個好方法，就是辨別我們為何及如何做出影響自己一生的財務決定。

直到最近研究人員才利用腦部掃描，了解大腦如何處理金錢。即使沒有這種技術，經濟學家很早以前就針對人類行為做出假設，而人類行為的確是由大腦指示。學生從《經濟學入門》學到，「經濟人」（Homo economicus）會做出合乎自我利益的決定。從演化角度來看，這一點不無道理，因為這樣做可最大化一個人生存的機會。這個假設認為人類是理性、合邏輯的行動者，也是許多經濟預測的基礎。

然而這些預測出錯卻屢見不鮮，例如美國聯準會、國際貨幣基金，和好幾家華爾街投資銀行的經濟學者，並沒有預見二〇〇八年的金融大危機，或對宏觀經濟造成的後果。

即使到了二〇〇八年九月，貝爾斯登（Bear Stearns）都倒閉好幾個月了，對於第四季美國經濟成長的中值預測，依據藍籌經濟指標（Blue Chip Economic Indicators）的報導，仍有〇．二%。實際上，年度成長率是負六．二%，跌幅為一九八二年衰退以來最大。[5] 他們預測錯誤的部分原因是，他們根據有問題的假設，以為市場會自我修正、市場是由理性的行動者構成。

這裡就出現一個問題：假如經濟學家更了解人類思想，他們會有更準確的預測嗎？要回答這個問題，我們要請出亞倫．葛林斯潘、丹尼爾．康納曼和布萊安．柯納森三位經濟思想家。葛林斯潘主持聯準會多年，長久以來相信市場會自我修正、市場是由理性的行動者構成。但是二〇〇八年金融危機之後，這一派思想遭人質疑，葛林斯潘也修正他的看法。康納曼是一位行為經濟學家，研究決策心理學，記錄人類是如何做出許多不理性的財務決定。柯納森是一位神經經濟學者，利用大腦中的圖象視覺化人類如何做財務決定。

神經經濟學代表經濟學這門學科未來極大的潛能。若是經濟學者了解大腦如何處理金錢，或許會有更精確的預測。但是這個領域的發展很慢，短期內只會以補充而不能取代傳統經濟學者的假設和預測。即使如此，還是值得檢視這三個視角，以驗證我們對金錢的想法是如何繼續演化。

讓我們理性一點

葛林斯潘沒有預期會接到這種電話。二〇〇八年三月十六日，聯準會一位官員打電話過來。葛林斯潘獲悉聯準會將借給J．P．摩根公司二百九十億美元，以收購貝爾斯登。這是一個不和諧的時刻，因為並沒有看到金融危機即將爆發。持平地說，某些投資人料到次級資產的問題，預見市場會下滑，甚至押賭違逆傳統智慧而賺了許多錢。可是葛林斯潘在二〇一三年出版《世界經濟的未來版圖》（*The Map and the Territory*），說這項金融危機「幾乎普世都未預料到」。[6]他提出問題：「究竟哪裡出錯了？為什麼著名的經濟學者和決策人士對這個議題偏差這麼大？」[7]他對自己發問，也提出部分解答：都要怪罪經濟預測。

但我們不妨思考另一個問題：為什麼我們要預測？即使葛林斯潘承認，預測充滿不確定性，他也認為：「我們的天性要求（我們預測）。」[8]這位經濟學者表示，預測是有生物學的原因。

他是對的。有一項研究證明我們有預測的天性，研究人員分別以可預期和不可預期的模式，提供一些資訊給受測者，並掃描他們的腦子。當受測者遇到可預期的模式時，他的大腦主司處理獎賞的依伏神經核會出現明顯的活動。[9]簡單講，預測正確會產生快感。以演化論的邏輯來看，當我們辨識出可預期的模式，不確定性即降低，這樣會增加我們生存的機會。

即使金錢已經脫離原始的演化目的，但我們仍認為它攸關自己的生存。神經科學家安東尼奧．達馬斯歐（Antonio Damasio）說：「金錢代表維持生命的一種方法，維持我們以有機體存在於世界。」[10]我們想知道自己的財務未來，因為有助於我們的生存。

從二十世紀初以來，預測已經成為現代金融服務業不可分割的一部分。這是動盪不安的時代，美國的經濟在強勁成長和金融恐慌之間浮動。商人對不穩定十分關切，因為他們必須為未來綢繆，降低勞動力閒置的機會，並且在需求強烈時有最大化的產能。華德·傅立曼（Walter Friedman）在他闡釋清晰的專書《卜卦算命者》（*Fortune Tellers*）解釋：

> 經濟預測之所以興起，是因為雖然導入理性：以科學方法做事，但人類在工業化的經濟當中仍然渴望能預測未來。二十世紀初期，的確在許多方面都有人努力運用科學，試圖調和未來的不確定性。[11]

早期的預測人員受到氣象學影響，甚至在做經濟預測時使用氣象學詞語。他們也可以接觸愈來愈多的經濟數據，例如政府追蹤及發表有關商品物價的指標。[12]一九〇七年大恐慌（Panic of 1907），股市大跌約一半，許多銀行倒閉，散戶及法人投資人拚命設法減輕不確定性。他們從分析眾多數據資料的預測人員身上尋找慰藉。傅立曼說：

> 預測……不僅只是預測未來。它們假設經濟是什麼，以及經濟如何運作。透過數據的趨勢，做出圖表和模型，預測人員讓資本主義顯得自然、合乎邏輯，而且最重要的是，可以

預測。[13]

經過一段時日，這些預測得到改善和精進，許多商人逐漸依賴它們做出重大決定，甚至有人把預測當成事實。然而，和許多硬科學（hard science）還是不一樣，經濟預測不是那麼可靠，因為它根據的是持續變動的東西，就是人類的行為。

縱使如此，人們是理性的，能夠在抉擇之間權衡輕重取捨，這個假設是現代經濟學所賴以建構的人類行為根本模式。畢竟經濟學基本上是研究如何決定分配有限的資源，以滿足無限的欲求。傳統經濟學包含許多經過研究的人類行為模式：（一）考慮每個選項如何能增進幸福；（二）思考侷限，例如時間和金錢；（三）選擇何者能給你最大幸福。

許多經濟學家認為，理性的人構成理性的市場。而理性的市場導向理性或「正確」（right）的價格。股價反映市場最佳的集體智慧，不論股價是漲是跌，市場決定「正確」的價格。這個信念構成有效的市場假設，經濟學家吉尼．法瑪（Gene Fama）在一九七〇年的論文〈有效的市場：理論與證據〉（Efficient Markets: Theory and Evidence）主張，股價反映所有可取得的公開資訊。[14]由於價格是群眾智慧的呈現，而個人無法超越市場，因為市場已經「正確」了。這個假設有個更直白的名字，就是「理性市場理論」。這個觀點塑造二十世紀許多經濟思想，從大學校園到華爾街。它影響到對金融服務業解除管制，以及指數型基金及衍生性金融等金融工具的成長。[15]賈士汀・福克斯（Justin Fox）在他的著作《理性市場的迷思》（*The Myth of the Rational Market*）寫道：

> 對理性市場的信念……並不僅只限於股票。理性認為更多股票、公債、選擇權、期貨，以及其他金融工具被創造、交易之下，無可避免會給經濟活動帶來更多理性。金融市場具有個人、公司和政府所沒有的智慧……（從這裡）就出現價格在某個根本意義上來講是正確的這種信念。[16]

換句話說，市場最清楚。許多經濟學家只推動這個理論的一部分，但有一位最突出，替華爾街包裝這個理論。哈利・馬克維茲（Harry Markowitz）於一九五〇年代在芝加哥大學念研究所，他把一身數學本事發揮在金融市場上。他研讀價值投資之父班哲明・葛理漢（Benjamin Graham）的作品，發現投資人分散持股以降低風險，卻罕有考量整個投資組合的風險。他開發一個計算股票投資組合風險的公式，考量每支股票預期報酬率、結果的不確定性（風險），以及股票投資報酬率往同一方向移動的程度（正相關）。[17]他創造現代投資組合理論，今天的投資人仍用來最適化投資組合，以管理風險和報酬：投資組合經理人可以衡量選擇和侷限，然後挑選能提供最大預期報酬率及最小風險的股票。他和法瑪後來榮獲諾貝爾經濟學獎。

現代投資組合理論聽起來很合理，但是令人意外的是，當馬克維茲為自己退休規劃投資時，卻發現很難遵循這個理論：

我應該計算資產類別歷年的相關差異，劃出有效的邊界。可是我卻想到，如果股市一路上揚，而我的投資標的不在其中，或是股市一路下跌，而我的投資標的卻全部在其中，那不是慘了嗎？我的意向是最低化未來的遺憾，因此我五五對分，分別投入債券和股票。[18]

現代投資組合理論的發明人，竟然不採用這套理論。即使他明白應該去做理性的事，他卻選擇似乎不理性的動作。[19]一位諾貝爾經濟學獎得主都會如此做，可見假設人類是完全理性的行動者是有問題的。日本有一項研究，研究人員分析東京富裕社區的四百四十六位居民，你或許預期這些人都會以完全理性和追求自利的方式行動，卻發現只有三十一個人，即七%符合人類行為「經濟人」模式行動。[20]保羅．威爾默（Paul Wilmott）是位教授計量金融的專家，他說：「經濟學者的模式更可怕，他們完全忘掉人性因素的重要性。」[21]

經濟預測人員沒有預料二〇〇八年的危機，也犯了同樣錯誤。二〇〇九年，八位著名經濟學者寫一篇論文：〈金融危機與學界經濟學家的系統性失敗〉（The Financial Crisis and the

Systemic Failure of Academic Economists），批評只用數學模型，沒有考量人們做決定時的差異。他們認為，許多預測人員假定市場所有的行動者，不論是個人散戶還是法人機構投資人，會以理性方式行動。華頓商學院教授薛尼．溫德（Sidney Winter）同意這八位學者的觀察，認為「理性行為不是那麼可靠，否則人們不會做出根本負擔不起的房屋質押貸款，這種自我毀滅的事情，這是金融危機的關鍵因素。完全理性的金融機構高階主管，也不會投資以這些風險押貸所支持的證券。」[22]八位經濟學者認為，預測人員應該考量人類心理學和行為的變數：

> （預測的）主要問題在於儘管有許多改善，但根本不是依據經驗研究，且得到經驗研究證實的方法。事實上，這和心理學以及所謂行為和實驗經濟學，在人類行為中所發現的廣大規律性大相逕庭……經濟模式必須從其他有關人類行為學門得出的見解相容。堅持人類在不吻合證據的經濟情境中的特定觀點，是很有問題的。[23]

二〇〇八年秋天，全球金融危機鬧得最凶的時候，有位國會眾議員問葛林斯潘，對理性市場的普遍智慧是否失敗，葛林斯潘回答：「我正是因為這樣才震驚，因為過去四十多年相當多的證據都說運作很好。」[24]葛林斯潘日後分析二〇〇八年金融危機，他寫道：普遍的預測都沒有考量凱因斯所謂的「動物本能」（animal spirits），即「自發性的力道要行動，而非不作為，不是以計量利益乘以計量或然率的加權平均得出（理性的）結果。」[25]總之，人類的行為有時候不受邏輯和理性指導，而是由類似恐懼和安逸感等情緒，這些其他力量指導。葛林斯潘的結論是：

我們喜歡自稱受到理性驅動，是其他生物所不及的。這是毫無疑問的事實，但我們也遠遠不及新古典經濟學派所描述的原型，即人們絕大多數受到理智的長期自我利益所驅動。行為經濟學家指出，我們的思考過程更加直覺和演繹……廣義來說，動物本能的經濟學涵蓋廣泛範圍的人類行為，與許多相對新穎的行為經濟學相互重疊。重點是，要代之以更實際的行為，不再偏執我們在大學經濟學課程教了那麼多年，那麼強調的完全理性驅動的「經濟人」模型。[26]

納入更多「人性」因素的預測是否能預測金融危機，仍有待觀察，不過也不需要太複雜的模式就可以理解，房價不會永遠持續上揚。縱使如此，許多預測人員承認他們原先預測的失敗和謬誤，於是他們尋找新方法，以了解人們在做財務決定時的心理和行為。

人類的行為

一九五五年，以色列陸軍中尉心理學家丹尼爾・康納曼奉命決定哪位候選人可望成為成功的軍官。他安排一組八位候選人拿掉階級標誌，並且指示他們舉起一根大木頭跨過高牆，且規定不得碰到牆或地面。康納曼採取邏輯的方法評估候選人：他觀察誰主導、誰聽命，以此為基礎預測誰會成為成功的軍官。隔了好幾個月之後，與當了軍官的實際表現比較，他的預測慘不忍睹，比猜測好不到哪裡去。儘管曉得他的評估方法未能預測實際表現，但他還是持續這麼做。他的行為使我想到常言說：「瘋狂的定義就是一再重覆做同樣一件事，期待會有不同的結果。」康納曼以另一種方法描述他的不理性行為，稱之為「效度的錯覺」（illusion of validity）。[27]

「效度的錯覺」是一種認知上的偏差，它偏離理性行動者的預期行為，亦即對邏輯的盲點。即使康納曼曉得他評估候選人的方法次佳（sub-optimal），他還是偏執地運用舊方法。認知偏差是行為經濟學的起點，而行為經濟學是了解人們如何做財務決定的心理學方法，但非純粹的經濟學方法。康納曼和他的同僚提維斯基花了許多年發掘、記載，和解釋數百種認知偏差。兩人被稱譽為行為經濟學的先驅。提維斯基在一九九六年過世，康納曼在二〇〇二年榮獲諾貝爾經濟學獎，可是他一輩子沒學過經濟學。

康納曼在他的暢銷書《快思慢想》（*Thinking, Fast and Slow*），提出了解思想如何運作的新模式。他把思想運作的方式分為「系統一」和「系統二」兩種。系統一會自動、快速決定，下意識就發生，譬如翻開這本書。系統二會做出較慢、較複雜的決定，是有意識地發生，譬如如何平衡你的退休投資組合。我們傾向認為系統二指導我們的財務決定，其實有許多情況證明是系統一在指引。

由於他們提出新方法以了解人類的認知，康納曼和提維斯基的想法對許多領域，包括經濟學在內，產生深厚影響。他們在一九七四年發表論文〈不確定下的判斷：啟發與偏見〉（Judgment Under Uncertainty: Heuristics and Biases），列舉二十種認知偏差，是許多跨學科學者最常引用的論文之一。康納曼解釋他們的研究，如何質疑用來了解人類行為的傳統模式：

> 一九七〇年代的社會科學家，普遍接受人性的兩種想法。第一，人類一般是理性的……第二，例如恐懼、情愛等感情，說明人類偏離理性的情況。我們的論文質疑這兩個假設……我們記錄正常人思考系統性的錯誤，我們追蹤這些錯誤認知機制的設計，而非情緒傷害了思考。[28]

「認知的機制」，即系統一和系統二，代表了解我們如何做決定的不同方法。我們的選擇不只是理性或不理性，而是有意識或下意識做決定。我們許多財務決定是受到自己並不完全明瞭的力量所指引，譬如有一項研究顯示，餐廳服務生發現客人若多接觸陽光，會給較多小費。[29]天氣影響我們的情緒，使我們會更大方給小費。另一項研究顯示，天氣可能對股市表現有某種影響。把歷年的天氣模式與二十六個國家主要證券交易所的表現做比較，發現市場在晴天的表現相當好，比陰天的年度報酬率高出二四・八％。沒有一個認真的投資人會在做投資決定之前，先問天氣讓自己舒服不舒服，但是下意識已經回答這個問題，且做出反應。[30]

下意識也指引採買人的財務選擇。研究人員發現，採買人聽著法國音樂，比較會買法國酒，若是聽德國音樂，比較會買德國酒。[31]另一項研究發現，音樂可以影響品酒人對酒的感覺，形容酒的味道竟類似對音樂的感覺。[32]廣告公司對這些發現早已瞭然於心。在電視連續劇《廣告狂人》（*Mad Men*）中，唐・德瑞普（Don Draper）靠著善於正面配對商品，影響消費者下意識而財源滾進。

為促進系統一思考，我們創造心理捷徑（mental shortcut），每天節省精力能源處理數千個決定。這些捷徑稱為「啟發」（heuristics，編按：或稱捷思法），通常被界定是經驗法則（rule of thumb）。雖然有些啟發挺管用，例如聽到有人大喊「小心」，趕緊低身躲閃；有些則助益不大，而且不理性，會產生認知偏差。康納曼和提維斯基觀察造成認知偏差的啟發，提出一個新方法去了解人類如何做出財務決定。

為了說明啟發（以及因此產生的認知偏差）對財政決定的重大影響，我們姑且只考量四個因素：（一）可得性啟發法（availability heuristics，編按：或稱可得性捷思法）；（二）技能幻覺；（三）規避損失；（四）金錢幻覺。可得性啟發法說明為什麼我父親迷上樂透，樂此不疲。我相信他也知道中頭彩的機率是一億七千五百萬分之一，但是他去買彩券時，根本不會想到機率渺茫。他只記得有一次湊對了幾個數字，就贏了四百七十五美元彩金。他只想到下午五點鐘新聞播報某某人贏了大獎。[33]我們無法計算腦子裡的大數據問題，因此可得性啟發法指引我們的決定。

啟發也會造成通稱「技能幻覺」的認知偏差。康納曼分析一家財富管理公司二十五位投資顧問，八年來的相關數據。資料上的數據用來評斷每位顧問的年薪及紅利。康納曼不敢置信，他發現他們的建議和投資結果毫無相互關聯。他把自己的發現呈報給公司高階主管，後來他寫道：「對他們而言，這應該是震撼新聞，可是事實不然。」[34]高階主管繼續他們的不理性行為，獎賞技能幻覺：付給員工的薪酬並未反映他們實際的表現。[35]不幸的是，有太多證據顯示，技能幻覺在資產管理業相當盛行。百分之九十五的共同基金經理人，表現低於一個標準指數型基金，後者已有十五年沒有一個積極活動的經理人。[36]儘管表現差，許多基金經理人繼續賺取高額費用。基金管理圈的技能幻覺顯示，市場參與者的不理性行為：厚賞表現不佳的經理人。沒錯，基金經理人表現不佳，最後可能導致投資人撤走。但是表現差還能長久持續享有高薪酬，顯示財務決定不是由完全理性和邏輯的力量在管治。康納曼解釋，這種偏差「深鑄在這一行業的文化裡。挑戰這類基本假設的事實：會傷害人們的生計和自尊，根本不被吸收。思想根本不接受它們。」[37]看來是不理性的行為——不理會揭露財富顧問和基金經理人表現差的事實——其實可以從另一個角度觀察。這些基金的管理團隊想到的是保護他們自己的工作，維持他們的生計，這是完全理性的因素，因此他們視若無睹。

另一個啟發：金錢幻覺，受到經濟學家廣泛研究已經將近一個世紀。[38]金錢幻覺認為，人們以名目情況看待錢，而不是以實質狀況看待錢，也不考量通貨膨脹，但事實是，在經濟體中物價一般都會上升。例如，凱蒂年薪四萬五千美元，通膨率為一％。次年，她年薪相同，但通膨率為四％。凱蒂繼續購置同樣數量的商品和服務，彷彿物價沒有上升，其實她的實質所得已下降。金錢幻覺若普遍存在於許多人身上，可能導致市場狂熱。二〇〇八年，兩位經濟學家提議人們可以藉由比較月租金和押貸，來決定該租或該買房地產，卻沒有適當考量通膨會如何影響未來支付的實際成本。譬如，通膨降低誘使凱蒂及其他人購買房地產，因為他們以為較低的名目利率使得擁有房地產比較便宜。實際上，凱蒂應該考量實質利率，以此了解付房貸是否真的比付租金划算。若不考量實質利率，凱蒂和其他人可能會誤以為買房置產是較好的選擇，這將會推升房價，潛在會導致房地產泡沫危機。

會受到金錢幻覺影響的不只是房屋市場，股市的基金經理人可能也不考慮公司實值的獲利率。在通膨時期，金錢現在比未來更值錢，因為投資人會估算未來支付的款項在今天值多少，這個過程叫做貼現（discounting）。有些經濟學家主張，投資人可能考慮名目率貼現，而不是實質率貼現。[40]我很難明瞭專業基金經理人為何不關心實質率，然而金錢幻覺會導致股價不反映公司確實的價值。換句話說，認知偏差可能就是誤估資產價格，甚至是導致勞資糾紛的根源。一九七六至二〇〇〇年，加拿大的工會勞動契約中只有一九%包含物價生活指數調整條款。或許雇主在談判過程中占了上風，也許工會談判代表出現認知偏差，忘了在通膨中購買力會受到侵蝕。[41]

一直到最近，我們都不可能透視大腦的黑盒子，搞清楚它是如何權衡而做出財務決定。這是神經經濟學家的領域，我將在下一節討論，但是大腦影像分析可以幫助我們更了解腦子裡出現金錢幻覺是怎麼一回事。大腦影像顯示神經是如何支持這種認知偏差。有一項研究，參與者的大腦受掃描，同時他們奉指示要解決問題，處理好會有金錢獎勵。有一個劇本是，他們可以贏到獎金，並以相當低廉價格從型錄上購買東西。另一個劇本是，他們可以贏得多五成獎金，但從同一型錄上購物，其價格也高出五成。儘管名目數字上升，參與者的購買力不變，並且他們在實驗一開頭就被告知金錢的價值不會變。在涉及較大的名目數字的情境中，比起涉及較小名目數字的情境中，大腦前額葉皮層的活動顯著較多。[42]即使金錢的實質價值不變，但大腦對名目數字的不同有不同的反應。這項研究顯示，名目價格高，在主司處理獎賞和估價商品的大腦部位，會出現較多活動。前額葉皮層也被認為是理智的所在，它的啟動可能誘使我們更認清高價格。或許可以解釋大腦如何處理價格牌震撼（sticker shock），意思是：當面對事先沒預料到的高價位物品時，神經活動和醒覺加強。我們大多經歷過價格牌震撼，因此大腦活動加強或許不會讓人意外，但是現在有了大腦影像可以顯示大腦是如何處理這些財務決定，這是走向更能良好預測人類抉擇的第一步。

最後，康納曼和提維斯基最著名的一項啟發是規避損失。它的學術名稱是期望理論（prospect theory），指的是當要做決定時，人們對所認為的收穫和損失有不同的價值觀。[43]規避損失的演進邏輯似乎是最小化傷害和成本，以便增加生存機會。譬如玩丟銅板遊戲，你可以輸二十元或贏二十二元。雖然結果對你有利，理性的人類行為模式會建議你賭一把，但大多數人會拒絕賭。康納曼和提維斯基發現，若是要以投銅幣定輸贏，而一輸就是二十元，參與者要求平均能贏四十元才肯一搏。[44]人們如何估量輸贏有相當大的出入，即使有相當大或然率會贏，他們仍試圖規避損失。

規避損失或許可以解釋許多市場行為。甘布瑞亞投資管理公司（Cambria Investment Management）的米巴內．法博（Mebane Faber）發現，股價在熊市時比在牛市時波動更大。[45]根據金融作家葛瑞．貝爾斯基（Gary Belsky）和湯瑪士．吉洛維吉（Thomas Gilovich）的說法，原因之一或許是交易員為了避免損失，做出愈來愈有風險的押注：「如果你是股票交易員，已經損失不少，賭更大、希望一舉扳回，軋平損失的誘惑力十分強大。」[46]譬如一九九〇年代，霸菱銀行（Barings Bank）會倒閉，就是因為一個昏了頭的交易員加碼投入，企圖避免已經累積的巨額虧損。[47]在不確定的時期，理性的行動者不應該太冒險一搏。

規避損失也不僅出現在財金世界。削減福利受益金也很艱難，因為削減的政治代價極高，可能蒙受損失的人極可能動員起來捍衛他們的福利。政客帶頭喊擴大福利給付，但要削減福利時則避之唯恐不及。[48]甚至職業高爾夫球員也會玩規避損失手法，譬如對職業高爾夫巡迴賽兩百多萬次推桿詳盡的分析（地點和其他因素均控制住），發現球員若穩紮穩打、推桿以求平標準桿，以免閃失，會比推桿以求「小鳥」（birdie，即低於標準桿一桿，可使他們領先），多出三．六%的成功率。[49]

規避損失是受到神經機制的管控。大腦有好幾部分涉及權衡及做決定，譬如邊緣系統（limbic system）的腹側紋狀體（ventral striatum），它涉及預期及實現獲益。杏仁核處理預期及實現損失。[50]研究人員掃描兩個女子的大腦，她們的杏仁核有病變，已經關閉。[51]健康的控制組參與人比較可能接受贏五十元、輸十元的賭博，而非贏二十元、輸十五元的賭博；可是杏仁核有病變的這兩個女人，比較可能從事較有風險的賭博，甚至連潛在損失大於潛在收穫的賭博，也願意參加。杏仁核已知是促使學習畏懼，顯然在財務決定上也扮演同樣角色，引導我們避開損失。

這些認知偏差透露出人類的天性：有時候是沒有知覺、不理性的行動者。不僅沒有根據理性模式行動，在心理和行為也有很大的差異。康納曼和提維斯基因為多年來觀察和注意人類行為，認識到這些差異。他們的發現提供一個更實際版本的人類行為，而這是葛林斯潘宣稱我們所需要的。但是要經濟學家說清楚、講明白，他們財金模式的數百個認知偏差，有其困難。我們需要一個複雜但又直截了當的方法，以了解人們如何做出財務決定。

關於這一點，我們不妨考量行為經濟學家李察・塞勒（Richard Thaler）和他的心理帳戶（mental accounting）。人們不會把每一塊錢當作普通的一塊錢，反而認為自己的錢很特別，會做謹慎的分類，例如安全的收入和風險資金，這和公司的財務主管把資金依不同用途（例如薪資、稅款和研發費用）分類如出一轍。[53]一般人和公司一樣，也會以不同方式對待不同類別的金錢。我父親決定玩樂透，不僅可用「可得性啟發法」解釋，也可用「心理帳戶」解釋。他這樣解釋他的決定：「我沒有用退休金買彩券。」彷彿他在心理上設立一個可以自由支配的帳戶用來賭博。即使涉及的金錢數額可能一樣，但心理帳戶使我們對待金錢不同。塞勒的理論清晰地顯示，我們以不同方式看待金錢，而經濟學家應該了解不是每一塊錢都一樣。

塞勒、康納曼、提維斯基等行為經濟學家，對於了解人類如何處理金錢的行為已做出重大貢獻，但他們的發現不能完全解釋，腦子裡有什麼東西在指揮這些行為。要繼續以新方法追求對金錢的了解，我們必須進入大腦的黑盒子。

腦男

布萊安．柯納森是有使命感的人，他努力去了解大腦是如何做出財務決定。他是史丹福大學心理學及神經科學教授，也是動見觀瞻的神經經濟學專家。神經經濟學是一門跨學門的研究，專注在大腦如何做財務決定這個主題。如果你參加神經經濟學教授集會，出席者可能包括神經科學家、行為經濟學家、「傳統」經濟學家、心理學家、生物學家、化學家和電腦科學家。不同的研究取徑都有幫助，因為試圖了解我們是如何做某些決定，是很複雜的研究。

神經經濟學跨學門的性質提醒我們，人類有千奇百怪的理由做出財務決定。由於我們有能力從事先進思考（advanced thought），我們喜歡認為自己的決定是在新皮質（neocortex）處理——我們知覺意識的所在。但是自動飛行及導航許多財務決定的是下意識，即系統一，但我們並不完全明白它。

我們許多財務不僅是下意識地做出決定，即使是我們的動機，也可能受到自己不完全明白的力量所驅動。英國有一項涉及金錢的研究，要求十八位參與者緊握一個手把，起先讓他們看較低價值（例如一便士），或較高價值（例如一英鎊）的硬幣影像，這是他們可以贏到的獎金。以他們握緊手把的力道大小，依比例獲取獎金。有些情況，影像持續到參與者清楚是哪一個硬幣。有些情況則是影像一閃即過，參與者無法看清，並由他們證實無法確認看到哪一個硬幣。儘管意識上不清楚是哪一個硬幣，但參與者仍然大力握緊手把，以爭取較高價值的硬幣，[54]因為下意識仍然記得金錢的數值。

金錢也誘發參與者的心理變化。研究人員發現，出示高價值硬幣時，參與者的皮膚導電係數也會上升。另一項研究，一組大學生被要求計算八十張一百美元大鈔，另一組則計算八十張紙。兩組的部分學生受指示，把手伸進攝氏五十度的熱水中。數過鈔票的學生比起數紙張的學生，比較不認為水很燙。[55]這些研究顯示，想到錢、碰到錢，會以無法察覺的方式改變我們的心理。

然而，在這些實驗進行中，大腦究竟在幹什麼？在緊握手把的研究中，研究人員使用腦部掃描發現，若是讓受測者看英鎊，腹側蒼白球（ventral pallidum，含有依伏神經核的腹側紋狀體的一部分）活動增多，它似乎就是大腦支持意識和下意識動機的部分。他們得出結論：「人類大腦能把預期獎賞轉化為身體行動，不需要主體的醒覺。」[56]金錢在我們不完全理解下激勵我們行動，影響我們的決定和行為。

柯納森說：「核磁共振攝影（MRI）使遊戲改觀。」功能核磁共振攝影（fMRI）測量周圍皮質組織氧的使用情形，腦細胞則需要氧才能作用。[57]神經經濟學家利用這個技術，可以深入看到大腦的次皮質（皮質底下），觀察我們做財務決定時，大腦怎麼了。《紐約時報》形容神經經濟學家以大腦攝像所檢查的活動範圍：「這些研究人員忙著掃描人類在做經濟決定、以物易物、競爭、合作、叛變、懲罰、進行拍賣、賭博，和評估下一個經濟動作時，大腦的活動情況。」[58]

我已經討論過神經經濟學家如何進行實驗，以決定神經對金錢幻覺、規避損失，和下意識財務動機的支撐。他們甚至研究錢被毀壞時大腦的活動。研究人員讓二十個參與者觀看紙鈔和一般紙張被撕毀的錄影帶，並掃描他們的大腦。當參與者看到紙鈔被撕毀時，大腦顳頂網絡的活動加劇。通常，當我們使用鑿子、榔頭或敲打石斧時，大腦顳頂網絡就會啟動。高面額的紙鈔也會啟動更多神經活動，[59]研究人員說：「這使我們把金錢解釋為工具，在心理學上的詮釋有了可信度……大腦的確把金錢當作工具追蹤確切規模的交易。這件事顯示，把金錢解釋為工具不僅只是有用的比喻而已。」[60]

儘管有這些引人入勝的發現，神經經濟學仍處於開端階段，要了解大腦如何處理金錢，還有許多仍待學習的地方。人類大腦大約有一千億個腦細胞，稱為神經元（neurons）。神經元收到動力、受到刺激就會起動，[61]神經元把這些動力轉化為化學訊號，這些訊號可以經過突觸（synapses）的小空間，激動其他神經元，而突觸就像訊息轉送的交換站。每個神經元平均有五千個突觸，換句話說，大腦總共約有五百兆個突觸。[62]神經元之間的連結攸關儲存和促進知識，例如如何運用金錢。很難置信的是，大腦處理的資訊多過網際網路處理的資訊。[63]就像網址之間的連結可以改變一樣，涉及金錢的神經元也可以重新連結，去辨認鹽、黃金、美元，或可作為通貨的每樣東西。這就是神經可塑性（neuroplasticity）：大腦做新連結的能力。當神經元同時起動時，可說是它們連結在一起了。[64]

小時候我們學到金錢是價值的象徵，或許是從課堂上學來，但更有可能是透過觀察父母而學來。當你看到媽媽掏錢買牛奶時，有些神經元起動了。年深日久之後，大腦就把錢與它能買到的東西連結起來。發展心理學家史丹利・葛林斯潘（Stanley Greenspan）和史都華・尚克（Stuart Shanker）研究嬰兒如何創造象徵。他們發現，創造有意義的象徵時有一項必要條件，就是注入情感。[65]沒有情感，象徵只是影像。媽媽不只是一個高個子、長頭髮的女人，她提供衣食照護。同樣的，一美元紙鈔不只是綠墨印的一張紙。小孩乖時，你給他一塊錢做獎賞，或是你不滿意某人服務時，故意少給小費以示不爽。錢不只是邏輯和理性的產出，它也充滿情感意義。他們發現小孩學會賦予影像額外的意義，把它們化為象徵，隨著情感經驗豐富而調整。[66]

促成柯納森成為神經經濟學家的，正是情感和決定這個主題。還在念研究所時，有位老師建議他更深入研究大腦如何處理情感，於是他研究臉部表情和情感的關係，因此啟動了他一生投入情感神經科學（affective neuroscience），亦即情感的神經科學研究。他到國家衛生研究院（National Institutes of Health）做博士後研究時，專注大腦影像技術，發覺它們可幫助自己一窺大腦如何運作。他一向關注對情感的認知，現在他有能力可以一探大腦的黑盒子究竟如何運作。我親自拜訪柯納森，向他討教。我們兩人在紐約吃晚飯，他向我介紹神經經濟學這門複雜的科學，他把研究歸納為兩大方向：

（一）哪一個大腦機制期待好事和壞事？

（二）它們的活動會影響選擇嗎？

第一個問題是解剖學的問題。他想要知道，當大腦預期一件正面的事，或負面的事時，哪一塊區域會活動起來。利用大腦掃描，他可以看到哪塊區域與每一事件的連動關係。神經經濟學家發現，當預期會有收穫時，依伏神經核會活動起來，若是預期會有損失，前腦島（anterior insular）會活動起來。

柯納森和他的團隊在一項實驗中，讓八個參與者有贏或輸錢的機會，並掃描他們的大腦。若有機會贏到錢，可能是增加參與者依伏神經核的多巴胺（dopamine）水準，這是與興奮有關的一種神經傳導物質。[67]結果顯示，光是預期會發財就會導致這塊區域活動增加。財經作家傑生·史威格（Jason Zweig）到史丹福大學的實驗室拜訪柯納森，親自接受同樣的實驗。史威格在《錢與大腦》（*Your Money and Your Brain*）書中描述：「事實上，柯納森的掃描儀發現，當我收到獎賞時，我的依伏神經核神經元的動力，遠不及我盼望得到獎賞時那麼強大。」[68]獲取金錢獎賞的念頭，比起金錢本身更能刺激神經。

這有如想到會贏錢，所產生的飄飄欲仙感，不遜於吸毒。神經科學家漢斯．布瑞特（Hans Breiter）和他的團隊做了研究，他們讓十二個人玩金錢輸贏的遊戲，並掃描他們的大腦。掃描結果顯示，在依伏神經核有大量活動，不過其他區域活動也增加。最精彩的是，大腦影像與癮君子被注射古柯鹼後的影像相同。[69]史威格寫道：「投資賺錢的人之神經活動，和吸了古柯鹼或嗎啡而飄飄欲仙者的神經活動，無法分辨。」[70]你不需要吸毒傷身就可以在依伏神經核刺激高度活動。柯納森已發現，有可能贏錢已是不得了的刺激：「我們很快就發現，沒有一樣東西比得上金錢，對人的影響那麼大，裸體、屍體，統統比不上。金錢使人們躁動起來，好比食物讓狗激動起來，金錢也使人激動起來。」[71]金錢成為我們手上的巴伐洛夫搖鈴（Pavlov's bell），啟動依伏神經核，並且在我們垂涎有機會大快朵頤之際，制約我們的行為。

研究人員發現，大腦中央位置的前腦島，為了可能出現損失會起動。研究人員掃描十九位參與者大腦，對他們就一筆現金一再發出最後通牒。每一次測試，都有兩種參與者：一位是提議人，他提議如何瓜分這筆錢；另一位是回應人，他決定是否接受提議。研究人員表明，「標準的經濟解決方案」將是提議人提出低額數字，回應人則同意；因為有錢分總比分不到錢要好。[72]但是他們發現，金額太低，大約是總金額的兩成，有百分之五十機會遭到排斥。即使回應人曉得，拒絕提議後，任何參與者都分不到錢，可是他們還是拒絕，這表示有一股強大力量指導他們的決定。據說，回應人認為金額低、分明不公平的提案，太侮辱人了，令人憤慨。拒絕提案之後，回應人可以懲罰提議人，反正大家都分不到錢。從演進的角度看，拒絕提議可能是維持社群中地位的一種方法，要求別人不要不公平對待他。

掃描大腦發現，回應人收到提議時，背外側前額葉皮層（dorsolateral prefrontal cortex）會活動起來。大腦的這一部分通常與參酌推敲、有意識的思想有關。可是，當回應人收到不公平提議時，前腦島起動。大腦這塊區域通常連結負面情緒，當經歷痛苦、厭惡、受羞辱、口渴和飢餓時會起動。史威格指出，前腦島充滿梭形細胞，它有一種分子，在人類大腦中的數量比在消化系統中的數量少，它可以產生收縮以處理食物：「當你有一種直覺，以為投資恐怕有差池了，你有可能不是胡思亂想。前腦島的梭形細胞，或許與你劇烈攪動的胃同步起動。」[73]回應者若是前腦島活動高，拒絕不公平提議的頻率會高。[74]這就好像前腦島推翻前額葉皮層，情感勝過理性。這個研究展現出行為經濟學家早已觀察到的現象：我們的財務決定，受到超乎純理性的其他因素的影響。拜大腦影像之賜，我們現在可以看到這些因素之一：情感，是如何影響財政決定此一神經支持。

柯納森主張，情感是了解財政決定的關鍵，他寫道：「有人依然認定情感是周邊因素，但時機已經到了，應該承認情感是核心……擺在一起的生理學、行為學和神經影像證據，都顯示情感不僅是被動回應，也主動反應。」[75]他發現正面情緒促進肯冒風險，負面情緒導致避免風險。[76]他曾經有一項研究，讓十五位異性戀男子看一張照片，然後要他們做出高風險或低風險的財務賭博。照片有構成正面刺激者，例如誘使興奮的情色影像，有蛇或蜘蛛等負面刺激者，也有家庭電器等中立影像。果然，正面刺激畫面增加依伏神經核的活動和財務上肯冒風險。[77]這項研究顯示，偶然的提示可以影響財務決定，並且當你試圖預測人類行為時，應該考量到情感因素。

觀察大腦哪一區域動起來是一回事，預測人類的決定又是另一回事。二〇〇四年，《自然神經科學》（*Nature Neuroscience*）有篇社論寫道：「認知科學尚未能在真實世界，解釋或預測人類的決策行為。」[78]這段話在當時或許可以成立，但柯納森已經發現，藉由檢視大腦可以預測財務決定，而且他成功地回答我們一起吃晚飯時提出的第二個問題。他有一項實驗，掃描二十六個人進行採購決定時的大腦。首先，他們從螢幕上看產品介紹；其次，展現價目，最後可選擇購買與否。當產品出現時，依伏神經核因為可以買東西而興奮。價格一出現，部分前額葉皮層啟動，表示大腦的理性中心在處理資訊。但是價格若太高，前額葉皮層活動減少，前腦島活動增多。這是標價牌震撼，或是厭惡索價太高。研究人員發現，每塊區域的神經活動準確地預測消費者最後的決定：「這些發現顯示，大腦某個特定區域的起動和預期得失有關，它會先出現，可用來預測採購決定。」[79]

神經活動也可以預測投資決定。柯納森和他的神經經濟學家同僚卡蜜莉亞・庫妮（Camelia Kuhnen）發現葛林斯潘後來才學到的：「投資人在做財務決定時，有系統地偏離理性。」[80]但他們想知道是什麼樣的神經機制，造成此一行為。他們的一項研究要求參與者，從兩檔股票和一檔債券中做出投資決定。參與者被告知，扣掉他們自願費用之後，他們可以得到相等於決定的利得或虧損。大腦掃描顯示，在參與者做出有風險的決定（比如選擇一檔過去表現記錄不佳的股票）之前，依伏神經核已經動起來。研究人員猜測，賭場以免費飲料獎賞顧客，可能促成依伏神經核的活動，導致比較有風險的行為。在這項研究中，前腦島在低風險決定（比如選擇比較保守的債券）之前已經動起來。依伏神經核和前腦島的活動，準確地預測參與者的選擇。研究人員把他們的發現拿來和認定理性的經濟模式做核對：「結果顯示，超越理性的選擇，預期的神經活動可能也會促成不理性選擇。因此，財務決定可能需要微妙的平衡：在接受或避免風險時，或許需借重不同的電路（distinct circuits），但某個機制過度活動可能導致犯錯。」[81]他們的大腦掃描顯示，大腦是如何做出不理性的決定，以及為什麼不應該認定人類會以完全理性的態度行動。

柯納森和庫妮把他們的研究更深入推演。加入神經科學家葛里哥利・薩瑪尼茲—拉金

（Gregory Samanez-Larkin）之後，他們發現不理性的投資決定可能受到遺傳影響。以下問題引導他們的研究：「基因影響認知能力嗎？它們影響人們在財金市場學習的方法，或是決定風險態度嗎？」[82]他們專注在神經傳導物質血清素（serotonin），一般認為它主司幸福，或許攸關理解財務決定。有個血清素基因「5-HTTLPR」，它又分為長、短兩型。每個人都有長、短不同組合的兩組基因。研究人員從六十名自願人員蒐集唾液樣本，並且要求他們把一萬美元分配到現金、股票和債券。有兩組短型「5-HTTLPR」基因的人，把大約二四%以上的錢放在現金，較少有信用融資，比起有兩組長型「5-HTTLPR」基因者，也有較高的信用評等分數。短型基因者比起兩組長型基因者，持續經驗是負面情緒。這些負面情緒可能導致他們迴避風險。他們也顯示較大程度的神經質，這種人格特徵的特色就是焦慮和憂懼。[83]但是研究人員很小心，不敢遽下定論，只說遺傳不是指引行為的唯一因素，因為不是所有的參與者都依其基因建議而動作。[84]縱使如此，他們的研究顯示，當我們試圖了解人類如何做財務決定時，也應該考量生物因素。

我們相信大腦

感謝許多神經經濟學家的研究，大腦的黑盒子已經不再那麼神祕莫測。我們已經更了解大腦是如何處理財務決定。但我們還是要問：這些神經科學上的洞見將有助於經濟學家做出更準確的預測嗎？神經經濟學家可以根據大腦中的東西，預測財務決定。進而言之，市場是由許多大腦所組成，或許市場可以更準確預測。

雖然神經經濟學還處於發展階段，但某些著名的傳統經濟學家已經注意到。羅伯・席勒（Robert Shiller）說：神經經濟學革命將重新改造經濟學。明尼蘇達大學經濟學者艾爾多・路斯提契尼（Aldo Rustichini）呼應這個見解，他說：「我認為這個新的研究是革命，應該可以提供理論解讀人們在經濟及戰略下如何做出決定。到目前為止，對經濟學家而言，決策過程還是黑盒子。」[85]

少數經濟學家在建構預測模型時，其實已經採納神經經濟學的觀點。我從來沒見過華爾街經濟學家或研究分析師，在他們的預測中採用神經學家的觀點。著名的神經經濟學家柯林・卡密瑞爾（Colin Camerer）提出這樣的解釋：「我要說，神經經濟學是九成的神經學、一成的經濟學。我們從經濟學採用許多數學模型，來協助敘述我們所見到的大腦運作狀況。但是經濟學家動作很慢，不曾採用我們的想法。」[86]

一九四七年，經濟學家保羅・薩繆爾遜（Paul Samuelson）發表巨著《經濟分析基礎》（*Foundations of Economic Analysis*），它成為有效的或理性的市場理論之學術基礎。二〇一〇年，神經經濟學家保羅・格里姆契爾發表《神經經濟學分析基礎》（*Foundations of*

Neuroeconomic Analysis），他希望這本書能促使經濟學家把神經科學的觀點納入預測模型，他寫道：「十九世紀經濟學家索恩斯坦・韋布倫（Thorstein Veblen）說，經濟學終於成為一種演化的科學，而且這門科學已經顯示它是了解人類行為的強大工具。」[87]

或許假以時日，經濟學家就會採納神經經濟學的發現。二〇一三年，葛林斯潘在他書中突然大徹大悟，呼應神經科學家強納森・柯恩（Jonathan Cohen）在二〇〇三年所說的：「大部分經濟學者沒把他們的理論，以人類實際行為做基礎。他們研究理想版本的人類行為，以為那是獲取收穫的最適合行為。」[88]然而，也有些經濟學家摒斥這個領域，認為腦部掃描揭示的是哪個神經元在啟動，而不是為什麼會啟動，而且神經經濟學的研究還未能預測大多數的人類行為。[89]

但是情勢已在轉變。《高等教育紀事報》（*Chronicle of Higher Education*）發表一項研究，掃描青少年大腦用以預測音樂影帶銷售增加狀況。[90]研究人員發現，參與者依伏神經核的活動和全國唱片銷售之間有連帶關係。[91]用研究人員的話來說，這項發現「顯示神經系統對商品的反應，不僅可預測實際接受掃描者的購買決定，而且這種反應也可一般化到大眾，可用來預測文化受歡迎的程度。」[92]如果神經經濟學家可以預測零售音樂影帶的銷售，有一天他們或許可以預測股價，或許提供更多訊息去了解為什麼一個市場會以特定方式表現。格里姆契爾說：「如果我們能取得人們選擇股票時的數據，這些模式能從個人層面挑選股票的模式，進而預測股價宏觀層面的變化嗎？……我們有理由相信或許可以做到。」[93]我們還需更長的時間，讓神經經濟學的發現被採納進經濟模型中，但神經經濟學已經豐富了我們對金錢的了解。

當我們的大腦擴大，我們發覺到合作的好處，創造類似金錢作為工具來促進它。但金錢不只是理性和邏輯的產物，我們也得到複雜思考的能力，把金錢從工具轉化成價值的象徵，又灌輸情感意義。經濟學家並不知道大腦怎麼想，但早早就針對人類行為提出假設，而且暗示地假設大腦是如何處理金錢。但是有了腦部影像技術，我們可以從鏡子看到大腦，對它的方法有更好的了解。我們了解，使用金錢的方式受到許多因素的影響，包括情緒和遺傳學。

但是還有其他因素影響我們如何思想和使用金錢，譬如社會規範、文化儀式，和社會信念。儘管我們在生理學上相似，人們思考金錢的方式卻各不相同。我們若要了解金錢，就必須考量這些不同，因此我們將從研究大腦轉向研究社會因素，即社會的「超級大腦」。毫不懷疑，我在研究金錢時學到一件事：人人有他自己的想法。

章三

負債累累

——債務人類學

我不施惠。我積累別人欠我的債。

——西西里諺語[1]

禮物送給送禮人，它們大多回歸到他身上，而且百試不爽。

——華德・惠特曼（Walt Whitman）[2]

年所得二十英鎊，年支出十九英鎊九六，就是幸福。年所得二十英鎊，年支出二十英鎊零六，那就慘了。

——查爾斯・狄更斯（Charles Dickens）[3]

我住在倫敦時，認得一個傢伙。個兒高、長相英俊，有點一字眉的模樣。他和我們一群死黨下班後一起在酒館閒磕牙。我們逐個兒揮手請酒保為我們倒一輪健力士啤酒。酒過數巡，已經微醺，我們準備來個最後一輪，就要各自歸營。大家都往今晚還沒作東買酒的這位仁兄方向張望。

有人開口了：「我們可以再來一輪嗎？」

「當然可以啊！不過別叫我買單就行了。」

尷尬、靜默。

搞清楚這位仁兄不是在說笑後，開口問的朋友接話說：「老兄，你很奇怪耶。這一輪我作東好了。」大夥兒當作沒事，繼續說話。

後來，我幾次在小酒館朋友聚會時化身不肯買單的這位仁兄，測試打破輪番作東默契會有什麼迴響。當然，最後我還是買單，跟大家說純粹開開玩笑啦。但是有那麼幾分鐘，我在朋友眼中從一個隨著社會習俗、與大家攪和的人，變成白吃白喝客，占別人便宜的討厭鬼。

天底下沒有一條法令規定你該請大家喝酒，但我們大多曉得別人會這樣預期。我和死黨們進行的是既原始又現代的交易：接受餽贈後，投桃報李；啟動一筆短期債務，然後償付它。在這種情況下，金錢的運用受到我們這個小部落社會習俗的管治。

在全世界這個「超級大腦」裡，各地對金錢都有不同的詮釋。人們用錢的方式透露出他們怎麼看待金錢。人類學家走遍偏遠角落研究金錢的運用，發現不尋常的做法，記載金錢如何從生到死，扮演重要角色。在印度，大家送錢給新生嬰兒及其父母。在日本，則送錢給新婚夫妻。[4]在奈及利亞，金錢是陪葬品，跟著死者入土。[5]金錢以各式各樣方式標誌我們一生重要時刻。

儘管現代人用各式各樣方式使用金錢，它的普世功能是解決債務的工具。美元紙鈔上印著一行字：「本券是償付一切公私債務的法定貨幣。」美元由聯邦準備理事會發行，在聯邦的資產負債平衡表上記錄為負債。支持美元的擔保品，出現在平衡表的資產欄。這些資產大多是美國聯邦財政部，及聯邦機關發行的證券。[6]換句話說，美元是美國政府的責任義務，它們是由政府機構的公債，以及政府對現行美國貨幣制度的信心所支撐。金錢和債務難以分解。

墨水印出來的這行小字也提醒我們，金錢的另類歷史。數百年來，經濟學家堅稱以物易物是金錢的前驅，但實際上有另一種金融工具普遍流行，那就是欠債。在硬幣發明之前數千年，古代美索不達米亞已有支付利息借款的存在。欠債才是金錢的前驅。今天我們或許把金錢和負債當作兩件不同的事，但它們有共同的起源。美元是負債，是聯準會的責任義務，透露出借貸在整個人類歷史上的根本性質。

這是因為債務不僅是財務性質的責任義務，也是社會性質的責任義務。我在本章將運用人類學的取徑，檢視這兩種責任義務。我檢驗債務交易的不同領域：第一，家庭領域，這是餽贈經濟的根本；第二，商業領域，即市場經濟的根本。[7]我比較專注餽贈經濟，因為它比較細緻，有許多種詮釋。但它最後影響我們對金錢的知覺感受，甚至影響我們如何看待朋友和家庭。

汽車貸款和房屋抵押貸款，很明顯是財務債務工具，在市場經濟上有牌告價格。比較不清楚的是，如何界定收受或給予贈禮所產生的社會債務或信用。交換禮物會產生社會債務，它出現在許多文化當中，從東亞國家繁複的贈禮文化，到東倫敦請朋友喝啤酒都是。

不論債務出現在哪個領域，債務帶來責任義務意識。只要我們活著，就會遇到社會債和財務債，並且有義務償付。責任義務具有道德含義在內。不回請朋友喝啤酒，會被解讀為違反不必言詮、默契般的社會理解。不償還貸款則違背合同協議，不尊重債務是不對的，回報贈禮和償付貸款是對的。另外，透過放高利貸占別人便宜，也是錯的。我把宗教上對債務的批評放到另一章討論，本章探討社會債被當作市場債計算時會發生什麼狀況。它有可能產生負債的黑暗面，把金錢當作恫嚇工具控制別人。

另類起源

在大部分經濟學入門課裡，對金錢史一般是這麼說的：從前遠方有個地方，人們以物易物，但有時候不是每一方都有對方確切想要的東西，因此他們發明了金錢。你可以把這個思想上溯到亞里斯多德，和古典經濟學家，例如亞當．斯密，他認為，分工導致更專門的工具，而它需要金錢來便捷愈來愈複雜的貿易。他在《國富論》中寫道：

> 屠夫鋪子裡的肉多過他自己所需食用，而釀酒人和麵包師都願意買些肉。但是除了他們本行不同的產品之外，他們沒有東西可拿出來交換……為了避免這種情況的不方便，在初建立起分工之後，每個明智的人在社會各個時期肯定自然會有……相當數量的某種商品，他設想很少有人會拒絕交換他們本行的產品。[8]

亞當．斯密又說：透過交易，蘇格蘭高地的釘子成了初期的通貨。經過一段時日，這些商品被小塊寶貴的金屬所取代。我個人探究生物演進，觸及到金錢起源，甚至支持「以物易物交換食物和手斧等商品，替使用金錢鋪了路」的看法。以物易物是一個羅曼蒂克、簡單的概念，似乎就是金錢交易的前身。

然而，英國經濟學者艾佛瑞德．米契爾—殷內斯（Alfred Mitchell-Innes）於一九一三年在《金融法期刊》（*Banking Law Journal*）撰文質疑這個理論。米契爾—殷內斯認為，歷史上找不到證據證明亞當．斯密的公理，事實上，他說的並非真實。他指出，亞當．斯密以釘子為例，卻遭到《國富論》編輯威廉．蒲雷費爾（William Playfair）打臉。製釘人很窮，必須依賴供應商提供原料才能製作釘子。供應商在製釘人製作釘子時還提供融資讓他買麵包和起士，於是製釘人欠了一屁股債。當釘子完工後，製釘人則以釘子償付供應商。[9]米契爾—殷內斯寫道：「亞當．斯密相信他發現一種實體通貨，其實他只是發現融資。」[10]

他的文章雖受到經濟學家凱因斯喝采，卻沒有得到太大的注意。它遭到忽視約一個世紀，直到二十一世紀才又浮現，著名經濟學家藍道爾．韋瑞（L. Randall Wray）和人類學者大衛．葛瑞伯（David Graeber）看到它的優點。韋瑞認為金錢和債務可能是一而二、二而一的相同東西——金錢只是衡量債務的一種尺標。[11]葛瑞伯在他的著作《債的歷史》（*Debt: The First 5,000 Years*），請大家注意好幾位研究以物易物的人類學家的作品。其中一位學者是劍橋大學教授卡洛琳．韓芙蕾（Caroline Humphrey），她寫道：「從來沒有過純粹、單純的以物易物的例子被描述過，更不用提從它而出現金錢，所有已知的人種學都顯示，從來沒有這種事。」[12]葛瑞伯把這些點點滴滴串連起來，聲稱由於缺乏證據，令人懷疑起金錢如何源起的傳統理論。並且它顯示，金錢是如何發展起來此一基本理論是個神話。[13]

然而，在全盤摒棄以物易物導致金錢出現乃是神話之前，葛瑞伯提出一點細微差異。的確有許多人拿東西去換東西作為交易方式，但通常那是和陌生人交易——是你可能再也不會見到的人，因此商品必須有點價值。[14]我曾經以一瓶啤酒交換某人替我買一張棒球賽入場券。當時收銀員不接受信用卡，因此排在我後頭的仁兄替我付了現金買票，而我立刻到體育場餐廳以我的信用卡買一瓶沁涼啤酒請他。與你認得的人以物易物可能予人缺乏信任的感覺。為什麼不以賒帳方式成交呢？這需要信心和信念，融資（credit）這個字的拉丁文字根就是「相信」或「信任」。不信任對方，不以賒帳方式交易，可以產生以物易物的競爭，交易的人試圖占對方便宜。葛瑞伯提到巴基斯坦的普什圖人（Pukhtun），與非親屬以物易物的情形。他們交換相同類別的東西，譬如以襯衫換襯衫。他們也交換不同類別的東西，譬如以驢子換自行車。在交易中得勝、拿到比較值錢的東西，是交易的原因。[15]他們不遵循投桃報李的第一步。他們假定賽局不會有第二回合，因此要在第一回合就最大化收穫。在賒帳制度裡，第一步需要信賴與合作。

葛瑞伯和米契爾–殷內斯一樣，認為在有金錢之前，就有欠債。有利息的貸款最早出現在古代美索不達米亞，比利底亞王國發明硬幣早了幾千年。在美索不達米亞，在寺廟、宮廷和名門巨室工作的人，根據銀子和大麥等商品的價格核計貸款。把啤酒放到酒吧賣也是年代久遠的做法，在古代美索不達米亞就很普遍。[16]他最後結論是，欠債早於金錢出現，或至少是同步發展。鑒於債務自古以來的重要性，我們必須了解它的不同面向。

不同型態的債務

在西非，不能以衣物換馬鈴薯。在所羅門群島，不能以芋頭換薑黃根。[17]這些禁律是交易領域的例子，可以與同類別東西交換，但不能與不同類別東西交換。某些文化區分營養品領域和物質品領域。譬如，奈及利亞的蒂夫族（Tiv）有三大類交易領域：（一）穀類和蔬菜等食物類；（二）銅棍和馬等較持久、貴重的項目；（三）「親屬」，如子女。新幾內亞的希亞內族（Siane）也分三大領域：（一）香蕉和芋頭等食物類；（二）菸草和乾果等奢侈品類；（三）海殼和頭飾等裝飾品。[18]搞混了領域不僅表示無知，也可能冒犯人，彷彿你試圖占交易對方的便宜。

在任何社會要順利交易，很重要的一點是曉得什麼東西可以換到什麼，例如你不會用賓利豪華汽車換個擁抱（當然有人要給你一輛賓利，你不妨好好抱抱他）。當代社會的債務交易也有不同的領域。請看看下列兩種交易：

（一）蜜莉安請你到她家吃烤肉。

（二）你同意買新屋，簽下固定利率的抵押貸款。

第一個交易發生在家族領域，和不在市場範圍內的朋友和家人交往。由於蜜莉安大方請客，你覺得有責任義務以友善態度回報，譬如帶一瓶酒當伴手禮、親手寫張謝卡，或稍後邀她到中央公園野餐等等。禮物：財富或值錢物品的轉移，只是交易的一部分。另外交流的是尊敬、感謝、贊賞或其他。這種感激而起的責任義務，是所謂「餽贈經濟學」的基礎，古今中外全世界各地都有。

第二種交易涉及到房屋抵押貸款，發生在商業領域，通常是與陌生人交手。你有責任義務準時、全額支付分期貸款，這種依法產生的責任義務是今天所謂市場經濟的一部分。當我計算債務責任時，它有好幾種形式，如學生貸款、汽車貸款和信用卡帳單。

兩種交易都產生不同力道的償付責任義務，但償付的方法不同。在家族領域，你會以實物禮物回報，雙方互動可能即告完成，不過也可能維持未來收受及贈與禮物的良性循環。但若把市場做法帶進家族領域，可能造成尷尬場面。譬如，喝了飯前酒、吃過開胃菜或點心之後，你問蜜莉安你該付她多少錢，然後掏出皮夾，點數八十五元，放到她手裡。如果蜜莉安和我大多數朋友一樣，你會冒犯她，因為你把她的盛情待客當作可以在店鋪裡買來的物品。你把市場做法：付錢買服務，導入社交來往。

當然，這兩個領域並不相互排斥，它們不斷地碰撞在一起。公司為了本身利益試圖模糊兩個領域之間的界線：把顧客視若好友或家人，是任何社會高明的業務員典型的動作。航空公司的里程酬賓及其他兌點贈獎方案都設計來灌輸忠誠感，讓你在回到市場之前稍停下來三思。這些公司試圖打進你的家族領域，因此你會更善意對待他們，不把他們當作陌生人。你愈信任他們，他們愈能賣你東西。但是，再好的商店也不等於你的手足兄弟。

禮物

馬瑟爾．毛斯（Marcel Mauss）是多才多藝，跨越多個不同領域的人，充滿各式各樣的點子。他既是社會學家又是人類學家更是哲學家，一九二四年寫成一本巨作《禮物》（*Essai sur le don*），直到今天仍是人類學者研究禮物交換必備的經典。[19]禮物可以有政治、經濟、社會，甚至宗教層面的意義，研究它需要有寬宏的視角。禮物可以有好幾重意義，因為它反映贈送者的意念，可以從友善仁厚和慷慨大度到懇求幫忙，甚至鄙視。譬如，蜜莉安請你吃晚飯，酒足飯飽之後她拜託你幫她兒子爭取你畢業的名校錄取他。她的禮物：一頓豐盛晚餐，現在出現其他意義。假如你在赴宴前知道她的意圖，說不定你會婉拒出席。

餽贈經濟（Gift Economy）有它獨特的儀式和習俗味道，但毛斯觀察到，它們通常涉及到三種型態的責任義務或原則：贈與、接受和回報。[20]這些責任義務構成餽贈經濟的循環。禮物不斷移動——我將記述幾種不同文化的情況——表示禮物的流通以及家庭領域的債務，與商業領域金錢的移動有相似性。然而，差別在於餽贈經濟中的移動或交易，通常會維繫關係永續。你接受朋友請喝一杯卡布奇諾咖啡，關係維繫住，甚至還更強化，但你有責任義務在日後回報。當禮物送出時，儘管沒有過手金錢，仍然有一種通貨在流通：家庭債或社會債。在市場經濟裡，你到星巴克買一杯咖啡，關係終止，你可以走你的陽關道。

毛斯注意到禮物如何維繫紐西蘭毛利人和大自然之間的關係。毛利人把禮物當作有靈魂（spirit/bau）。獵人從樹林捕獲獵物，會切一塊肉送給祭司，祭司就這塊肉施行儀式。透過這個動作，祭司安排獻禮（mauri），譬如獵物在儀式中或聖石上備妥，這是對樹林的靈魂實質的尊顯。[21]他們安排獻禮呈獻給樹林，以示感謝大自然贈我食物。沒有妥當地表示謝忱，會得罪大自然，以後戰利品就會減少。[22]一般傳說，禮物的靈魂渴望回到牠的來處，因此鼓勵收受者要回報贈禮。樹林、獵人和祭司全是贈與者和收受者，在禮物的循環移動中分司角色。有些學者試圖駁斥毛斯的靈魂說，要回歸到比較世俗的了解：不知投桃報李會傷害受禮人的名譽。[23]即使如此，禮物的移動展現餽贈經濟學的完整流通。

我們在新幾內亞附近的特羅布里恩群島，看到更大規模的禮物流通。人類學家布隆尼斯勞・馬林諾斯基（Bronislaw Malinowski）發現當地人的禮物交換循環，稱為「庫拉循環」（Kula ring）。在組成馬欣群島（Massim archipelago）〔譯按：即今巴布亞紐幾內亞東邊的米爾恩灣省（Milne Bay Province）〕的許多小島上，家族之間交換兩種儀式性禮物（vaygua）

——項鍊和臂環，它們的功能有如通貨。[24]兩種禮物繞著各島走一圈：紅色貝殼項鍊順時鐘方向走，臂環則逆時鐘方向走。這兩種禮物要互換：收到項鍊應該當下或至遲一年內回贈臂環。禮物繞各島走一圈，有時歷時十年，因為人們靠獨木舟在各島之間旅行十分困難。[25]這種交換禮物的循環會產生社會債及償清債務，它形成社會的構造——像大型信用制度，曉得某人在和別人的關係中居於何種地位。把禮物囤放太久，會折損名譽和信用。不送禮代表你的社會關係終止、退出社群。贈與受到期待，是成為團體優良成員的一部分。[26]

餽贈經濟中禮物持續移動，和我們在西方社會習見的購買和囤放，意義完全不同。馬林諾斯基觀察到，在特羅布里恩群島和許多所謂的古代社會，「擁有即是贈與」。[27]用現代話來說，就是付錢，讓禮物持續移動。作家路易士．海德（Lewis Hyde）在他敘事詳盡的大作《禮物》（*The Gift*）中，以一個思想實驗比較不同的文化對禮物移動的看法。早期的一個英國墾荒者來到一個美洲原住民社區，收下一根煙管當禮物。他很高興地把它帶回家，驕傲地出示給親朋好友。當印第安族人到他家拜訪時，他獲知他們期盼他把煙管還給他們。他抱怨印第安人不知尊重私人財產權。在他來講，收下禮物，它就再也不能流通，甚至日後可作為商品出售。他把他們稱作「印第安送禮人」：送出禮物，又要討回去的人。這個定型化、負面意思的字詞或許源自路易斯和克拉克的遠征（Lewis and Clark's expedition），他們發現和美洲原住民很難做生意。[28]在海德的思想實驗裡，印第安人抱怨英國墾荒人不尊重禮物的移動以及廣大的社群。對他們來講，保有禮物就是持續送出去、一再送出去，維繫住關係。[29]我們在這裡發現家庭領域和商業領域並存，但是關係尷尬。

在某些社會，贈與是取得地位的正式方法之一。十九世紀的人類學家，包括毛斯在內，從研究加拿大卑詩省（British Columbia）原住民瓜求圖人（Kwakiutl）部落的佛蘭茲．包阿斯（Franz Boas）開始，花了不少筆墨解釋炫富宴（potlatch）〔注意，別和源自英文的「potluck」（來賓各出一道菜餚的便餐聚會）混為一談〕。所謂炫富宴是一種儀式性的禮物交換，自古以來發生在美洲西北部太平洋濱的原住民社群。炫富宴通常安排在出生、結婚和葬禮等重要場合舉行。但大多數炫富宴的目的是要展示社會地位，譬如舊酋長去世、新酋長上台，猶如新王加冕的登基大典。[30]新酋長通常是長子，他要負責主持炫富宴。社會移動很有限，炫富宴透過儀式可增強繼承的權利主張。[31]

這個地區大部分原住民社群的炫富宴略有出入，但基本形式有些類似。酋長及其親族——在瓜求圖人社會稱之為奴米瑪（numima）——邀請賓客參觀此一重要活動。炫富宴成為公開奇觀，酋長或「贈與者」以及其奴米瑪準備豐盛的菜餚，帶領輪番講話、唱歌和跳舞。最後，贈與者分發禮物給來賓，既示慷慨大方，也代表賓客可以告退。禮物反映贈與者的名望，而非賓客的想望。因此高價值的項目，如肉和獸皮經常作為禮物送出。瓜求圖的銅片也是另一種名貴禮物，它是一張有主人名字在上的金屬片。歷經數個世代，這些銅片透過一系列的多次炫富宴易手。銅片敘述著禮物交換的歷史。[32]

炫富宴的確有助於整合家族，並在廣大社群建立團結一致。但它們也作為區分成員的方法，確認個人的地位和階級。禮物依據每位賓客的階級分派，由於沒有兩位賓客會有相同的階級，因此受禮人很清楚自己在贈與者心目中的地位。受禮人彼此也會比較收到什麼樣的禮物，以此來衡量彼此的相對地位。[33]譬如在某一次炫富宴，海豹胸肉獻給酋長，鰭形肢體送給第二號長官。階級較低的客人得到較低品質的肉。[34]

餽贈禮物，以及公開「摧毀」一個人的財富，這在瓜求圖人社會是美德，和西方社會透過積累財富而獲致地位的概念完全相反。[35]事實上，從十九世紀末至二十世紀中葉，加拿大印第安法（Canada's Indian Act）規定，炫富宴是違法行為，理由是它們妨礙文化融和。[36]再深入分析，炫富宴也有競爭精神。雖然在炫富宴餽贈禮物有大方慷慨的古意，許多部落卻相互競爭，想要超越他們過去的炫富宴，或是由鄰族所策劃的，以更大手筆壓倒對手。然而，與外人接觸感染疾病是部分原因，原住民社群人口萎縮，對地位和階級的主張逐漸模糊，有時候甚至人數不足以填滿全部有地位的位置。成員若主張同一個地位或階級而發生爭端，由誰能組織更好的炫富宴來決定勝負。炫富宴原本是作為限制社會流動的方法，現在卻變成社會流動的階梯。[37]

經過一段時日之後，這些原住民社群與西方墾荒者有了貿易往來，有些新買來的物品，如鐘錶和縫紉機，也引進到炫富宴；另外，商業領域出現的規範也加進來。這些物品逐漸變得有傳統意義，最後贈與者的聲望絕大多數是因他的禮物之金錢價值而來。地位現在來自市場價值，而非繼承的身分。銅片要稱斤秤量，禮物要用金錢及市場經濟的鏡頭觀看。炫富宴被改造了，市場規範進入家庭領域。

餽贈經濟不僅出現在好幾百年前的社會，現代化公開展現交換禮物、以維繫關係網，就出現在網際網路和線上平台。同儕分享音樂服務的「Napster」成立於一九九九年，迅速地改變音樂的消費習慣：使用人不再到市場購買音樂，他們和同好分享或贈送MP3的音樂蒐藏檔。從某人那裡下載一首歌之後，它就加入你的蒐藏，其他人也可以下載。這首歌和別人分享，並沒讓你失去它，但對收到者而言這也等於贈與。好像庫拉循環的關係，歌曲持續移動，一再被贈送出去。Napster的餽贈經濟不是個圓圈，而是根、莖狀的結構，使用者遍布全世界。[38]有位研究者採訪Napster使用者，以便了解他們的動機。使用者談起Napster社群，強調分享與贈送建立起團結意識。[39]有人責難某些人下載音樂，卻不把自己蒐藏的音樂拿出來分享的做法。有位使用者說：「如果他們不分享，他們不應該被允許獨沾好處。」[40]Napster使用者發展出類似毛斯和馬林諾斯基研究的社會規範和責任義務。當然，許多人認為Napster使用人從事音樂海盜行為，從市場行竊，免費和社群分享。Napster面臨法律訴訟和法院裁定，終於關門大吉。在這個個案，市場經濟的生產者受到分享這種家庭態度之害。

一份有價值的智慧財產在全世界分享，不怎麼考量創作者的金錢利益。

我們也看到恰恰相反的情況，商業領域受惠於家庭領域，線上群眾集資平台「Kickstarter」使人們能注資給藝術項目。藝術家製作一卷錄影帶，說明他們的前景。許多人因此集資成功：有位音樂家徵求十萬美元，卻籌到一百萬美元；有位網路遊戲設計師想募資四十萬美元，卻募到三百多萬美元。透過這個平台募到的資金超過八億美元。[41]Kickstarter向每個集資成功活動抽取費用，扮演市場代理人，因錢流經餽贈經濟而獲利。被Kickstarter嚇了一跳的人，只需要記得餽贈經濟的普遍、吸引力和責任義務。[42]當你的藝術家朋友開口要錢時，你可能覺得有責任義務協助他。就贈與者而言，沒有重大經濟利益，但是餽贈維繫和藝術家的關係。藝術家可以提供藝術品禮物，並且源源不斷提供藝壇新知給贊助人，或許也可收到免費唱片，甚至以一首創作歌曲獻給你。

在所有案例中，禮物的移動依賴謝意，也就是社會學家喬治・辛密爾（Georg Simmel）所謂的「人類的道德記憶」。[43]收下禮物後，受禮人會因心懷感激產生一種責任感。雖然感激具有溫暖、大方的含意，但和它強大的力道「勢必回報」餽贈，不能混為一談。[44]因感激而生的責任感在授受雙方之間建立道德關係——禮物要打結包裝就是一個象徵。[45]我們也要承認，因感激而生的責任義務也有極限。當一個團體成員太多、太大了，幾乎就不可能記住每一個交換如何影響每一個關係，以及每個人在共同的人情債網絡上的地位。感激需要記住，也是平衡授受雙方人情債所必須。

其實也有粗略的方法可以追蹤、計算社會債平衡表。記得前述蜜莉安和你在一項家庭或社會債交易中是相對的兩造：如大方的姿態使她的平衡表註記貸方（credit），你的平衡表註記借方（debit），彷彿有個社交銀行帳或借貸系統。我們言談使用的話語也用這類系統的字詞。我們用和負債有關的比喻來形容我們和別人的關係，例如我欠你一次、我欠你、我會讓你付出代價等等。[46]我們甚至以這種借貸系統方式思考。著名的語言學家認為比喻不僅表達意思的藝術方法，它們也影響我們的思維方式。[47]許多人謹記他們欠誰人情、誰又欠他們人情。有些人甚至把它記帳般記下來：據說，J．P．摩根公司執行長賈米．戴蒙（Jamie Dimon）在他西裝口袋裡有一份「人情債放出清單」。[48]他明白贈禮或「社會貸方」會降低純依市場經濟交易所生的摩擦：如果某人已經欠你人情，成交的成本就會降低。華爾街大亨都注意且詳盡記錄放出去的人情債，足證餽贈在潤滑市場經濟的輪子上有多麼重要。

小布希總統二〇〇四年連任成功，他輕描淡寫地表示：「我在這次選戰贏到政治資本，現在我預備花用。」[49]他不僅只是表達譬喻，而是打開一扇窗讓我們看到他的思想以及第二任的政策議程。政治或社會債產生同樣的債務引喻。雖然稱之為資本，但它並不是一份財產。[50]你不能拿它花在任何人身上，或是輕而易舉把它轉換為類似金錢的通貨。它的價值銘記在與責任義務另一端的當事人之關係上。如果那個人不用責任義務，你所積累起來的「貸方」可能盡付流水。在這些社會債的安排中，總得有兩個人才跳得成探戈舞。由於你不能確實擁有這種型態的社會債，用引喻形容的這個資本又把我們帶回「要擁有就得給予」的概念：社會資本的價值要實現，需要藉由某人履行他們的責任義務、回報贈禮，以及維持循環進行。

持續記住一個人社會債平衡表會造成焦慮。第一，會很困難回報，以及找到適當的支付或禮物。有一項研究發現，有十多項焦慮源於贈禮；包含不熟悉、不太認得受禮人或他們的喜好，例如受禮人的品味非常挑剔。[51]譬如，替新交的男朋友或女朋友挑選適當的禮物，實在很傷腦筋。禮物價格不昂貴，彷彿送出訊號：你沒為他們犧牲或花足夠的費用。禮物太昂貴的話，搞不好嚇跑他們，因為你花的錢可能代表在初識階段就顯得太認真，或是希望對方承諾。第二，有人可能不想陷入社會債的責任義務，深怕會把權力移向施惠者。有人可能直截了當拒絕收禮。有一項針對追求期間交換禮物的研究，有些女性堅拒讓男人買單吃晚飯，寧願各自付帳。有些人認為，贈禮不僅是討好的一種方法，還會是企圖控制交往關係。

從交換禮物產生的焦慮可以使人逃向市場經濟，因為在市場經濟中，你無名無姓，也沒有太多牽扯的責任義務。譬如在加拿大蒙特婁，有人寧願找專業搬家公司也不想央求朋友幫忙搬家。長久以來，蒙特婁大批勞動階級居民被迫經常要搬家。大部分房屋租約為一年，自夏天起計；因此許多人幾乎是同時要搬家。在蒙特婁這些日子搬家彷彿是成了嗜好，成為文化的一部分。加拿大拉巴特釀酒公司（Labatt Breweries of Canada）打出的廣告，以搬家為主題。羅伯・查理波伊士（Robert Charlebois）有一首著名歌曲，就以「搬家或不搬」唱出文化現象。[52]由於搬家是勞力密集的事，搬家者會轉向餽贈經濟，央請朋友和家人幫忙。有個搬家者誇讚餽贈經濟的合作性質：「這些幫我的人，過去我也幫過他們……哇！他們都來幫你。你不會陷入一團亂，你一點也不孤單。」[53]但是餽贈經濟中的交易並不是永久流暢。如果好友、家人沒出現，你可能對他們失去信心，覺得他們不肯幫忙是瞧不起你。有些人就不想勞駕親朋好友幫忙搬家，扯出後續的責任義務。四十九歲的建築師米拉說：「託我表弟油漆會太複雜，因為他不肯按市價收我錢……我不要覺得欠人情。我不希望覺得有朝一日必須回報。」[54]棄餽贈經濟、投向市場經濟，顯示有些人寧可自掏腰包，避免欠下人情債。

記得你的恩情

我四處旅行和研究過程中，遇上最迷人、有趣的餽贈經濟是在日本。我們不僅發現禮物不斷移動，感激與焦慮相互拉鋸，還發現在採買和餽贈過程所加入的高度體貼和細膩。開啟日本人的禮物交換，可以發現他們對社會債和感激有非常複雜的想法。

人類學家露絲・潘乃德（Ruth Benedict）在二十世紀中期詳細記載日本人對債務的概念，即「恩」和「義理」（on and giri）。恩最廣義的解釋是一種責任義務。這是一個人從別人那裡，例如從經理或父母承接過來的社會負擔。員工從經理那裡得到好處，如升遷或紅利，就要對經理「懷恩」。懷恩就是對給你好處的人心存感激，日後要回報。

恩情的負擔使許多人不願與別人有糾葛，譬如陌生人不經意請你喝杯啤酒或抽一根菸，也要拒絕。即使今天，也有人不願出國旅行，以免必須帶禮物回來分贈親友。[55] 潘乃德說，日本人表達謝意有好幾種用詞，譬如說「阿里阿多」，意即「太為難你了」。[56] 另一個表示謝意的字詞「蘇米馬先」，則有抱歉的意思，大略就是「我很抱歉」或「真是沒完沒了呀」。責任意識甚深，似乎無從回報。[57]

回報恩情可能需要很長時間，而且很複雜。據說，一個人直到自己有子女之前，都不曉得怎麼向父母報恩。照顧子女就是回報你小時候父母呵護養育你的恩情。第二次世界大戰期間，許多日本人體認到對天皇需報恩。分派清酒、香菸等禮物給士兵，都是在推動帝國皇恩浩蕩。擔任神風特攻隊出擊就是報答皇恩。[58]

潘乃德描述有兩種回報方式：義務（gimu）是對恩情根本無法完全回報的一種回報，從出生即承擔的債，如父母的恩情；義理（giri）則是以大略相等方式對恩情的回報。[59] 她又區分為對世界的義理，回報你同時代的人及家族；以及對名譽的義理，維護你的榮譽、名聲。義理甚至出現在某些家庭關係的名詞上，除了「岳父」，還有「義父」。[60]不照義理行事，會傷害到名聲或「信譽」，被指責不知感恩行事。償付義理甚至以西洋情人節禮物「義理巧克力」的姿態出現，女性送巧克力給並非情人的男性。有一項調查顯示，八四％女性送禮給幫過她們的人，以表報恩；可是只有二八％女性送禮給情人。[61]三月十四日，西洋情人節過後一個月，情況倒過來，男性贈送白色巧克力給女性作為答謝。

即使你個人遭逢不幸，也不能不回報。我有個美國朋友住在日本時，母親過世。當他銷假上班時，發現同事致贈「奠禮」，有一堆信封內含現金，日本人稱之為「okouden bukuro」。他發覺依禮俗，他必須花一半這些錢買東西回贈，例如手帕，這叫做「半回」（hangaishi）。

人類學家凱薩琳．魯璞（Katherine Rupp）延續潘乃德的研究，探討日本交換禮物的藝術形式。雖不是全體日本人都按儀式進行交換禮物，但她發現其中仍有一些模式可循。日本的餽贈經濟的確是一門重要的生意：夏季就是盂蘭節（chugen）和冬季聖母節（seibo）兩個送禮季占百貨公司六成以上的盈利。商店早早就展開聖母節廣告戰，並增聘人員應付人潮，和美國的聖誕節毫無二致。老百姓因為拿到兩個月以上的年終獎金，口袋多金。[62]

這股贈禮季節風氣始於中國，可能是佛教的規矩，藉這個機會向已逝的先人感恩。十九世紀日本明治維新時期，政府鼓吹民眾捨佛教寺廟，就民族主義色彩的神道寺院，以便創造共同體意識。長年下來，贈送禮物逐漸減少敬天拜神的意味。它變成向父母和先人示敬或單純報恩的一種表示。今天的年輕人甚至進一步把聖母節和聖誕節結合在一起，因為兩者同樣是在年底。[63]

在日本，謝忱不是光靠鞠躬或禮物綁上彩帶做出表示，而是要看禮物如何包裝來表現。在日本的餽贈經濟極端注重細節。婚禮及告別式送的禮物，要綁上特別的結，很不容易打開。[64]生日、畢業或新生嬰兒送的禮物則綁上蝴蝶結，容易打開，也代表這種事較常發生。[65]把告別式送的禮物打蝴蝶結是一大忌諱，代表很快可能又會有人告別人間。同理，婚禮送的禮物若是打蝴蝶結，也不是吉兆，代表婚姻不能白頭偕老。

上等百貨公司包裝紙包裝的禮物，代表送禮人花了很大心思和金錢挑選禮物。上等百貨公司很堅持要親自代客包裝，才能控制品質、永保商譽。包裝紙上通常都附有商店名稱和地址，受禮人一看就知道從哪一家分店購買。新近員工要接受多日訓練，學會如何包裝。[66]受禮人也應該很小心地解開禮物。其他做法包括送錢要送奇數，因為偶數可以均分，代表不祥。婚禮送的紅包右上角要有鮑魚圖案，因為它是吉祥的象徵。換句話說，在日本送禮是很繁複的過程，產生一種社會債。即使沒有正式的會計記錄，日本的餽贈經濟彷彿有一本帳存在：禮物會受到嚴密評價。唯一看不到的是價格牌。

走進市場叢林

以金錢核計責任義務會把它們轉型為市場經濟習見的債務工具，從買房子的抵押貸款變成修繕房子的銀行放款。金融債自有文明以來即已存在。計算利息的貸款比發明銅幣，早了好幾千年。

大約西元前五〇〇〇年，在今天所謂中東的地方，出現好幾種債務工具。不收利息的友誼借款很普遍，但這些像是贈與：儘管沒有代價，但還是有責任義務要回報。要計息的借貸始於農業和耕作：窮苦的農民借了種子、乾果、橄欖、穀物和牛隻，然後支付利息——即以收成的盈餘支付。[67]然而，以農業品借貸充滿困難。由於天候難以預料，農業放貸的獲利並不確定。[68]

文明逐漸生根後，借貸的需求上升。短期、無息借貸還存在，因為它們協助人們，尤其是家庭成員度過危機。可是如前述，這些借貸比較像是贈與。要了解計息的借貸在古代社會的重要性，我們不妨看看烏爾第三王朝（Third Dynasty of Ur）的歷史。

大約西元前二一〇〇年，即阿卡德王國（Akkadian Kingdom）衰亡後，在今天伊拉克南部烏爾城市出現一個王朝，國祚一百零四年。這個時期號稱蘇美人文藝復興（Sumerian Renaissance）時期。[69]烏爾城邦領導人整合先進的建築（如磚樓）和有斜坡的拱門，並且蓋了走道，方便人們走路去工作。從這個時代遺留下來的文件也告訴我們，當時的社會文學、語文、宗教和商業都很豐富。

許多文獻提到一個商人涂蘭—伊利（Turam-ili）。有五十九塊石板構成所謂的涂蘭—伊利檔案，現在蒐藏於耶魯大學。這些記錄將近兩成是放款文件。涂蘭—伊利被稱為「ugula dam-gar」，意即「商務督辦」。[70]涂蘭—伊利有如其他人的代理人，買賣商品，融資給有需要的人。他和其他商人放款融通支付，以及運轉貨品，這都是任何經濟運行所必要的功能。商人及其他人之間的放款是一種好買賣，因為從計息貸款所得來的收入，可用來購買更多的土地、動物和奴隸。[71]所謂錢咬錢是也。

在這段時期，需要支付利息的放款有幾種結構形式。有些規定債務人以提供勞務當作利息：以銀子交易的放款要求債務人提供技術工人服務，涉及大麥的放款要求以農業工人提供勞務服務。歷史學家史蒂芬·賈芬克勒（Steven Garfinkle）說，要求非勞務作為利息的放款，可區分為「生產性」和「消費性」兩類。生產性放款通常由商人或機構貸放出銀子，供債務人強化其生活狀況，例如改建房子。消費性放款則出借大麥，用在協助債務人餬口、熬到下次收成。[72]這種放款也有助於人增強他在階層社會的地位，因為債權人增加了勞工對他的依賴。

賈芬克勒把融資稱為「功能上的必要物」，因為幾乎人人都依賴它，窮農夫和富人都需要。[73]有錢人可能試圖借錢過奢華生活，或者是再放款給別人賺取更高的利息收入。放款人包括豪門巨室、涂蘭—伊利這樣的商人，以及大型機構。

寺廟、皇室、總督及官員的家庭，是蘇美人社會的主要機構，他們是主要的放款人，功能有如銀行。[74]他們收進穀類、動物和銀子作為稅款，也從國王賜予或戰爭贏來的土地，產生收入。他們甚至區分可以交易及不可交易的項目，發布交易率、訂定交易基礎。作為機構放貸人，他們把收利息的「消費性放款」借給個人，讓他們能餬口熬到收成季節——正義之神夏瑪斯（Shamash）經常被奉為放款人。[75]債務人的姓名、本金總額、見證人姓名，以及放款始於何年何月何日、債務人蓋章，莫不具體載明。借貸合約通常是口頭講定，因為大多數人並不識字。[76]放款人保管蓋了章的借貸文件直到付清為止，屆時記錄就銷毀。

雖然大部分放貸者希望本金和利息都能收回來，但有時候債務人就是沒有能力償付。宣布個人破產不可行，因此就出現某些創意方法償付。當債務人還不出銀子借款時，他們拿家禽和食品代替。蘇美人文字利息這個字是「mas」、即牛犢（calf），翻譯起來就是以家禽家畜償付借款。[77]甚至還有男人放棄妻兒子女，以他們當利息的例子。[78]當債台高築到了群眾可能造反作亂的水準時，皇室有時藉新君登基頒布赦免令，免除所有的農業債務。[79]

現代社會也有類似債務大赦的做法。一直到近年，法國總統新上任第一道命令就是取消所有停車違規罰款。[80]

在美索不達米亞，根據放款的類型，訂定利率的邏輯也不同。季節性的差異是以大麥核計的放款，利率要比以銀子核計的放款要高的原因，前者大約是三分之一，後者是五分之一。[81]這些利率定在巴比倫國王漢摩拉比（Hammurabi）訂定的法典裡，他把它作為治理方針；不過，它並未徹底依文字規定執行，依照賈芬克勒的說法，只是「皇室的宣傳」。[82]然而，寺廟有時候有如今天的中央銀行，出面降低利率，以減緩債務人舉債的負擔。

經濟記錄顯示，自古以來歷朝文明，利率逐步降低：美索不達米亞為二〇%，希臘為一〇%，到了羅馬僅略高於八%。利率降低可能是市場效率及放款風險降低的跡象，也可能反映相繼文明之間生產力及開發的提升。[83]然而，專門研究巴比倫經濟學的麥可·赫德遜（Michael Hudson）認為，利率是為了數學計算簡單化，未必是基於經濟狀況。[84]在美索不達米亞，大部分支付，包括利息支付，都以重量計算，因此採用能除得開的方法計算，比較方便。蘇美人採用六十進制，以數字六十作為基礎。[85]我們今天計算分與秒，仍沿襲這個制度。以這個制度計算利率比較簡單明瞭，因為十很容易除得開：銀子的計量單位，一個米納（mina）等於六十個謝克爾（shekel），利率一般訂為借一個米納，月息一個謝克爾。換句話，一個米納借款年利率六十分之十二，即百分之二十。即使到今天，某些房地產抵押貸款的利息款仍根據六十進制，把一年簡化為三百六十天，部分原因即是計算方便。古典的希臘和羅馬則使用不同的數字制度，前者為十進位，後者為十二進位。在希臘，利息通常以本金十分之一計算，羅馬則以十二分之一計算，略高於八%。[86]

簡單講，幾乎每個人都需要融資借貸，計息貸款成為古代及現代經濟運作不可缺的事物。

危險的債務

拉珠（Raju）以為他找到一份工作，由緬甸到泰國工作。他必須付介紹費，但是他付不起，因此借錢來付。他以為自己最終賺的錢可以付清借債。可是他被槍尖逼著在一艘泰國漁船上長時間工作。拉珠提到有個人企圖逃走，「他被抓到，綁在木柱上……通電用刑、以菸頭燙他……然後朝腦袋開槍打死。」[87]拉珠勇敢地跳水逃亡，活下來，把故事公諸於世。這不是古代的故事，而是美國國務院二〇一二年人口走私報告中引述的活生生實例。

類似這樣的故事顯示，債權不僅可用來增強地位，還成為壓迫的工具。債務人沒有能力償付貸款可能失去自由，債權成為控制別人的方法。

以社會債來講，很難決定一個可接受的等量回報方式。沒有明確的價格，餽贈的價值任憑解釋和概算。若是商業領域的借貸，不用猜，因為它有確切的價格。把名目金錢價值標示到債務上，人人都很清楚彼此的權利義務，分毫不差。但是債務人付不出錢時，也沒有太多迴旋空間。以借款合同為名，債權人會做出在家庭領域內通常不會做的事，要求債務人別去看醫生，賣妻女或做奴工，以便償還債務。

人類學家亞蘭・鐵斯達德（Alain Testart）把還不了債、淪為奴工，區分為兩種不同類型：（一）做奴隸，還不了債的債務人失去權利及公民權，基本上受到流放，沒有機會恢復自由；（二）扣押當強迫勞工，債務人替債權人工作，當債務付清後最後恢復自由——不過並不保證必然恢復自由。[88]兩者都剝奪掉債務人的自由，並且通常押身做工變成奴隸，因為債權人把食物、醫療等費用加計到積欠金錢，甚至又提高利率。

古代的美索不達米亞，押身做工涉及到無情虐待。葛瑞伯的研究發現，男人不得賣妻。但是漢摩拉比法典規定，債務人若無力償債，債權人可以扣下他、他的家庭或他的奴隸，強迫他們替他工作。借貸合約實質上使一個人成為一個物件或商品，清償他的債務，把家庭領域扭轉為商業領域。[89]維持一個人的信用就是維持榮譽的一部分，榮譽顯然是最高美德，任何人、任何事都可因它而犧牲。[90]維持信譽在餽贈經濟當中也十分重要，但是商業領域的懲罰通常更加嚴厲。在餽贈經濟當中，加惠人如果對待債務人過份苛刻，本身名譽可能受傷自古以來，在市場經濟裡債權人可採用殘酷做法。

漢摩拉比法典對債務人也有保護的規定：債務人當奴工三年之後可恢復自由；若債務人在當奴工期間受虐待而死，債權人兒子要被處死以為懲罰。[91]歷史上有許多領導人試圖保護債務人。例如西元前六〇〇年左右的雅典，由於奴工和奴隸太多，很有可能爆發全民革命。

雅典執政官梭倫（Solon）取消一切欠債，廢除因債而為奴隸（但沒有廢止所有形式的質押為奴）。[92]他和古代的許多統治者一樣，認為欠債太高會出現惡果：如果權力平衡過度偏袒債權人，整個社會會崩潰。因此保護債務人其實就是保護債權人，不能打翻整個蘋果車。

還不了債而坐牢在古代也是常有的現象。羅馬帝國時期，債權人因債務人逾期不還，可以將他逮捕，送上法庭。債務人若被判有罪，往往送進私人監牢坐牢，六十天之後他可能成為奴隸、奴工，或甚至處死刑。雖然不常見，債權人也可以切下債務人身上、相等於欠債金額的肉作為補償。[93]不過，羅馬統治者也和希臘及巴比倫的統治者一樣，明白保護債務人的重要性。他們設立公立監獄、訂定四個月寬限期還債，最後則完全廢止欠債坐牢的刑法。

但是欠債坐牢並沒有完全絕跡。十八世紀的英國，許多債務人被關進倫敦的艦隊監獄（Fleet Prison）或馬歇爾海監獄（Marshal-sea Prison），狄更斯的作品曾提到後者。艦隊監獄曾有一個債務人，他是貿易商，純因生意欠佳被抓去坐牢。他先從辦公室被揪到街上，躺倒在地，面對惡劣天氣。雖然身體健康不佳，這個貿易商還是遭到獄官拳打腳踢。次日，獄官把鐵棒壓在他腳上動刑。囚犯要求庭訊，以抗議遭到酷刑。可是他還是被送進牢房，甚至以更多鐵棒壓身，讓他痛不欲生三個星期，甚至差點失明。發生多起類似不人道事件後，英國國會於一八六九年頒布債務人法，禁止欠債坐牢的刑罰。[94]

許多人因為負債，為了躲過債權人，逃到美洲。然而，美洲殖民地仍有債務監獄，許多殖民者身受其害。[95]賓夕凡尼亞州的創始人威廉・賓（William Penn）和革命戰爭的金主羅伯・莫理斯（Robert Morris），都曾經在這種監獄吃過苦頭。我所出生的喬治亞州其實最初是債務人的避風塘。創始人詹姆斯・歐格烈索普（James Oglethorpe）因為友人在債務監獄死於天花症，遂矢志強烈反對債務監獄。他成立喬治亞協會（Georgia Society）這個債務人避難所，後來爭取到英王喬治二世皇家特許飭令，准予成立喬治亞殖民地。儘管有人設法廢止債務監獄，它還是存在。一八三〇年，紐約有一萬多人關進債務監獄。有些人負債數額根本微不足道。在費城，有三十個坐牢者欠債未還金額都沒超過一美元。[96]欠債未還坐牢的人是暴力犯罪坐牢者的五倍。聯邦政府終於在一八三三年醒悟過來，廢除了債務監獄。[97]

國家支持的負債為奴和拘禁已經大幅降低，但是根據美國國務院的調查，即使今天，在南亞及世界其他地區，仍有數百萬像拉珠這樣的人掙扎求生要償付欠債，陷於艱苦境地。有時候，他們甚至是以工作償付已故先人所留下的債務。[98]

欠債的黑暗面並不只限於新興國家。很不尋常，美國仍有好幾個州允許把債務人送進監牢，自從二〇一〇年以來發出五千多張逮捕令。[99]二〇一一年，仍有公民因欠債未還被抓坐牢。全球金融危機期間，討債公司祭出嚴厲手法。有位女士因汽車消音器故障被警方攔下，一查，她積欠醫藥費七百三十美元，法院傳她到庭，她沒有出庭，當下就被逮捕，而她根本不知道討債公司已對她提出告訴。[100]雖然金融債工具已變得更加複雜，也容易交易，欠債的黑暗面自從漢摩拉比時代之前就延續至今天。

從思想到軀體

本書第一篇作為第二篇的知識基礎。對金錢的演進調查顯示，對所有生物而言，交易是最根本的東西。起先，被交易的工具是食物，它是為求生存的演化目的。但是當人類得到象徵性思考的能力時，更持久的商品也拿出來交易。第四章是這一思路的延伸，談的是金錢的商品形式。

然而，從人類學角度調查金錢又告訴我們，債務是首要的通貨。不是每一筆交易都立即完成。我們互相施惠別人，也記得誰欠我們。甚且，財務債比起硬幣的發明還早幾千年。當時的錢不必是商品，我們可以交易不具實質價值的東西，因為它依然是價值的象徵。第五章是這一思路的延伸，談的是金錢之作為價值的象徵是由發行者決定，而發行金錢者通常是政府。

從加拉巴哥群島到特羅布里恩群島，我探索、了解金錢，從掌握一個思想的根源開始。使用金錢是否遺傳學的機能、神經的刺激源或是文化所灌輸的行為，我們為什麼交易也是一個很迷人的問題。但現在該是從「為什麼」移向「是什麼」的時候了。從金錢的「思想」移動到金錢的「軀體」：它長什麼樣子、有什麼感覺，以及儘管形式有改變，它如何一直以來都是價值的象徵。

篇二 身體

——錢是什麼？

章四

又硬又重

——硬體貨幣簡史

黃金令人難以抗拒。

——歌德[1]

人們同意在彼此交易時，使用實質有用，又很容易用到日常生活上的東西，例如鐵、銀等等。

——亞里斯多德[2]

擁有金幣比擁有商品，是難以爭辯更加可取。

——施爾維歐．葛澤爾（Silvio Gesell）[3]

（譯按：十九世紀末、二十世紀初德國經濟學家、無政府主義者，提倡自由經濟理論。）

我小時候在遊樂場聽到人說，如果我往地下挖得夠深，可以到達中國。這是神話，但我要告訴你不是神話的一件事：如果你在我現在居住的紐約市，往地下挖得夠深，你可能挖到黃金。

曼哈坦岩床、地底下八十六英尺深，在一扇九十噸重的大門背後，就是紐約聯邦準備銀行的金庫。這裡頭的黃金比全世界任何地方都多：有五十三萬塊金磚，總重量六千七百噸。[4]我很多年前就聽說有這樣一座金庫，但我還是半疑半信：真的有這樣一座金庫嗎？為什麼要在會遭到恐怖份子襲擊的城市存放黃金呢？還有一個更大哉問的問題：怎麼會想到要囤放這麼多原始、陳舊的金屬呢？為了解答這些強烈的問題，我報名參加一項公共導覽活動，搭上地鐵四號線來到華爾街。

紐約聯邦準備銀行大樓大到你幾乎看不到它。受到文藝復興時期宮殿建築設計的啟示，這棟二十二層的大樓和黑色鐵門透著幾分權力和權威的味道，可是它躲在周邊大樓的蔭影下。一個佩戴自動化武器的警衛從訪客名單上查核我的姓名。我通過金屬偵測門，然後是服飾整潔的一位導覽員接待我。他帶我坐著擠了許多人的一部電梯下到金庫。我經過十來個辦公桌和遊客展示區，終於看到它們：黃色、鮮亮、沉重的金塊，好多好多，塞在好幾個淺藍色的小房間裡，這排房間約有半個足球場那麼長。金庫聞起來像陳舊、久鎖的金屬，有些金塊像長方形磚塊，七吋長、三吋寬、差不多兩吋厚。一九八六年以後製作的金塊則成不等邊四角形。一塊金磚重約二十八英磅，但由於密度高，讓人覺得有如兩倍重。每塊都鐫刻純度和認證號碼。金庫有一具大型舊磅秤，低到百分之一盎司、高到六百四十磅都可量度。它讓人想到在儲存、秤量，和搬動金塊時涉及的機械動作。移動金塊時，員工穿上保護用的金屬鞋套。秉持朱爾．凡爾納（Jules Verne）小說的精神，我進到金庫裡，證實無誤，黃金就儲藏在這裡。（譯按：法國科幻小說家，《地心歷險記》、《環遊世界八十天》為其著名作品。）

至於我的第二個問題：黃金怎麼會儲藏在紐約市呢？大半是歷史因素使然。一九二〇年代興建的這個金庫成為儲存世界黃金的安全地方，二次大戰之後尤其受到歡迎。我參觀當時，全部黃金價值超過三千五百億美元，占全世界供應量二五％。但它們全部不屬於聯準會所有。它屬於其他實體，如政府、外國中央銀行，以及國際組織[5]。儘管恐怖份子虎視眈眈覬覦它們，這座金庫固若金湯、無法滲透。它沒有電腦，自然就沒有網路攻擊之虞，門又防水、不透氣。除了《終極警探》（*Die Hard III*）電影第三集的那齣戲，（譯按：布魯斯．威利主演）沒有人成功打劫紐約聯邦準備銀行。假如有人企圖闖入，在二樓靶場練習的槍手肯定一槍把他斃了。

至於我最後一個問題：為什麼要儲存黃金呢？簡單的答案是，因為它有價值，而且數量又不多。如果把全世界已知的全部黃金放進五百五十五呎高的華盛頓紀念碑，只能填滿三分之一碑體[6]。但這裡頭不單純是因為稀少，黃金還有許多特點。不是每種金屬都要安置在巨大、特製、堅固的金庫裡。為了解個中原因，我到紐約市另一個機構找答案。我又搭地鐵來到市區的公共圖書館。

自有人類文明以來，關於金錢一直有個問題：它算是硬的、還是軟的？把這個問題再擴大，金錢是具有實質內在價值的東西嗎？或者說，它先天沒有價值，只是代表其他有價值的東西呢？用具體的話來說，錢是一枚金幣，還是一張紙鈔？這要看時間、地域、民族，及統治當局如何接受而定。唉，金錢明顯可以兩者皆是，只要它仍是價值的象徵。別忘了，大腦有神經可塑性；它能學習新思想、更新舊思想。最後，社會的「超級大腦」決定什麼可以作為通貨，從阿茲提克人（Aztecs）的可可樹到一度於挪威流通的奶油都是。

金錢固然有許多形式，要回答前述問題：錢是硬的、軟的，自古以來即是金屬本位學派（metallism）和紙鈔學派（chartalism）這兩派經濟理論的分界線。它們值得我們深入討論，因為這是了解貨幣史的一個直截了當的架構。二十世紀初德國經濟學家喬治·腓德烈·卡納普（Georg Friedrich Knapp）創造出這兩個名詞。雖然這兩個名詞在今天並不通行，它們很容易記住，也精確傳達根本意義。這兩種理論的主要差異涉及到金錢價值由何而來。金屬本位學派認為錢的價值來自它的實質內在價值，商品（通常是金屬但未必盡然是金屬）的市場價值。黃金、白銀和其他商品如大麥、穀類等作為通貨，是因為他們具有由市場決定的固有價值。按照金屬本位學派的世界觀，紙鈔也可以作為金錢，只要它們由金屬或具有實質內在價值的其他物品支持就行。例如，在使用金本位制的經濟體，通貨可以轉換為固定數量的黃金。硬體貨幣的固定供應，應該會讓任何人，尤其是政府，難以製造更多並調整整體供應。

紙鈔學派這個字源自拉丁文「charta」，即票券，它認為錢本身沒有實質內在價值。[7]根據這一派理論，錢是「軟」的，是一種非商品或一種象徵物。譬如一元美鈔，它只是一張紙，沒有實質內在價值。國家創造出金錢及其使用價值，美元是由美國聯邦準備理事會這個權威所創造出來。國家也透過以美元管理稅捐、罰鍰及規費，創造出對其通貨的大量需求。由於支付這些項目是強制性，你必須取得美元，以美元交割。國家也可以制訂法定貨幣法，例如美國一九六五年的硬幣法（Coinage Act of 1965）規定：「美國硬幣與通行貨幣（包括聯邦準備券和流通中的聯邦準備銀行及國家銀行鈔券）是所有債務、公共課徵、稅捐的法定支付能力的工具。」[8]此外，由於它的製作成本極低，發行者很容易可以調整它的供給額，在某個程度上，製作偽鈔者也曉得。

金屬本位學派和紙鈔學派對金錢如何源起有不同的主張，產生亞當・斯密和艾佛瑞德・米契爾—殷內斯兩者的分野。金屬本位學派主張金錢取代了以物以物。因此，金錢是民間市場的創造物，國家只是接受市場所決定的事實。紙鈔學派則認為債務或融資制度早於金錢出現：計息的放貸證據出現在古代美索不達米亞，比硬幣在西元前六三〇年左右出現在利底亞王國，早了數千年。我們現在清楚這兩派理論之間的斷層：金屬本位學派和紙鈔學派、金屬和融資、市場和國家、硬和軟。目前看來似乎是紙鈔學派占上風，因為目前的全球貨幣制度依賴不以金屬支撐的軟通貨。可是金錢和金屬的連結關係，在經濟學理上非常重要。許多重要經濟思想家被認為持金屬本位學派觀點，包括約翰・洛克、亞當・斯密、約翰・史都華・彌爾和卡爾・馬克思等人。[9]

我將在本章談硬體貨幣，下一章談軟體貨幣。我把硬體貨幣界定為從貴金屬製成的硬幣或由它支持的紙鈔的確，在硬幣發明之前，已有一些商品作為通貨存在，亦即馬克思貨幣交易方程式C→M→C當中的「M」。經濟史學家把C→C交易中的商品稱為「原型金錢」（proto-money）。原型金錢像大麥或寶石一樣，通常也可用作另一種用途：當作食物或珠寶，但又未必盡然如此。十九世紀，西方探險家在太平洋的雅浦島（Yap）發現一種不尋常的通貨。直徑達四公尺的圓形笨重石灰岩，當地人稱之為「費」（fei），作為金錢之用。這些岩石用竹製小船從四百多英里外的石灰岩礦石場運來。雅浦島土著有個傳說，從前有塊非常大的「費」在運送過程沉到海底，但大家協商好，它仍將繼續代表主人的財富，儘管已沉到海底，仍可用來購買東西。[10]「費」笨重又稀少，但作為儲存價值的工具，可以便利交易，即使它沒有實體易手。

我們今天所用的某些金融用詞源自於原型金錢。資本（capital）和牲口（cattle），源自拉丁字「caput」，即「頭」的意思。一個人擁有多少頭牲口，一度用來衡量他的富裕程度。

羅馬共和時期，士兵的薪餉（salarium），即鹽的配給，今天薪水（salary）這個字即源自於此。[11] 十八世紀美國邊疆地區以動物皮（buckskin）作為通貨，因此「buck」這個字今天成為美元的同義字。但是原型金錢典型而言不由國家或當局發行，不會正式具有票面價值。它們比起我們今天所知的硬幣，比較不是正式的交易工具。

硬幣的發展使錢易於使用。硬幣形體小，它們的價值後來由當局標準化。硬幣便利人類合作，或者如歐菲克所說，它們是交易的演進力量之產品。和舊石器時代的手斧歷數千年的改善一樣，硬幣也持續改進使交易更方便和有效率，鑄幣技術也由榔頭敲打演進到自動化壓製。從西元前七世紀起，硬幣製作人會從熔化的金屬先做出相當標準化的金屬片，然後再用榔頭敲製。在後上古及初期中古時期，硬幣製作人會拿一大張金屬片，切成小片，再弄成圓形，然後置於模子，[12] 再用榔頭敲打這一小塊金屬片。到了十六世紀的法國，採用螺旋壓模機（the screw press）。以馬匹或水為動力的磨子用來壓平金屬片，然後才裁切。換言之，金屬片以螺旋壓模機的模子壓製出硬幣。到了十九世紀，改用蒸汽動力機器來製作硬幣。[13]

製作硬幣的技術日益進步下，硬幣上的符號表徵也日益精緻。文明和藝術已跨出洞穴發展，我們以各種不同意義的符號表徵裝飾硬幣。當局聘用技藝純熟的藝術家設計繁複的符號表徵，以協助創造國家認同。[14] 硬幣也協助散布發行者的文化。入侵大軍不能帶著宮殿、寺廟進入新領地，但是他們帶進來的硬幣上頭鐫刻著這些建築物。硬幣上的藝術會說故事。不久之後，這些符號表徵就代表國王和女王：界定了國家和文化。

但是從原型金錢到硬體貨幣的進展也不是一夜之間出現。它花了幾千年時間，起始於文明的搖籃。

白銀的文明

大約西元二五〇〇年的美索不達米亞，蔬菜、牲口和綿羊等好幾種商品，承擔起原型金錢的功能。[15]這些有價值的商品是精力能源的終極源頭，有助於人類增加生存的機會，也成為交易的工具。經過長期演進，更多持久、不易腐敗的東西也成為原型金錢。和舊石器時代一樣，手斧在美索不達米亞北部地區起了通貨的功能，後來斧頭更成為金錢本身的象徵。謝克爾在這個文明中原本是重量的單位，這個觀念在蘇美人語文中藉斧的符號表徵描繪出來。[16]某些黏土物品也有原型金錢的功能。鐫刻上數字的一塊塊黏土成為代幣，可用來做交易工具。[17]

銀子和大麥是最普遍使用的原型金錢。[18]這兩種商品，尤其是銀子，似乎吻合傳統的金錢定義：交易媒介、計帳單位，又能儲存價值。

作為交易媒介，付給勞工的工資是銀子或大麥。西元前第一至第二千年期間留下來的文件顯示，支付給工人一天勞動的工資是四分之一蒲式耳（bushel，容量單位，相當八加侖）大麥。[19]放款和銷售文件以銀子來標示價錢。[20]商人會秤量銀塊，做出交易。

為了方便小型交易，有些銀磚化為小銀塊、螺旋形圓圈或同等重量的戒指。每個戒指價值從一個謝克爾到十個謝克爾不等。[21]一謝克爾的銀重量約相當美國一夸特（quarter），大約是十分之三盎司。[22]

作為計量單位，資產負債平衡表顯示銀子是會計單位：進項和出項商品都秤量，賦予銀的價值。餘額亦以銀子表示。由於銀子稀少，很少用在奴隸、不動產或其他商品的交易上。但價格仍以銀價核計，顯示當時銀本位制已存在。

作為儲存價值，銀子有它的價值。美索不達米亞並沒有很多的銀子。它們大部分由鄰近地區引進，如塔魯士山脈（Taurus Mountains），當地的銀礦有名。由於稀有，銀子被視為珍貴物品，許多人把它囤藏起來，以待日後使用。[23]反之，本地生產的大麥，其價值因收成而浮動。

烏爾第三王朝肯定已有初萌芽的市場經濟必須的成分：銀子和大麥作為原型金錢，可運行的融資信貸制度，以及類似涂蘭—伊利的商人。但是沒有出現高度去集中化的市場，國王和宗教當局在經濟中扮演再分配的角色。他們蒐集食物和其他商品，再依據人民的地位和職業把東西重新分配給他們，做法有如古代的炫富宴。[24]

他們也監督金融事務。寺廟、宮廷和其他公共機構的行為不僅像古代的中央銀行，要調整利率，也訂定銀子的重量。他們把銀子鑄成鴨子和獅子形狀，用以判定銀子的標準，確保標準重量。他們也囤藏大量銀塊，大英博物館館長寫道：「銀子是高度有價值的東西，與皇室威嚴、財富和權力有強烈的象徵關聯，而大量過剩的銀子未蒐藏在國庫裡，則可能拿出來使用。」[25]

當局頒布法律可增加對銀子的需求。例如，古城艾什南納〔Eshnunna，譯按：即今天伊拉克泰爾艾斯馬（Tell Asmar）〕有一道法令，列出九種常見商品某一重量、數量的價目表，它們相當於一個謝克爾的銀子；基本上它等於訂定商品跟銀子的兌換率。[26]一公升半的油脂價格一個謝克爾銀子。[27]罰款也以銀子計價：打人一耳光，罰十個謝克爾；咬人鼻子，罰六十個謝克爾，即一個米納銀子。[28]

金屬本位學派和紙鈔學派在這個古文明中，都可以找到證據支持他們的哲學。金屬本位學派堅稱，當局只是被動接受非正式市場已經決定要用來作為金錢的東西。不問政府是否核准，銀子都有價值。[29]紙鈔學派則說，國家創造了對銀子的需求，比如規定以銀子為繳交罰金的工具。甚至以大麥和銀子的形式放款，也增加對這些項目的需求。換句話說，原型金錢是訂定和償付債務的工具。

雖然對金錢的源起迄今仍有辯論，大多數人都一致認同什麼是流通貨幣。貴重的、可持久的金屬逐漸取代可吃的商品，成為強勢的原型金錢。不僅美索不達米亞的城邦國家如此，尼羅河的農村亦是如此。

像埃及人一樣秤重量

大約西元前三一〇〇年左右，文明像綠洲般沿著尼羅河的沙漠和山脈之間冒出來。蜿蜒的尼羅河每年的大洪水稱為洪泛（inundation），留下礦物質、有機物和肥沃的土地。[30] 小麥和大麥等穀物豐收，用為原型金錢支付給一般勞動者。這些材料製作的麵包和啤酒成為埃及人攝食的基礎。我們要特別一提，這些啤酒並非黃金色、勻稱的液體，而有點像湯，有時候還浸泡著本地植物，有益健康。許多墓陵的壁畫顯示製作啤酒和麵包的詳盡準備過程，可想而知它們無所不在。

埃及人甚至創製一條麵包形狀的代幣，以象徵分派麵包口糧，這種代幣可作為原型金錢之用。在埃及努比亞（Nubia）地區（譯按：位於今天埃及艾斯文水壩和蘇丹之間的尼羅河沿岸地區）城堡出土的代幣，直徑約二十公分，木質、上漆，形狀像不同類型的麵包條。[31] 圖案上有象形文字的註記，顯示它可以換幾條麵包或多少小麥。不過歷史學家並不知道它們是否大量交易，這些鐫刻可能是個人記下配給口糧的價值，日後若對收到口糧的穀物價值有不同說法，可作為主張的依據。工人標準口糧是十條麵包和兩壺啤酒，派在寺廟和宮廷服務的高階官員可分派到較多口糧。計算口糧，比如一百條麵包由十個人分，需要用到除法，據說埃及人發明了除法。[32]

麵包和啤酒作為完成工作後支付的報酬，但是研究埃及學的專家羅莎莉・大衛（Rosalie David）在她寫的《古代埃及生活手冊》（*Handbook to Life in Ancient Egypt*）中指出，在西元前十六世紀，小麥不僅作為交易媒介，也日益成為計量單位，[33]和其他商品無殊。例如，埃及人和鄰近的文明交易銀、香料和銅。由於新商品流入，有需要建立一套標準規定其他商品如何衡量及定價，最先即以小麥作為工具。假設相互交易的兩種商品價值有差異，可以拿出若干數量的小麥解決價差。[34]

到了西元前一五八〇年，銀、金、銅也作為標準。埃及人訂出特別單位來衡量這些金屬：一個「狄本」（deben），重約九十一公克；一個「凱特」（kite），是十分之一狄本。[35]這些金屬用來評定其他商品的價值，以方便交易，而金屬本身很少易手。墓陵壁畫顯示，官員用坐獅形狀的固定磅秤來測量一個狄本的金屬，不過這個制度可能並不普及，因為埃及的經濟大多仍然非正式，很像遊牧民族。縱使如此，商人出門要帶磅秤，以便隨時做生意。和美索不達米亞的做法一樣，為了讓以金、銀進行交易更方便，這些金屬熔為小塊或製成戒指。[36]

貴金屬精確地衡量，足證埃及人相信它有實質內在價值。埃及文銀子這個字是「hedj」，它也可作為「錢」解釋。[37]銀子從其他國家進口，一度被認為比黃金更有價值。埃及人在全國各地尋找更多的貴金屬，如銅、錫和雪花石膏。許多法老王派出遠征軍，管理在邊疆地區開礦的數萬名勞工。[38]大約西元前二五〇〇年，薩胡拉國王（King Sahure，譯按：古埃及第五王朝第二代法老王，意即最靠近太陽神的人）派人到號稱「神的土地」的邦特（Punt），帶回來大量的「nytw」，即「myrrh」（沒藥，一種有香氣、帶苦味的樹脂，用作藥劑和香料。）和其他金屬。根據流傳下來的文獻，西元前十二世紀，拉美西斯三世（Ramses III，譯按：古埃及第二十王朝第二代法老王）「興建大型運輸船隻……載著無數的埃及商品……他們平安抵達邦特，受到當地人尊敬。」[39]但是邦特一直是考古學家解不開的謎，迄今無法確認它的地點所在。

他們勘察過的一個地區是努比亞，這是埃及南方靠近尼羅河的一塊沖積土地帶。這是埃及人開採金礦的地區。[40]埃及文黃金是「nbw」，或許努比亞地名即起源於此。[41]稅有時候是以黃金繳納，存入庫房，而庫房大多設在最重要的寺廟。[42]法老王政府仔細探索、測量收進來的黃金，再把一部分交給藝術家製作珠寶、面具和其他裝飾品。由貴金屬製成的珠寶不僅是地位和財富的象徵，也被認為有魔力、能避邪。法老王希望珠寶能陪葬入土，以便保護身後安全。

法老王肯定在世時習慣被巨大的財富簇擁著。從技術上而言，埃及法老王擁有一切，包括所有的麵包、啤酒和黃金。法老王主掌集中化的經濟，分封土地給親友，這些親友成為權勢在握的地主。和美索不達米亞的情況一樣，寺廟是巨大財富的中心，有一座寺廟就管理近十萬名平民、五十萬頭牲口和數百個果園。[43]

生意人、士兵、藝術家，以及書記員（從了解金錢的角色而言，最為重要）組成中產階級。埃及人約五％識字，其中不少人擔任書記員在紙草製成的帳冊上記錄稅款、穀倉檢查，和以貴金屬衡量的商業交易。[44]然而，葛瑞伯說很少有支付利息的放貸記錄，或許紙草記錄沒有硬幣那麼持久可流傳到後世。

然而，經濟史學家仍可以研究後來的埃及硬幣，以了解發行它們的社會之狀況。有一個金幣就展現出文化的融合：有一面是象形文字，另一面卻是希臘設計的馬。它可能出自末代法老王之一的內克塔內布二世（Nectanebo II，譯按：古埃及第三十王朝第三任，也是最後一任法老王）時期，他是在西元前三五九年登基。[45]這個硬幣顯示埃及受到希臘影響。不過，硬幣本來就不是埃及人發明的。

利底亞製作硬幣

利底亞王國位於小亞細亞的艾奧尼亞（Ionian）海岸，即古名安納托利亞（Anatolia），今天土耳其地方，在西元前七世紀左右崛起，建立梅摩納德王朝（Mermnad Dynasty）。它沒有留下豐富的考古記錄，若非發現幾堆硬幣，以及希臘歷史學家希羅多德斯（Herodotus）的記載，它很可能只是歷史上的小註腳。希羅多德斯寫道：「利底亞和其他大多數國家不一樣，除了從山上沖刷下來的金沙，它很少留下任何奇觀供歷史學者描述。」[46]他稱頌的是這個王國的財富，這個西方世界第一個發明硬幣的國家。

利底亞的財富來自三方面：周邊國家的進貢、本身的天然資源，以及硬幣。利底亞國王征服幾個艾奧尼亞和希臘城邦國家，收取進貢，因而累積大量財富。利底亞又得天獨厚，擁有豐富的天然資源。傳說中的佛里吉亞（Phrygian，譯按：今天土耳其中西部）國王麥達斯（Midas），在帕克托魯斯河（Pactolus River）洗澡，洗掉身上的金子，任黃金留在水中。但是帕克托魯斯河和赫姆斯河（Hermus River）附近提摩魯斯山（Tmolus）礦區還出另一種礦物，希羅多德斯稱之為「白金」。[47]事實上它是黃金和白銀的合金，即琥珀金（electrum），這個字起源於希臘文「electron」，琥珀的意思。[48]

琥珀金和金、銀一樣，原先也以一塊塊交易。但由於每塊琥珀金的金、銀成色不一，很難確定它的價值。隨著時間演進，琥珀金磚也變成小塊，方便處理，後來終於成為硬幣。考古學家在艾菲索斯（Ephesus）的希臘女神雅笛敏絲（Artemis）神廟遺址，找到九十多枚琥珀金硬幣；估計它們是西元前六三〇年的遺物。[49]這堆硬幣的精緻程度不一，有未有任何刻畫的金屬碎塊，也有鐫印獅像的平板硬幣。[50]就和舊石器時代的手斧會改進一樣，人類也改善硬幣的特徵，增加它們的方便性。不久之後就不再需要磅秤了。琥珀金標準化，每塊重一四・一五公克，並且訂定面額價值。隨著年代進展，硬幣成為衡度其他所有商品的新標準。

蒐藏家通常替硬幣鑑價，要看它們的金屬成色和符號表徵。許多發行者的面值是高出其金屬成色實質內在價值兩成左右。來自西安納托利亞的琥珀金，黃金成分約七至九成，可是利底亞硬幣黃金成分更低，只有五成左右。利底亞人是技能純熟的金屬工人，把硬幣的黃金成色稀釋，這種從發行通貨賺取利潤的方式，等於鑄幣稅（seigniorage）：所發行硬幣的面值和內含貴金屬的實際市價兩者之間的差價，就成為發行者的利潤。[51]替鑄幣稅辯解的一個理由是，製作硬幣所投入的勞力構成加值效果，提升面值。[52]鑄幣稅也曝露發行者透過製造想控制金錢價值的習性。鑄幣是一門利潤不壞的生意，即使今天仍有許多政府從事這一行業。

硬幣上的符號表徵可以讓人知道是誰發行它們：商人、銀行家、貴族或國王。這個時期的一枚硬幣鐫上希臘文：「我代表法涅斯（Phanes）。」考古學家也找到註記「KALIL」和

「VALVEL」字樣的硬幣。[53]這些字樣可能反映發行硬幣的某人或某鑄幣廠的名字。西元前六世紀初期，利底亞首府沙迪斯（Sardis）的鑄幣廠可能產製最多硬幣。

被認為出自古代利底亞的硬幣有好幾百種，各有不同符號表徵，如豬、馬、海豚和怪獸等等。這些圖象是辨識發行者的記號。利底亞國王發行的硬幣有獅首或獅掌為記號。這些圖象刻在模子上，然後放上一塊琥珀金加以錘打，敲打出圖案。

利底亞最後一位國王是克里瑟斯（Croesus），在位期間西元前五六〇年至五四七年。他推出由純銀或純金製作的硬幣，帶有雄獅和公牛的記號。克里瑟斯的硬幣代表金銀複本位制（bimetallism）的起始，這是兩種金屬都被接受為金錢的一種貨幣制度，兩者之間訂出固定兌換率。根據《牛津希臘羅馬硬幣手冊》（*The Oxford Handbook of Greek and Roman Coinage*），克里瑟斯在位期間，金、銀兌換率是一公克金可兌一三．三公克銀，或一公克金可兌十公克琥珀金。但發行金幣者只給八．一公克，比起原先的琥珀金少。[54]

硬幣普及，使得利底亞更加富裕，而克里瑟斯的財富成為傳奇。我們偶爾仍會聽到一句英語：「跟克里瑟斯一樣富有。」他慷慨賞賜黃金和琥珀金塊給智者。他認真求卜問卦，他若攻打波斯會有什麼結果，得到的神諭回答是有個著名的帝國將會滅亡。克里瑟斯把它解讀為佳兆，發動攻擊波斯，不料卻慘敗。[55]

利底亞王國就此覆亡，但硬幣在地中海地區盛行，印度和中國也出現硬幣。古代史教授大衛・夏普斯（David Schaps）說，利底亞、印度和中國的硬幣形狀不一樣，使用不同的技術製作。印度硬幣形狀不整齊，為了確保重量一致，會削掉周邊。它們也有幾個敲打記號，顯示是在鑄幣廠打造。中國硬幣材質是青銅，形狀像鋤頭、圓盤和刀。有些硬幣還有洞，方便用繩子串起來。[56]

我們很難知道這些文明是否自己發想出硬幣，還是因為透過貿易往來受到別人影響。即使夏普斯也含糊其詞：

> 利底亞、印度和中國可能各自發明硬幣；即使不然，它們也肯定各自發展出硬幣的用途。有可能這三個獨立事件有各自的起因，沒有相互啟發；但是肯定值得我們去想，這三個地方是否可能有類似的條件，使硬幣可行，而成為有用的創新。[57]

有些學者認為印度自己發展其硬幣。他們指出，在摩亨卓—達羅（Mohenjo-daro）地區〔譯按：位於今巴基斯坦信德（Sind）省，意即死亡之丘〕發現有楔形文字的銀塊代幣，顯示西元前二五〇〇年的這個印度河流域文明與美索不達米亞有貿易往來。《黎俱吠陀》（*Rigveda*）是西元前一五〇〇年的古代印度文獻，它提到有一種金幣，有人解釋它和今天印度的硬幣有別。可是也有人說，硬幣是阿契美尼德（Achaemenian，譯按：西元前五五〇年至西元前三三〇年古波斯一個王朝，全盛時期領土跨亞非歐三洲，東起印度河流域，經小亞細亞至巴爾幹，並深入埃及、利比亞和衣索比亞）入侵或亞歷山大大帝和其希臘帝國東擴時帶到印度的。[58]

貓頭鷹硬幣的民主

利底亞人民和希臘人民有強烈的文化關係。克里瑟斯和斯巴達組成同盟，把許多希臘城邦和平地併入他的王國。利底亞字母源自希臘文。從利底亞出土的一些文物，例如瓶、壺和碗，有希臘的設計；希臘的雕刻師傅可能也替克里瑟斯設計硬幣。

希臘大部分硬幣為銀質。希臘從盟國收到銀子進貢，而另一個豐厚的銀子源頭是距離只有二十五英里的勞里翁（Laurion）礦區。礦區全盛時期有三萬名奴隸照料兩千個井道。

希臘人開始製作硬幣，始於西元前五四六年左右的雅典，統治者裴斯特拉圖（Peisistratus）需要硬幣支付傭兵薪餉及支付宏偉的建築計劃。硬幣的計量單位德拉克馬（drachma），字源是希臘字「抓住」（grasp），最先用在衡量穀類或金塊等原型金錢時。一個德拉克馬等於六個奧波勒斯（obols）；奧波勒斯字源是希臘字鐵叉（spit）的意思，因為鐵叉用來烹燒肉類。西元前七至六世紀的證據顯示，鐵叉被用來作為祭拜行禮時的項目。鐵叉是有價值的東西，可能作為原型金錢之用。交易鐵叉可以上溯到新石器時代的人類，他們依賴食物的準備和分享而生存。[59]一個德拉克馬標準化為四．三三公克銀子，換言之，一個奥波勒斯為〇．七二公克。[60]更大價值的硬幣也有。例如，常用的「tetradrachm」即四個德拉克馬，重量一七．二八公克。「decadrachm」即十個德拉克馬，是最大面額，不過很少發行。

今人找出裴斯特拉圖執政時期有十四種硬幣。硬幣上出現的各種符號表徵從馬到輪盤都有，顯示它們由不同的發行者製作。但有一種硬幣上面有貓頭鷹，由於延續長久，最為有名。它幾乎持續發行達數百年之久，直到銀礦枯竭為止。西元前五二五年，一個像梅杜莎（Medusa）女怪的頭像，和女神雅典娜（Athena）有關的圖案，鑄在四德拉克馬的正面。隔了幾年，女怪換成雅典娜頭像，而她的鳥——貓頭鷹鑄在硬幣的背面。這些貓頭鷹硬幣大多在雅典鑄幣廠製作；鑄幣廠是鄰接廣場（agora）的一座大建築物，而廣場公共空間可作為市場。

伯羅奔尼撒戰爭（Peloponnesian War）期間，斯巴達封鎖住通往勞里翁銀礦的航路，雅典人幾乎用盡所有的銀子供應。它利用衛城（Acropolis）的勝利女神妮姬（Nike）塑像的黃金鑄幣，短缺日益嚴重後，雅典人被迫發行包銀的貓頭鷹銅幣。由於金屬短缺，只能發行小面額的貓頭鷹銅幣。

除了國家帶頭降低硬幣的貴金屬成色之外，貓頭鷹硬幣的偽造贗品極為嚴重。雅典禁止不是由它完全控制的城邦發行貓頭鷹硬幣。這道命令沒有完全受到遵行，因此雅典派出欽差到埃及等邊區各省去執行禁令，對違令者處於一萬個德拉克馬的罰金。

亞歷山大大帝時期，貓頭鷹硬幣被帶有海克力斯（Hercules）和宙斯（Zeus）圖象的硬幣所取代。亞歷山大的硬幣也取代大約西元前五二〇年左右波斯國王大流士大帝（Darius the Great）所推出，通行整個波斯帝國的「大流克」（Daric）金幣。亞歷山大大帝的後繼者從馬其頓到埃及，設立二十個鑄幣廠。他的硬幣流通國際，協助將他的影響力擴張到整個區域。他的聲威遠播到什麼程度呢？英國出土最古老的硬幣就包括他的金幣在內。[61]

然而，貓頭鷹硬幣在西元前三世紀又在雅典復活。現在鐫刻在上面的是主管發行的雅典官員姓名縮寫，以及發行的年月。經濟史學家彼得·范·艾爾芬（Peter van Alfen）指出，在西元前四二年，即為報復朱利斯·凱撒（Julius Caesar）之死而打的菲力浦戰役（Battle of Philippi）結束之後，貓頭鷹硬幣的生產停止，因為羅馬已成為霸主大國。羅馬的硬體貨幣已成為帝國通行的硬幣。[62]

與貨幣理論平行，金屬本位學派主張貓頭鷹硬幣由貴金屬製成，有實質內在價值。國家只是合法化已經在作為通貨之用的硬幣。紙鈔學派承認貓頭鷹硬幣的實質內在價值：這些硬幣若非以含金量支持發行其價值，就更不值錢了。然而，鑄幣稅告訴我們，硬幣的價值不只來自金屬。多出來的價值源自國家，國家發行貓頭鷹硬幣，又規定以它作為可接受的支付工具。雅典頒布法條，規定廣場可以接受什麼硬幣。法條禁止偽造的貓頭鷹硬幣，顯示政府意識到價值的主要源頭是人民對通貨的信心。人民必須相信硬幣是真正的法定償付工具。對硬幣的正當性普遍質疑，會造成市場的疑慮，這就是通貨危機，搞不好甚至動搖國本。

甚且，國家支出把大量硬幣導入流通。據估計，西元前五世紀至三世紀期間，發行數以百萬計的硬幣，使硬幣成為歷史上最早大量生產的項目之一。硬幣大量發行之時，湊巧就是西元前四八〇年左右雅典建造艦隊、對抗波斯的時候。政府需要以硬幣支付薪餉給士兵打好幾場戰爭，包括伯羅奔尼撒戰爭。國家也支付一萬六千多德拉克馬，營建萬神殿（Parthenon）。國家付錢給陪審員和公民到議會旁聽政事辯論，甚至還付兩個奧波勒斯給公民，到劇場參加宗教活動。國家支出使得更多錢進到人民手中（包括外國人），這一來進而創造對商品及服務更多的需求。

長期演進之後，士兵、工人和公民，帶著這些小硬幣、他們的動產，來到已經成為雅典生活重心的廣場。[63]硬幣讓人怦然心動在廣場上買賣東西，是市民驕傲的象徵，代表這個法治城邦的價值。希臘文的硬幣（nomisma）這個字，類似於法律（nomos）這個字，現代英文的硬幣蒐藏家（numismatist）這個字即源出於此。硬幣的通行使用刺激市場：更多錢、更多人、更多商品。商人積極地注視他們商品的供需狀況，據以調整價格。非商人和不識字的人原本要靠經紀人和其他代表，現在已有能力自己交易。現在也不需要有磅秤來評定基本商品的實質內在價值（不過，廣場仍設磅秤供大型商品過磅使用）。硬幣成為價值的標準，幾乎所有東西，包括小麥、大麥等其他商品，都以它來衡量。但現在，軟性、無形的東西，如時間和勞力，也可以相同的金錢標準來定出價值。

融資信貸（Credit）有助於硬幣受採用。學者曾辯論，雅典的銀行（trapezai）是否功能大過硬幣兌換商（moneychangers）和當鋪主（pawnbrokers）。銀行、商鋪和寺廟都放款。古典學派愛德華·柯恩（Edward Cohen）指出，銀行在廣場具有崇高地位，它們在經濟所扮演的重大角色受到承認。放款經常以硬幣交付，創造對硬體貨幣更大的需求。有證據顯示，雅典的銀行放出大額融資以促進貿易，而貿易可引進更多商品和動力進入市場。例如，香水商人備有大量庫存，要靠銀行融資關稅和租金以維持償債能力。銀行也放款協助投資人去取得採礦權，以及協助打仗。柯恩說，最大額的放款是用以造船，用船隻未來的載貨作為擔保。儘管融資信貸流經雅典，但還是以硬幣為主的經濟體。[64]不透過處理硬幣，不易移轉財富，繳交過路費、關稅和租金，大多得靠硬幣。[65]

硬幣不僅影響廣場，也影響雅典社會。在由上而下的再分配制度下，人們依賴中央權力、貴族或甚至繁複的家庭關係，但現在不是了，硬幣有民主化的效應。金錢協助形成一個相互依賴的關係網，不需再牽扯餽贈經濟裡以感恩而生的責任義務。[66]人類學家傑克·魏德福（Jack Weatherford）在《金錢史》（*The History of Money*）一書寫道，硬幣可能強化了民主。[67]除了梭倫寬免債務的改革之外，領導人擴大可以擔任公職的資格標準。財富成為一個決定因素，不再僅限於出身貴族家庭的人才能參政。[68]

雅典人展現創業家的特質，但若是認為雅典是活潑的市場經濟，則又不免是由現代經濟稜鏡去扭曲歷史。甚且，認為硬幣是自由改革的唯一觸媒，也失之狹隘。李奧波德・密吉歐特（Leopold Migeotte）在《希臘城邦的經濟》（*The Economy of the Greek Cities*）一書中寫道，人口改變、城市化上升，以及交通通路改善，都在經濟成長上扮演一定的角色。[69]縱使如此，金錢仍是一股民主化的力量。

有些著名的希臘哲學家並不同意這樣的見解，柏拉圖和亞里斯多德對金錢和市場抱持疑慮。他們討論金錢的不同形式，因此有些學者認為紙鈔學派和金屬本位學派就是源自於他們的哲學。柏拉圖認為金錢撩撥貪婪和腐敗，主張禁用金銀。[70]他認為貿易和零售經濟會導致「人類靈魂欺騙的習慣，從而在公民之間播下不信任的種子。」[71]他主張嚴格的市場規範，他肯定不像是金屬本位學派。

但他是紙鈔學派嗎？經濟學家約瑟夫・熊彼得（Joseph Schumpeter）顯然認為，柏拉圖是對日後所謂的紙鈔學派第一位已知的支持者。[72]但還是那句話，透過比較當代的經濟學稜鏡去看歷史，恐怕並不恰當。不過，柏拉圖的確區分開符號貨幣（token money）和他所謂的實質貨幣（real money）；或者用今天的詞語說，區分軟體貨幣和硬體貨幣。他說，國家發行符號貨幣，決定它的形貌和初步價值。因此，符號貨幣將只在國家管轄範圍內被接受，不能及於其他國家領域。實質貨幣（即硬體貨幣），是市場的通貨，可以輸出，用在和外國人的交易。[73]毫無疑問，他一定會被美元的角色嚇一跳。美元是符號貨幣，但是全世界都握著一大堆百元大鈔，它在巴拿馬等主權國家，也被官方接受為支付工具。

柏拉圖的學生亞里斯多德指出，至少自古以來，金錢「本身是有價值的，在日常生活上可以輕鬆易手，有如鐵和銀，或是相同性質的其他東西。」[74]熊彼得稱譽亞里斯多德是金屬本位學派的創始者，對世世代代經濟學者有莫大的影響。[75]然而，亞里斯多德是否是金屬本位學派，並不明朗。[76]他也寫道，金錢是人造的，有使用價值，「它的存在要拜法律之賜，而非出自自然……我們有權力改變它，使它失去效力。」[77]他承認國家的角色（即法律），是決定金錢形式的關鍵。如果法律變了，金錢的形式可能也會改變。從這個邏輯看，金錢可以是軟體，也可以是硬體。

亞里斯多德在分析市場時，比他老師柏拉圖更溫和、更務實地就事論事。但是談到金錢的倫理意義時，他們的說法又似乎一致。亞里斯多德承認，金錢便利了不同型態的交易。他提到，人最後只帶著錢進入市場，想買進東西，然後抬高價格出售，像個精明的投機客。亞里斯多德不值這一型態的交易，斥之為不自然，因為它是「人們從別人那裡搶走東西。」[78]他也譴責高利貸，「在理性上可鄙……最違反自然。」[79]使用金錢去賺錢，只會鼓勵人民不知饜足、貪求更多金錢。柏拉圖和亞里斯多德師徒兩人都認為貪婪不好。

羅馬時代

硬幣固然在希臘起了民主化效應，它也可以被當局拿來做政治工具。羅馬帝國時期，為了跟上大肆揮霍的步伐，統治者鑄造更多硬幣，也增加金錢供給量。同時，他們減低硬幣內貴金屬成色，使得通貨價值下降，構成貶值。羅馬歷史突顯出有關硬體貨幣的一堂教訓：發行者可以操縱金錢的價值，為其政治目的效勞。這個教訓直到今天仍在上演。

羅馬硬幣大約始於西元前三百年。最初的硬幣受到希臘硬幣設計的啟發，有些硬幣甚至就在鄰近的希臘城鎮打造，以利貿易往來。[80]羅馬流通的硬幣是銅幣阿斯（as），以及銀幣羅馬德拉克馬（didrachm），前者是標準的貨幣單位。雖然標準兌換率是一個羅馬德拉克馬兌換十個阿斯，成分金屬的價值在市場上浮動。比如銀子相當升值到超過硬幣上註明的官定面值，人們就會囤積，使它退出流通。當銅幣相對於官定面值更不值錢的時候，就會留在市面上流通。這個現象叫做格雷欣定律（Gresham's Law）：即劣幣驅逐良幣定律。[81]這個現象在羅馬共和與羅馬帝國期間層出不窮。

羅馬在征服皮樂士（Pyrrhus）和希臘之後，開始建立在本地區霸主的地位，並在西元前二六九年開始大量鑄造自己的硬幣。羅馬最主要的鑄幣廠設在卡皮托里歐山（Capitoline Hill），是不易受到敵人侵襲的安全地點。鑄幣廠鄰接女神朱諾．莫涅塔（Juno Moneta，譯按：羅馬神話眾神之王朱庇特之妻）的神廟；金錢（money）和鑄幣（mint）這兩個字可能就起源於此。[82] 關於朱諾怎麼會得到莫涅塔這個名字，有好幾種神話。傳說之一是，寺廟發出聲音，警告大家即將地震來襲，要避險唯有獻上一頭豬做犧牲。另一個故事是，來自高盧的侵略者驚醒神殿內的鵝群，牠們吵醒羅馬人，後來制止敵人入侵。兩則傳奇故事共同的軸線是：女神示警。拉丁文動詞「moneo」意即警告。除此之外，鑄幣廠和這個神殿有密切關聯也不無道理，因為官方其他度量衡儀器羅馬尺（pes monetalis; monetal）就存放在此。[83]

羅馬和迦太基的第二次布匿克戰爭（the Second Punic War），從西元前二一八年打到二○一年，由於維持軍隊需要大量資源，羅馬面臨財務困窘。政府因此鑄造成色低的銀幣，將九八％純銀的成色降低為三六％。結果就是：付給士兵更多硬幣，其實每枚硬幣已比以前不值錢。儘管羅馬贏了戰爭，成為區域霸主，羅馬硬體貨幣大部分價值已經流失，比較有價值的硬幣被人囤藏起來。[84]

因此羅馬另起爐灶。大約西元前二一一年，羅馬當局推出狄納瑞爾斯的硬幣制度，有銀幣狄納瑞爾斯（denarius），也有銅幣阿斯。狄納瑞爾斯源自拉丁字，意即「含十的」；一個狄納瑞爾斯相當於十個阿斯，後來兌換率演變成一個狄納瑞爾斯兌換十六個阿斯。這個制度有四種幾近純銀的硬幣：（一）狄納瑞爾斯，形體最大，重四十五公克，最有價值；（二）「victoriatus」，即四分之三狄納瑞爾斯；（三）「quinarius」，即二分之一狄納瑞爾斯；（四）「sestertius」，即四分之一狄納瑞爾斯。許多早期的狄納瑞爾斯硬幣有女神羅瑪（Roma）戴著有翅頭盔的肖像，另外鐫刻ＲＯＭＡ字樣。後來的硬幣又有各種不同的神祇和刻字。

凱撒留給羅馬貨幣史的印記就是，用他從高盧搶來的黃金，增加歐瑞爾斯（aureus）的流通數量；它們原先並未廣泛流通。這些新硬幣幫助羅馬應付西元前四九年，即凱撒崛起掌權時發生的財務危機，因為需要硬幣來支付軍隊薪餉。透過擴張貨幣供給，以及防止人民大量囤藏硬幣，凱撒的改革有助經濟復甦。

凱撒後來的繼承人奧古斯都（Augustus）在西元前二七年上台，他面臨相同的問題：經濟需要有更多錢，有通貨緊縮之苦，而且持久不景氣。奧古斯都利用從埃及掠奪來的財富，大手筆投資在民間計劃，以及強化福利計劃。從異域運回來的貴金屬熔化了，用以支付士兵。他沿襲凱撒的貨幣政策，拚命鑄造更多硬幣，直到西元前一〇年。這時候利率已由一二%降到四%，經濟亦告復原。

凱撒和奧古斯都的經濟政策成功，對羅馬未來的領袖頗有啟發。

奧古斯都的一位繼承人尼祿皇帝（Emperor Nero）主政時的西元六二年，碰上嚴重的不景氣；而西元六四年，羅馬城大火，損失更是慘重。古典學派學者瑪麗．索頓（Mary

Thornton）認為尼祿的做法和羅斯福總統的做法相似，她認為尼祿「為羅馬締造新政」。[86]尼祿提高民眾的糧食補貼，投資興建運河等公共項目。

羅斯福總統在大蕭條期間擴大政府支出，但是他也透過黃金政策和黃金購買計劃：刻意讓美元貶值，改變貨幣政策的執行。[87]尼祿也採取積極的貨幣政策，努力擴大貨幣供給。尼祿遵循凱撒和奧古斯都的經濟課本；他擴大硬幣的供給，並且降低它的價值。他把狄納瑞爾斯的價值降低一五%，把白銀成色由九七・五%減為九三・五%，重量也由三・九公克減為三・四公克。他把歐瑞爾斯價值減低一〇%，重量由八公克降為七・二公克。[88]他這樣做使貨幣供給增加約七%。最後，降低硬體貨幣貴金屬成色，成為有助於經濟走上復甦之路的貨幣政策。

尼祿在位期間，是羅馬貨幣史的轉捩點。金錢失去它的實質內在價值，可是羅馬日益以這些低成色硬幣做生意。然而，印度等外國不肯接受低成色硬幣，因此羅馬出口銀、金或非低成色硬幣做生意。[89]羅馬城本身不生產太多東西，他們必須進口貨品，因此產生貿易赤字，勢必需找到財源支撐，這一來國庫更加快空虛。甚且，尼祿意識到他的硬幣不只是鑄造出來的金屬。它們是價值的象徵，也是宣傳的工具。早期的尼祿硬幣鐫上皇帝十六歲登基那年的肖像，和他並列的是支持他當政的母后阿葛里皮娜（Agrippina）的肖像。後來的硬幣則是他成年後的肖像，蓄了鬍子、戴上王冠。[90]

羅馬帝國國勢蒸蒸日上，領土擴張到中東和北非，約有四百萬平方英里以上疆域。所搶奪過來的財富不僅增強羅馬的收入，也擴張帝國的支出。搶來的貴金屬熔化後鑄成硬幣，養一支龐大軍隊。國家支出的擴張也養了龐大的官僚，以及補助窮人。[91]西元第二世紀，羅馬的年度預算膨脹到超過兩億狄納瑞爾斯。

然而，揮霍無度最後對經濟產生下拉壓力。為了對付西元二三八年財政危機而實施的貨幣政策，實質上使得狄納瑞爾斯消失，尤其是銀子的供應量大量降低。國家需要更多錢，因此在西元二一四年創造全新硬幣安東尼尼安納斯（antoninianus），名字來自創始人安東尼努斯（Antoninus）。劣幣又驅逐良幣。人們因為狄納瑞爾斯實質內在價值高，當然囤藏，就此不再流通於市面。囤藏收縮了貨幣供給，迫使羅馬當局發行更多低成色硬幣安東尼尼安納斯。到了西元二七〇年，安東尼尼安納斯的銀成色只剩二．五%。系統中的「良幣」少了，以物易物和社會債交易增加。為了彌補硬幣價值減低，商人提高物價，終於引爆強大的通貨膨脹。經濟困頓導致民怨，西元二七一年鑄幣工人罷工。

羅馬陷入多年的經濟困境。從西元二九三年至三〇一年，每年物價上漲近二三%。西元三世紀末期的戴克理先皇帝（Emperor Diocletian），又拿出尼祿皇帝的經濟課本。他擴張軍隊、興建更多公路。他推出貨幣改革，恢復銀、金並用的金銀複本位制度。[92]金錢又回到有實質內在價值的金屬為支撐，但是金屬價值已上升。通貨膨脹持續不退，劣幣依舊驅逐良幣。西元三〇一年，戴克里先頒布最高物價諭令，把酒、穀類和衣服等一千多種商品訂定價格上限。但民間置之不理，通膨變本加厲。

學者長期以來討論羅馬通貨膨脹的起因，操縱硬體貨幣的供應和價值肯定是個關鍵因素。羅馬搞低成色硬幣的經驗，應該讓認為硬體貨幣是治療經濟問題的萬應丹的人士三思。可是，和今天軟體貨幣大幅貶值相比，硬體貨幣的降低貴金屬成色實在猶如小巫見大巫。美元今天並無貴金屬做支撐，現在已有人倡議回到自古以來即讓人類嚮往的一種金屬。

珍貴的黃金

很多年前，我曾經到南非一座金礦參觀，下到地下數百英尺的現場。升降梯井旁邊貼著一張告示：「二〇五天，無人受傷。」數百名工人戴著有燈的頭盔在穴洞中進進出出，好幾十輛卡車和拖運袋經過我身邊。投入偌大勞動力卻只能產出極少量的貴金屬，搗碎一噸的礦石只能生產幾公克的黃金。可是華爾街的研究分析師卻緊盯著這幾公克的產量，根據金礦生產資料調整他們的經濟預測模型。全世界已知的地上黃金，在二〇一二年底估計約十七萬四千公噸。[93]而光是二〇一二年一年，全球鋼鐵生產量就有十五億公噸。[94]

黃金不是唯一的稀有金屬，可是人人迷戀它。華倫．巴菲特（Warren Buffett）認為，迷戀黃金很奇怪。他對我到南非參觀礦場、到紐約聯邦準備銀行參觀金庫的評語是：「黃金從非洲或其他地方的地下挖出來，然後我們把它熔化，再挖個洞把它埋進去，還要雇人守護它。其實黃金一點也不實用，火星人若是看了一定頻頻搔頭。」[95]

可是有些市場策略家卻說：「黃金就是金錢。」[96]這個想法是怎麼開始的？神經元很早以前就把「黃金」和「價值」連結在一起。早期的人類可能是受到它的光澤所吸引，只有少數自然生成的物質，如寶石、水和冰，會反光，並呈現天然的光澤。

有些動物也喜歡發光、發亮的東西，猴子會出其不意從遊客手中快速搶走手鐲和照相機鏡頭等東西。園丁鳥（bowerbird）是澳大利亞和新幾內亞的一種土生鳥類，雄鳥以水果、石頭、玻璃碎片、瓶蓋、錫箔紙，和髮帶等發亮又彩色的天然物或找來的物品為材料，精心築巢，這個漂亮的巢穴吸引雌鳥與牠交配。色彩是自然界做廣告的方式，黃金色尤其受歡迎。[97]

黃金長久以來對人類即有引誘作用。巴比倫人把金屬和太陽系的東西連想起來，以黃金比擬為太場。[98]黃金和太陽連結，也出現在其他文化。拉丁字「aurora」意即黎明（dawn）：日昇之時，它和「aurum」，意即與黃金相似。黃金在週期表上的縮寫即「Au」。但英文字「gold」源自古高地德文字「gelo」，古代英文字「geolu」意即黃色。

有人費力氣挖黃金，有人則求助於莫名其妙的煉金術。早先的煉金術士設法把銅、鐵、錫等基礎金屬，轉化為琥珀金、銀和金等貴金屬[99]。由於野心極大，煉金術曾被人拿來和神祕、神聖連結，一度稱之為知識或藝術。煉金術「alchemy」這個英文字本身就是混合物：「al」來自阿拉伯文；「chemy」源自希臘文，意即鎔化或混合。

煉金術可能是西元第三世紀始於埃及。埃及人實驗金屬工作已有數千年之久，出現煉金術士也很自然。我們很少見到這段時期留下來的煉金術歷史文獻，因為它們都被銷毀了。傳說羅馬皇帝戴克理先嚴禁煉金術，認為它會威脅到降低貴金屬成色的羅馬硬幣和他的貨幣改革。或者他也害怕有人出錢搞叛變。[100]縱使如此，有些手冊還是流傳下來。其中之一說可以把硫磺加到銀身上，其實造成的反應只是金顏色。[101]

煉金術士慢慢嘗試不只是讓金屬呈現金黃色，他們想把一種金屬完全變質為另一種金屬。「chrysopoeia」和「argyropoeia」這兩個字詞就是把物質變成金和銀，是這兩個製程的名稱。[102]煉金術士也努力鑽研物質是如何構成這個問題。煉金術需要對化學品屬性有深厚知識，可是煉金術士依然發現製造硬體貨幣非常困難。

煉金術出現在許多不同的社會。勞倫斯・普林西比（Lawrence Principe）在《煉金術的祕密》（*The Secrets of Alchemy*）一書描述阿拉伯人如何迷上煉金術。西元八世紀，拜占庭一位皇帝表演給阿拉伯使節看，銅熔化後加入一些紅粉，就變成黃金。阿拉伯人肯定印象深刻，把希臘文的煉金術手冊全盤翻譯。[103]另一個文化也全心全意迷戀上煉金術。羅馬帝國時期，阿拉伯世界的領導人批評煉金術違反自然，煉金術士是騙子，設法全面取締煉金。

中世紀的歐洲，有些煉金術士自認為是執行神聖藝術。耶穌基督一生遍歷各國，被煉金術拿來做譬喻。煉金就是自我改進、提升。[104]馬丁・路德（Martin Luther）的父親就是煉金師傅，深信煉金吻合基督教要人不斷自我提升的教義。

歐洲啟蒙時期（Enlightenment），煉金術列為教育機構中化學課程的一部分。[105]令人驚訝的是，科學思想大師牛頓（Isaac Newton）也研究及從事煉金，由此可見試圖創造貴金屬也會吸引最理性的人物。雖然科學家最後摒斥煉金術，仍有一些神祕團體承續這套方術，保存這方面的知識。[106]即使到了今天，煉金術這個字仍普遍流行，從文學到電影，大眾文化對它也有重新詮釋，可見煉製黃金的吸引力歷久不衰。

從質到量

為政治目的操縱金錢的，並不只是羅馬的皇帝們。今天各國中央銀行仍普遍調整貨幣供給額，為政治目標效力。由於國家可以多創造軟體貨幣，已經不需要去挖礦。例如，日本中央銀行買進大量證券，把錢注進銀行體系，它會導致日圓貶值，有助於豐田、日產汽車及其他出口商，以較低廉價格在全球市場銷售其產品。銷售上升，代表就業機會增加，這是日本政府的目標。

這樣的金融策略和貨幣操縱早已是全球經濟制度的一環。然而，二〇〇八年的全球金融危機卻引爆大規模的貨幣調節，各國央行紛紛藉製造大量新錢來刺激本身的經濟。這個理論是，有更多的錢在經濟中流動，物價會上升以反映貨幣的貶值，這會刺激個人和企業現在就花錢、不要等到以後，因此就可活絡經濟活動。

許多評論家和政客猛烈抨擊國家操縱金錢的供應和價值，他們認為歷史上將硬體貨幣降低貴金屬成色，完全比不上今天各國大規模操縱沒有貴金屬支撐的貨幣。恢復金本位制，即管控黃金的全面供應，才能制衡貨幣擴張。

是否恢復金本位制，引發金屬本位學派和紙鈔學派之間的辯論。這也是債權人和債務人之間的辯論。債權人自古以來就力圖保護他們的投資，希望收回來的錢有相同的品質。然而，債務人自古以來即期待貨幣供給增加，他們才能以較低價值的錢去還債。[107]

但是金錢的性質是個變動不居的議題。它不只要看你和誰講話，也要看你在什麼時候問他們。十九世紀末期的銀行家不肯實施金銀複本位制，因為它會擴張貨幣供給額。他們要的是能全額收到有品質、有價值的硬體貨幣。今天，很少銀行家主張恢復硬體貨幣，因為它會侷限發出貸款、抑制商業。

貨幣史的弧線偏向軟體貨幣。經濟學者葛林．戴維斯（Glyn Davies）提到「由質到量的鐘擺」，貨幣供給數百年來大幅上升，已經犧牲了貨幣的價值。

軟體貨幣的流通數量極其可觀，部分原因是它太容易製造。或許我們可以說，國家長年以來一直在玩弄另一類型的煉金術。

章五 攜帶便利——軟體貨幣簡史

你要知道，他用樹皮造出錢……大汗以此方法製造大量金錢，足可買下全世界的珍奇寶物。他下令在帝國治下的各個行省、王國和區域，所有的交易都必須以這種通貨支付。沒有人膽敢冒死不接受。

——馬可・波羅[1]

錢滾錢，用錢滾來錢，就能賺更多錢。

——班哲明・富蘭克林[2]

如果你認為要寫文章談股市創富很難，你不妨試試如何去擁抱金錢。

——比爾・葛洛斯（Bill Gross）[3]

彭博電腦終端機螢幕一片鮮紅，但賈斯培看到的是一片翠綠。[4]他只在華爾街工作幾年，從來沒有像今天這樣。市場糟透了，可是他這個部門卻賺翻了。

賈斯培在紐約一家全球投資銀行外匯交易部上班。二〇〇八年九月，雷曼兄弟破產之下，美元震盪極大，起先一週內貶值五%以上，然後兩個月內升值一七%。

但是讓他感到驚訝的不是震盪起伏，貨幣市場的本質就是波動頻頻，令他驚訝的是量極大。

賈斯培驚訝的是美元的數量，那麼多的錢易手。

他很氣惱地說：「我們跟不上流動。」

全球股票市場和債券市場都告吃緊，金錢湧進貨幣市場，大家都來搶現金，尤其是美元，活脫就像滔天大浪吞沒海岸城市，而且不退。茫茫天下，無處投資，美元是避風港。

金錢自古以來就是工具。西元前四世紀的雅典，人們把外幣轉換成德拉克馬，以便在廣場購買橄欖。晚近年代，人們和機構都因類似原因在轉換貨幣。巴西一家公司購買印度魯比，以便以本地貨幣支付印度供應商。或者是更複雜，但完全合理的一項交易：營收大部分來自魁北克的一家法國公司，鎖定有利的加元匯率，作為市場震盪起伏之下的避險措施，以防利潤盡付流水。

二〇〇八年金融危機期間，許多投資人把他們的錢放在錢上面，意即從甲貨幣移到乙貨幣。這次金融危機並未啟動此一做法，但它肯定加速這個做法。不想把他們的錢轉換成其他資產，許多投資人守住這些價值象徵。即使金錢已抽離它原本協助人類取得精力能源而生存的演化目的，許多人認為現金是保護其財務福祉的具體方法。

去除掉金錢以貴金屬做基礎的定錨之後，貨幣浮動，它們的價值隨市場起漣漪。投資人找尋有利的浮動，把它們化為獲利。用投資人的術語來說，現在貨幣成為一種資產，本身具有類似股票、不動產或貴金屬特性，可以投資的標的。現在不用把你的投資組合分配在不同股票上，你也可以投資一籃子貨幣。假設有個投資人把一萬美元配置為五〇％的日圓、三〇％的澳幣和二〇％的紐西蘭幣。他期待這些貨幣因為種種原因，例如突如其來的政治新聞或是對利率走向的預期出現變化，兌換美元的匯率會升值，他就可以小賺一筆。

貨幣市場已成為全世界最深、最大、最流動的市場。貨幣每天的平均交易量，從一九九〇年代末期的一．五兆美元，激增到二〇一〇年的四兆美元，包括一般人難懂的衍生性金融產品在內，超過股市的交易量。做個比較，標準普爾每天的平均交易量是一千五百億美元。貨幣市場流動性大的另一個原因是，它幾乎不打烊：交易可以從星期天晚上由紐西蘭的奧克蘭開始，一路不停，直到星期五晚間在紐約暫告休息。

美元是這個市場最重要的貨幣，因為它的發行者自二次世界大戰以來就是世界經濟霸主（有人說美國也是軍事霸主）。美元對投資人有吸引力，是因為它隨時可透過外匯市場兌換成其他貨幣。全世界有一百七十多種貨幣，但八五%的貨幣交易以美元進行。石油及其他可交易的許多全球商品，都以美元訂價及結算，即使美國根本不涉及交易；全球貿易有八一%以美元結算。[5]由於它是強勢的全球貨幣，美元帶給美國不可想像的貨幣和經濟利益。前任法國總統戴高樂（Charles de Gaulle）的財政部長留下一句名言，美國有「過分的特權」。[6]我在馬拉喀什（Marrakech，譯按：北非摩洛哥第四大城）觀光時，賣我椅墊的小販寧要美元，不要摩洛哥當地貨幣（dirham）。用美元交易讓我省掉麻煩，但本地匯兌店就沒有辦法賺我的錢。美國占的另一個便宜是，根本不需要賣任何實體東西，美元就有流動性。經濟學家巴利．艾琴格林（Barry Eichengreen）這樣解釋：

> 聯邦製版暨印鈔局只要花幾分錢就可以印出一張百元大鈔，但其他國家必須拿出一百美元的實物和服務才能賺到一張大鈔……在美國境外大約有五千億元美鈔在流通，為了這些美鈔，外國人必須提供給美國五千億美元的實物和服務。[7]

發行世界最強勢的通貨還有一個好處，就是美國可以影響其他國家的金融制度。為了回應信貸危機，美國聯準會創造更多貨幣和流動性。結果是，有這麼多新錢到處流動，全球資產市場開始再度上揚，造成其他國家，尤其是中國，抱怨通貨膨脹攀升。

但是以市場價值而言，量一擴大就犧牲了質。危機期間美元升值，打斷長期下滑走勢，開始恢復上揚。美元並沒能升得太高，根據勞工統計局（Bureau of Labor Statistics）的調查，自從一九七一年以來，美元購買力降低八三％，從一塊錢跌到十七美分。[8]走跌的一個主要原因是，貨幣本身的供需情形：聯準會創造出比市場需求更多的美元。

當然，美元重新走疲並不是對大家都不好。美國出口商因美元走疲而受惠，因為對外國市場的消費者而言，實質價格等於降低。但是美元在全球貨幣市場上的角色過分大，加上它又貶值，使得投資人卻步，尤其是二〇〇八年金融危機以來，因為這場危機的根源是美國的金融制度和房屋抵押貸款市場。美國的產出占全球ＧＤＰ二五％，可是外國央行的準備款仍有六〇％是美元。對各國央行而言，已經逐漸多角化改持其他貨幣，因為在一九九九年的美元部位為七〇％。金融危機使得外國央行覺得必須有Ｂ計劃，但是近年來似乎看不到更好的選擇，因為歐元和日圓也都有它們的問題。

任何通貨若是高度可靠、有流動性、能兌換，理論上就可以成為世界強勢貨幣。英鎊在十九世紀至二十世紀初是世界領頭的貨幣，直到美元取代它。現在英鎊只占貨幣市場交易的一成左右。市場預言家已經表示，人民幣十年內若不成為主導貨幣、至少也將成為世界領導貨幣，反映中國在世界的重要經濟地位。

許多人獻策，討論如何維持美國過分的特權、保持美元作為全球準備貨幣，或至少緩和它在全球發行準備份額的頹勢。有一個解決方案是提升美元價值的質，也就是降低它的量，收縮貨幣供給，甚至恢復金本位制。然而，歷史告訴我們，創造金錢是很少人能抗拒的誘惑。

美元已經和以前大不相同，不再有任何黃金做支持（自從一九七〇年代初期以來即已如此）。美元是軟體貨幣。我把軟體貨幣界定為不是由貴金屬等商品支撐的貨幣。一元美鈔沒有太大實質內容價值，它只是價值的象徵。美元的價值是對由美國政府的信心及它的信譽所支撐。你也可以說，美元的價值不是由地底下的貴金屬所決定，而是反映美國經濟的基本狀況。經濟學家傅利曼解釋得最好，他說：「一張張的綠紙頭有價值，是因為人人認為它們有價值。」[9]

我們很難準確說出軟體貨幣是怎麼創造出來的，但以下或許是幾個可能的原因：第一，方便：美鈔要比金塊和金幣容易處理。交易是演進的優勢，任何有助於我們更有效率交易和合作的工具，都有很好的機會被廣泛採用。第二，抽象：人類象徵性思考的能力增進之下，我們再不必去看或碰觸價值的源頭。今天的金錢已經抽離協助我們取得生存所需資源的演進目的。大腦掃描顯示，取得金錢可以啟動依伏神經核（這是獎賞中心的一部分）的活動，因此我們清楚了解這一張張綠紙代表某種有價值的東西。第三，普遍性：在社會的「超級大腦」變得更加全球化、相互連結之下，一個由發行軟體貨幣的體制所支撐的共同金融制度，已經成為標準。大腦需要時間學習新東西，同樣的，「超級大腦」也花了一千多年時間，才普遍接受軟體貨幣為通行的貨幣。第四，權力：發行軟體貨幣的國家可以輕易改變貨幣供給以達成政治和經濟目標，以他們的理想打造社會。發行者可以設計軟體貨幣，讓它在管轄範圍內有價值；至於硬體貨幣可能在領土轄境之外有價值，因此有資金逃逸之虞。軟體貨幣其實和金融煉金術差不了多少。發行者可以憑空創造金錢，不需要叫人民納稅繳款就能支應自己的政治議程。

最後這個理由很諷刺，可是又很有啟發性。硬幣在古代世界有民主化的效應。但是當羅馬領導人開始在硬幣的價值上動手腳時，他們發覺到作為發行者的政治用途。大規模操縱硬體貨幣，幫助他們的目標，也幫助他們隨心所欲改變經濟。創立羅斯柴爾德金融帝國的麥耶・艾姆雪爾・羅斯柴爾德（Mayer Amschel Rothschild）說：「讓我控制一國的貨幣供給，我才不管是誰制訂法律。」[10]

金屬本位主義承認硬體貨幣自古以來遭到操縱，但是他們也認為軟體貨幣使得國家權力更大。尼祿沒辦法立刻就統一通貨。當他發行低成色的新硬幣時，高等級的硬幣還在市面上流通。這些高等級的硬幣會增值，可是還得經過一段時間才會被囤藏，從市面上消失、不再流通。[11]透過軟體貨幣，國家同時影響紙鈔的價值。當聯準會發行鈔券時，就調整整個貨幣供給，影響每一塊錢的價值。軟體貨幣使格雷欣定律完全失去意義，所有的良幣統統變成劣幣。

國家相當容易發行及改變軟體貨幣。狄納瑞爾斯受金屬所約制，美元卻完全不受金屬約制。二〇一三年六月，總共有一兆一千億美元流通，其中一大半是在國外流通。[12]其他的貨幣供給措施更大：貨幣根基，即流通的貨幣總額加上聯邦準備銀行的帳面餘額，在二〇一三年六月為三兆二千億美元，大得不得了。[13]貨幣史的弧線偏向擴張和通膨，尤其是碰上艱困的經濟時期。政策調向增加貨幣和融資供給，成為二〇〇八年金融危機期間及之後重振經濟的藥方，期望鼓勵擴張信用，以及推升某些資產價格，把投資人推向風險較大的投資，進一步支撐價格。

借錢的人不會太介意預期不到的通膨上升，因為它長期下來會侵蝕錢的價值。換句話說，他們付還給債權人的錢已經比今天不值錢。[14]假設我今天向你借一百美元，答應一年後無息償還。再假設一年下來物價漲了三%，美元的購買力即隨之下降。一年之後，一百美元的購買力只剩九十七美元。[15]它看起來數字不大，但是借的數字很大的話就相當有利，而債權人可虧大了。

假設美國政府以二十年期固定利率借進五千萬美元，而物價每年以超過三%以上快速增加。二十年到期（假設每年單利計算），政府必須掏出五千萬美元，可是這筆錢只值現在的二千八百萬美元左右，對政府而言，滿划算的。[16]反過來說，物價每年出乎預期下跌三%，二十年之後，政府必須償還五千萬美元的本金，這筆錢代表今天的九千萬美元左右的購買力，那可是一筆不小的數字。[17]

大量舉債的發行者在傾向於創造金錢和通貨膨脹的軟體貨幣制度上，的確較為有利。但是軟體貨幣的本質也使發行者陷入浮士德式的情境。歌德的《浮士德》（*Faust*）故事下半部，皇帝沒有足夠的錢支應債主和軍隊。魔鬼說服皇帝以日後要開採的黃金為後盾，發行紙鈔。金錢仍是價值的象徵，但是它的價值已經成為抽象。哈佛大學教授馬克・謝爾（Marc Shell）說明魔鬼對這樣做的觀點：「如果一個人可以開發人類腦子裡的信貸，他就不用去地上開採……金礦。」魔鬼體會到從硬體貨幣變到軟體貨幣，得先從腦子裡發生：心理改變必須先於任何經濟調整。朝臣站在魔鬼同一邊，因為「他們志不在貨幣財富的源頭……只關心要發財致富。」[18]起先，紙鈔促成難以想像的財富。皇帝的債主和軍隊都拿到錢，甚至裁縫師生意都興旺起來。但最後這些財富猶如過眼煙雲，皇帝的財務問題更加惡化。通膨居高不下激發社會動盪，皇帝面臨反對。[19]

這聽起來像是奇特的故事，但是歌德的故事是受到實際事件啟發而寫成。他熟悉十八世紀法國引進軟體貨幣，以拯救經濟沉痾的事實。短期內它有效用，但很快就墜入財政深淵。古今中外幾無例外，軟體貨幣福禍互見。《浮士德》是否預示美國的凶兆，仍有待時間見證。聯準會為應付二〇〇八年金融危機，擴大貨幣供給，它是否有助於挽救經濟，還有爭辯，可是這一行動的長期後果仍很難講。

不論它會導向繁榮或爆裂，軟體貨幣是個強大的工具。它能讓發行者透過貨幣措施，追求政治目標。發行者的政策決定也可以透過貨幣市場，立刻影響世界其他國家。在不受金屬數量有限所節制的貨幣體制裡，軟體貨幣實質上變成毫不受限制——供給任由煉金師一念去決定。發行者早已曉得每個小孩都已知道的事：剪刀、石頭、布，布包石頭。（譯按：英文是剪刀、石頭、紙。）

巨龍的貨幣

蔡倫是中國漢朝漢和帝宮廷的宦官頭頭。[20]西元一〇五年，他向皇帝報告他的發現，但他可能不知道這將永遠改變金錢，以及政府如何制訂貨幣政策。蔡倫取下桑樹樹皮、剝出纖維，搗碎製成一張平坦的紙：他發明了紙。不過歷史學者另有一說，認為紙早在西元前二世紀即已發明，用來包貴重的青銅器。

中國人往後數百年利用藤、檀香木、竹，甚至海藻的纖維改進造紙術。據說他們也發明墨水，製墨成為非常有名氣的手藝，許多藝術家、學者和政治人物都雅好此道。[21]甚且，中國人又發明雕板印刷和活字排版術。[22]製造紙鈔的元素全都具備了，但是紙鈔問世之前，中國普遍流通的是青銅幣。

西元七世紀初，唐朝取代國祚甚短的隋朝，以紐約大都會藝術館的說法，它是中世紀世界最偉大的帝國之一。[23]唐朝國祚綿延九世紀，局勢相當穩定、文風很盛，遠自波斯都有使節來朝覲，中亞的音樂家也來到中國。事實上唐朝把音樂分為十類，其中就有外國元素。它也是商業和創新活絡的環境。商人力圖服務顧客。商店備辦各種珍品迎客，又像銀行一般出租保管箱，還發行有實物支持的書面字據或收條。這些字據功能有若金錢，因為可以交易。[24]也有茶商希望跨地區交易和匯送獲利，遂採用字據，就不用攜帶笨重的青銅幣。[25]

政府官員也想方設法讓收稅更方便，他們需要稅收以支應軍事征伐，對付西域的突厥游牧民族和東方的高麗人。國家也創造稱為「飛錢」的字據，來降低在京城和邊陲省分之間長途運送硬幣的需要。[26]飛錢可以兌換青銅幣，用在地方和中央政府之間的交易，以及商人彼此之間的交割。國家立刻發覺需要管理這些字據。西元八一一年禁止民間發行飛錢，並訂定嚴格措施以保護國家權力。[27]某些字據上還印上偽製者的刑責：「違者立斬，檢舉可領銀賞。」[28]這些紙鈔用在特定交易，並不像一般用途的通貨流通，可是紙鈔的確非常方便。[29]

後來的宋朝（西元九六〇年至一二七九年）被譽為第一個實施紙鈔制度的先驅。西元九七〇年，它設立專責單位發行鈔券。[30]這些鈔券盛行起來，部分原因是硬幣短缺。據估計北宋一朝從九六〇年至一一二七年，總共鑄造兩千六百多億枚硬幣，但還不足以支應商人大增及軍隊的需求。[31]這個錢幣荒迫使國家考量其他辦法，[32]在華西的四川找到一個辦法。

四川因為缺少製作青銅幣所需的銅礦及其他金屬，它的硬幣由鐵鑄成。四川也和敵國接壤，北宋希望降低有價值的青銅幣流入敵國。[33]鐵幣留在銀行存戶裡，客人拿到字據，可以用來交易。同時，四川長期以來以大麻製紙很有名，朝廷用它來頒布旨令。[34]離發行紙鈔只差一小步，而後朝廷果真在西元一〇〇〇年左右推出紙鈔。

起先，朝廷容忍破碎的貨幣制度，允許十六家銀行發行紙鈔。但是一〇二三年，朝廷取消這一特許，因為它發現老百姓搞不清那些票券是由那一家票號發行的。當然，朝廷若是唯一的發行者，權力會很強大。於是朝廷成立專責單位，承擔起紙鈔的全部印製工作。[35]這些紙鈔名叫「交子」，後來改為「錢引」，先後以鐵和銀作為支撐。起先，朝廷知所節制，訂定每年可印行紙鈔的數量。定量的目的在於穩定貨幣的價值、抑制政府的開銷，以及防止通貨膨脹，但限制不久就被拋到九霄雲外。朝廷在一〇七二年把定額提高五〇%，但日後這個定額又再提高。[36]每一次提高發行額都證明各州、道政府的貨幣權力相當大，以及朝廷無法控制超額發行。

南宋（一一二七年至一二七九年）設法整合完成這一貨幣權力，但是由於戰敗，北方領土割讓給金國，起先南宋的貨幣制度也分割為四個區域，流通不同的貨幣。[37]貨幣制度不統一，傷害到貿易發展。[38]雪上加霜的是，南宋因為沒有足夠的金屬製造青銅幣而面臨錢荒。

宋朝也用銀鑄幣。由於北方領土銅礦豐富、卻已失守，銀子相對於青銅的價格已經相當升值。銀價升高也反映一個事實，即宋朝愈來愈用它在行政事務上：稅金和軍隊餉銀部分以銀子交割。最後，銀取代青銅成為標準的價值儲存者。[39]

一一七〇年，朝廷承認商人之間開始流通起來的紙鈔「會子」。它禁止民間發行貨幣，以銀子支撐貨幣，並以它為朝廷法定支付工具。會子最後除了四川之外，通行各州。[40]這些鈔券可以兌換新鈔，以便維持貨幣價值，但這個做法在十三世紀初廢止，因為朝廷需要更多錢來支應支出。當會子愈發愈多時，格雷欣定律又出現：人們囤藏硬幣以儲存價值，終於使得硬幣退出流通。[41]

會子已經通行成為交易媒介。這個紙鈔逐漸成為計價單位。歷史學者李察・馮・格拉恩（Richard von Glahn）指出，原本以銅幣為單位的物價也用會子標記出來。[42]至於作為儲存價值之用，以銀為支撐的會子也可用以兌領有實質內在價值的貴金屬，即使實務上因為國家發行太多鈔券，這個承諾的可信度消滅。還要過相當長一段時間，紙鈔才完全和金屬脫鉤。但是，時機遲早會到來，因為主政者準備要開戰。

儘管努力維持會子的價值，但發行幾乎無節制地擴張，當宋朝經濟開始下滑時尤其更甚。[43]十三世紀初，南宋因為和金人長期交戰，更加衰弱。一二三一年，京城發生大火，毀掉許多建築，亟需重建。南宋發行更多會子支應經費，貨幣價值大跌。當朝廷捨四川桑樹皮所製的高級紙張印鈔，改用次級紙印鈔之後，會子的價值更加下跌。持平地說，朝廷也努力要恢復其通貨的價值。它製作銀票和金票，以減少會子的流通量，甚至強制規定人人需購買固定數量的紙鈔。[44]但它抗拒不了引誘，還是多印鈔券來支應龐大支出，南宋的經濟一蹶不振。經過多年作戰，南宋終於不支，亡於元世祖忽必烈之手。蒙古人於一二七九年統一中國，國號元。

十三世紀期間，蒙古帝國跨越亞洲、直抵東歐，成為歷史上最大帝國之一。蒙古帝國是若干領土鬆懈的邦聯，依賴地方首長的領導，需要極大的行政監督。帝國在十三世紀中葉開始分裂，因為許多繼承人爭搶大位。其中一位繼承人忽必烈汗設法維持帝國實力，但問題在於要如何做。他陷於兩難，一方面是透過遊牧部落軍事征伐擴張及控制勢力範圍，另一方面是留駐京城做行政首長、督導龐大的官僚體系。[45]他很快就發覺紙比劍力量強大。他用錢來統一帝國，推動不同區域間的貿易，為朝廷創造更多財富，並增強掌控權力。

忽必烈的紙鈔「中統鈔」於一二六〇年首度發行，有十一種大小不等面額，但沒有訂明何時以前要用的截止日期，它以銀子為支撐後盾。[46]選擇銀子是接受財政官員的建議，他們在各行省有處理銀子支撐紙鈔的經驗。加上蒙古人自古以來受惠於範圍廣泛的朝覲體系，各省向首都進貢大把大把的銀子，因此銀子被認為能保存價值。

忽必烈的發明是嚴刑峻法。他頒布旨令，他的貨幣是國境之內唯一能通用的貨幣。[47]膽敢偽造者殺無赦，檢舉偽造者可領重賞。他強迫人人用他的錢幣，違者懲罰。國家發行小面額鈔券以整個淘汰青銅幣的使用。因此，寶鈔就沒有競爭對手，忽必烈又禁止使用金、銀交易；外國商人一進入他的領土，貴金屬統統沒收。[48]後來寶鈔通行普及，這些限制就放鬆了。

起先，國家實行謹慎的貨幣政策。為了推動紙鈔、並確認它們的可信度，國家偶爾會以銀子贖回紙鈔。舊鈔公開銷毀，貪官就無法囤藏貪贓枉法所得。這些鈔券普及開來，把帝國統一在單一貨幣之下。它們甚至流通到今天的泰國、緬甸和伊朗地區。歷史學家認為，西方早期的金融機構受到元朝貨幣制度很大的影響。[49]

然而，從一二八〇年至一三五〇年之間，國家飽受通貨膨脹之苦。麻煩始於兼併南宋領土。忽必烈先滅了金，建立權力基礎。可是南宋人口六千萬，遠遠多過金的人口。增加這麼多人口，對忽必烈的鈔券需求極大，會子以五十比一可兌換為寶鈔。國家加速發行鈔券，耗盡它的銀子供給。銀子一少，國家又多印紙鈔，這就降低鈔券的可信度，而它兌換為貴金屬的可能性受到懷疑。最後，寶鈔的價值貶了九〇％，無以為繼。[50]為了支應日益龐大的開銷，朝廷犧牲了貨幣的價值。

忽必烈決定另起爐灶。一二八七年，朝廷發行新貨幣「至元通行寶鈔」，它的價值定為舊鈔的五倍，以便將舊鈔貶值到絕跡為止。[51]直到這一刻，軟體貨幣是由金屬支撐的紙鈔。忽必烈的新鈔政策公布不能兌換為硬體貨幣，軟體貨幣自此失去它的定錨。以經濟學家的術語來說，它是法定貨幣：由朝廷發行，靠信心流通，當人們對它失去信心就一無文不值。

為了提升新鈔受採用，朝廷再度禁止以金、銀作為交易之用。但是這些貴金屬立即被囤藏，新鈔更加貶值，格雷欣定律又出現。朝廷甚至取締民間各種票券，只要可能威脅到新鈔的，一概查禁。[52]舊鈔不僅沒有消失，它走入黑市流通，最後和新鈔並行，因為理論上它仍由銀子支持。

人民對忽必烈的通貨失去信心，尤其是預算赤字一直上升。忽必烈的繼承人推出新鈔為實驗，但不足以恢復對貨幣制度的信心。一三一一年，朝廷恢復雙元貨幣制度。物價以中統鈔列出，它成為貨幣標準，因為理論上它可以兌換為銀子，但日常交易使用的通貨是至元鈔。新制幫忙促成多年經濟相對穩定，直到元朝後繼皇帝在十四世紀中葉敗落。[53]

中國的貨幣史顯示，國家愈強，其體系愈有可信度，它的錢就愈趨軟性。金錢的價值不是來自它內含的金屬價值。人民對發行者有信心或畏懼，像忽必烈這樣一個強大的領導人，可以不必反悔就做出貨幣決定。可是對軟體貨幣的這些早期實驗，呈現浮士德式的交易。儘管初期得到人民的信任，發行者卻經不起過度印鈔的誘惑，造成了過度支出及難以駕馭的通貨膨脹。在中國，軟體貨幣的起伏興衰歷數十年之久。在另一個國家，它只花了短短四年時間，來得快、去得也快。

法國出現一位人物

我們所知道的忽必烈事跡，有一部分來自威尼斯探險家馬可．波羅（Marco Polo），他告訴我們紙鈔如何在這些遠方國度使用的故事。他的發現或許啟發了歐洲，在十四世紀採行類似的貨幣工具。但是西方一直要到很久，才進行以軟體貨幣拯救疲敝經濟的實驗。有一個例子，一七一〇年代的法國貨幣制度，試行不同的體制來提振疲軟的經濟。可是和東方的情況一樣，不知節制的軟體貨幣制度造成貨幣價值大跌和高度通貨膨脹。

設計這個初期實驗的人物，有多彩多姿的背景。約翰．勞出生於愛丁堡附近一位金匠家庭，進入名校就讀，嗜好賭博，又是出了名的花花公子。一六九四年，二十三歲的他為了女人與人決鬥，殺死對方，因而被捕、判處死刑。[54]但是在權貴朋友暗助下，他搭船逃到歐洲大陸。[55]

他後來落腳荷蘭阿姆斯特丹，一個活潑的商業中心，他在這裡第一手學到外匯金融、合資公司、股市和紙鈔等金融創新。[56]阿姆斯特丹交易銀行（Amsterdamsche Wisselbank）客戶進來存款，不收費用，但客戶若要提領硬幣，銀行要收取高達二五%的管理費用。這樣的高費用讓人要提款時都要三思。一六八三年，銀行設法方便提款，就客戶存入的硬幣發給收條。長期下來，因為銀行不讓客戶提領硬幣，這些收條變成可交易的通貨。這個變化使得銀行更方便借錢給大型借款戶，例如荷蘭東印度公司（Dutch East India Company）。[57]銀行此一決定並未受到質疑，因為連亞當・斯密等外界人士都認為它有大量的貴金屬準備。約翰・勞已經具有數學頭腦，現在有個點子，認為他可以在別的地方複製。[58]

一七〇五年，他把自己的點子寫成一本書《金錢與貿易論：供應國家金錢芻議》（*Money and Trade Considered, with a Proposal for Supplying the Nation with Money*），因為他的姨媽是出版商，幫他在蘇格蘭印行。他試圖把金錢和貿易之間的細節串連起來，宣稱有愈多的錢流通，會帶動愈多的商業活動。此外，他又連結貨幣供給和物價水準，指出歐洲進口貴金屬（即硬體貨幣），將會促成物價上揚。他主張身受貨幣短絀和物價低迷之苦的國家增加貨幣供給額。最便捷的方法就是放棄硬體貨幣，改用軟體貨幣，形同以新式煉金術化紙為金。[59]坦白講，紙鈔在歐洲並非新事物，它的源起可以追溯到中世紀時期的義大利。約翰・勞綜合其他人的主張，提議仿效阿姆斯特丹交易銀行範例，成立一家國家銀行發行紙鈔。[60]

但是沒有一個國家接納他的建言。直到法國國王路易十四世去世，情況才改觀。「太陽王」給法國留下貨幣和財政大危機。[61]太陽王好大喜功，不斷征戰，揮霍無度，帶來沉重債務、過高利率和高度失業。法國面臨破產。甚且，它缺乏足夠的貴金屬鑄造足夠的硬幣，便捷適當水準的貿易，於是法國飽受錢荒之苦。[62]

奧爾良公爵（Duke of Orleans）被擢升為國家行政首長「攝政」，他邀請約翰・勞到法國協助解決貨幣危機。約翰．勞給法國開的藥方就在他寫的書名上：金錢與貿易。他認為法國需要更多貨幣，可以由此結束錢荒。他也認為法國需要一家大型貿易公司，它可以吸收國債、促進商業和紓緩財政危機。

一七一六年，他啟動其計劃，成立中央銀行（Banque Generale），它的功能有如傳統銀行，收受存款也放貸借款。它在高層有靠山，攝政就是客戶之一。銀行獲准發行紙鈔，紙鈔可兌換軟硬體貨幣。一七一七年，國家核准可以用這些紙鈔付稅，立刻擴大它們的使用價值，使紙鈔成為法定支付工具和流通貨幣。[63]

一七一八年，由於太賺錢了，攝政接管約翰．勞的銀行，把它改為正式的國家銀行「皇家銀行」（Banque Royale）。皇家銀行發行的鈔券取名「里弗爾」（livres）。約翰．勞歡迎接管，因為它增強了他和權力核心的關係，會使他有更大的空間實現他的著作所描繪的主張。約翰．勞曉得，國家愈強大，就可用指定法定貨幣的方式控制更多錢。就和忽必烈一樣，法國政府禁止金、銀買賣。到了一七二〇年，距約翰．勞來到法國僅四年，他的制度已使貨幣供給額增為四倍。錢荒已經解決，物價呈現上漲。[64]

但是法國的巨額國債和高利率的問題還在。約翰．勞設法把國債由另一個機構吸收，他仿照荷蘭一家合資貿易公司的模式，成立一家由他控管的公司。

一七一七年，約翰．勞出任資本一億里弗爾的西方公司（Compagnie d'Occident）負責人。[65]歷史學家尼爾．弗格森（Niall Ferguson）對約翰．勞的計劃有這樣一番說明：「他（不是沒有理智）試圖把經營不善、沉重的公共債務，轉化為一家巨大的、民間的、可收稅的、壟斷的貿易公司之股本。」[66]西方公司取得路易斯安那（Louisiana）地區商業活動的專利權。作為交換，它必須承擔法國部分國債。起先，它看來是一樁公平交易。當時的路易西斯安那地區面積遼闊，往北延伸到今天美國、加拿大邊界，可能擁有豐富的礦產和貴金屬。換句話說，看好以未來營收支付投資人。攝政又協助西方公司，讓它有很好的機會併購在非洲和亞洲營運的其他公司。後來出現的新財團名為密西西比公司（Mississippi Company）。[67]

皇家銀行和密西西比公司在約翰．勞的體系裡交織在一起，到了一七二〇年更合併起來。皇家銀行有如中央銀行，發行的鈔券人們用來買公司股票。密西西比公司持續賣股份，因為民眾搶購，股價一路上揚。股價很快就漲了一倍。約翰．勞實驗新方法以推銷股票，例如准許先買後繳款，以及把股價訂在一般人也買得起的價位。最後，選擇權市場也出現了，投資人有機會提前以較低價位認購股票。為了維持強大的需求，約翰．勞大肆鼓吹路易斯安那前景看好，甚至規劃一座城市取名紐奧爾良（New Orleans），以示對攝政的尊崇。[68]

在此同時，即一七一九年中期，約翰．勞發現機會可促進他的制度，並擴大法國經濟的財富。密西西比公司因為投資人踴躍認股，資金雄厚，借錢給國家償還國債。國家的公債利率也由三〇％降到不足四％。[69]持有政府公債的投資人被引導改買密西西比公司的股票，它的股價兩週內幾乎上升一倍。兩年之內，股價由每股一百五十里弗爾暴漲到一萬里弗爾。投資人眼看著持股大幅升值，「百萬富翁」這個字詞在一七一九年首次問世。[70]致富發財的美夢掀起市場狂熱，窮人、富人有志一同都來排隊爭買股票。反映當時股市瘋狂的一個例證是，有個駝背人提供他的駝背給買股的股友當桌面填單子，竟然賺了三萬五千里弗爾，他統統拿來投入股市。[71]

約翰．勞的制度全速向前衝。貨幣供給既已擴張，他的公司股價暴漲。短短四年之內，貨幣刺激極具成效。全民對國家恢復信心，也推升法國民間企業，法國成為國際貿易和商業的領袖。因為挽救法國經濟功績卓著，約翰．勞被冊封為阿肯色公爵（Duke of Arkansas）。為了出任公職——類似美國財政部長，主掌稅收和全國財政的財政總監（Controlleur Generale des Finances）——他也改信天主教。[72]這個蘇格蘭佬成為其他人效法的典範，英國的南海公司（South Sea Company）也模仿同樣的路線，把國債轉化為公司股份。

凡事有起必有落。市場開始感受到現實的地心吸引力。由於貨幣供給擴張過於劇烈，支出失控，通膨極高，法國貨幣貶值甚凶。對法定貨幣的信心開始動搖，愈來愈多人開始恢復以硬體貨幣進行交易。雪上加霜的是，約翰．勞在使用硬體貨幣的政策上反覆搖擺，導致情勢不確定。愈來愈多人發覺，路易斯安那這塊美洲殖民地只是一塊悶熱的沼澤地，未必見得礦產豐富，可望開採貴金屬，於是密西西比公司股價下跌。這時候，路易斯安那成為風險高的次級資產，它不能產生收入來支撐高昂的股價。

投資人驚慌，約翰．勞動用銀行資金護盤，試圖減緩股價下跌。但市場已由牛市跌入熊市，股價腰斬。國家頒布諭令，穩步地降低紙鈔和股票的價值，好比讓汽球漏氣。但這只會觸怒投資人，更加快出脫持股。[73]投資人拚命出貨，民眾要求把約翰．勞抓起來。為了阻止拋售，約翰．勞親自督辦公開燒毀大量紙鈔，企圖撐起貨幣價值。但是時機已經太遲。約翰．勞逃離法國，留下的財政爛攤子貽誤法國未來的經濟進展。[74]

約翰．勞就是活生生的現世魔鬼，提出浮士德式的軟體貨幣交易給攝政選擇。他的制度相當短命，但是體系的相互關聯和依賴紙鈔，讓我們看到未來將出現的情況。

富蘭克林的貢獻

班哲明．富蘭克林（Benjamin Franklin）出生在波士頓，一七二三年十七歲，遷居到賓夕凡尼亞州費城。很湊巧，賓夕凡尼亞省議會在這一年首度發行紙鈔。由於美洲殖民地沒有豐富的貴金屬礦藏，硬幣短缺。英國人也禁止殖民地鑄造硬幣。為了取得硬幣，殖民地與鄰近的西班牙領地交易商品，換取西班牙銀元披索（peso）。[75]

貨幣短缺阻礙費城的貿易和商務活動。賓夕凡尼亞省議會決定試驗紙鈔，看能否提振經濟情勢。但是議會也明白軟體貨幣的危險，知道會引起快速通貨膨脹。為了防止過度發行紙鈔，賓夕凡尼亞決定以未來的稅收，以及用土地作押借錢的人之土地來支撐紙鈔，[76]但也訂出有效期限。紙鈔果然有助於恢復經濟，刺激製造業、營造業和貿易的活絡。雖然沒有扮演積極角色，但年輕的富蘭克林見識到紙鈔如何振興本地的經濟。

當這些票券的有效期日益接近屆滿時，費城富商並不希望賓夕凡尼亞展延。他們認識到軟體貨幣的潛在危險：過度發行鈔券會導致擴大支出、高通膨和貨幣貶值。[77]富蘭克林在一七二九年發表一份小冊子為軟體貨幣辯護。這份未署名作者的小冊子，書名為《溫和探討紙鈔的性質和必要性》（*A Modest Enquiry into the Nature and Necessity of a Paper Currency*）。[78]他呼應約翰．勞著作的觀點：紙鈔促進貿易。富蘭克林寫道：

> 我們已經見識增加紙鈔發行能鼓勵貿易……由於大量通貨是促進本省貿易與富足，並增加其人口數的主因……整體而言，讓貨幣增加吻合一般貿易國家的最高利益。[79]

富蘭克林不僅認為紙鈔可刺激商業，他也認為紙鈔比貴金屬穩定。經濟學家法雷．葛魯伯（Farley Grubb）指出，富蘭克林了解軟體貨幣的風險。金錢要由某種抽象東西，如對政府的信心做支撐並不夠。由於費城鈔券由土地做支持，他認為成立土地銀行可以確保鈔券不會發行太多。[80]富蘭克林的小冊子說服議會發行更多這一類的紙鈔。富蘭克林個人也因之受惠，因為他開的印刷廠入選為印鈔單位。長年下來，他甚至透過發明新印刷技術和方法而協助改進鈔券品質。

富蘭克林認為紙鈔可以嘉惠整個美洲殖民地，不只是賓夕凡尼亞。他建議以土地為支持，發行共同的殖民地貨幣。不過他建議由英國經營這家土地銀行，並利用增加的利息去支應英國對付法國和印第安的戰爭。殖民者並不想要英國人介入地方的貨幣事務，因此沒採納他的計劃。葛魯伯指出，富蘭克林是第一個提出在殖民地設置「全國性」紙鈔的建議者。

在十八世紀中葉，某些殖民地，如紐澤西，已經使用不能兌換為硬體貨幣，或是由土地支持的紙鈔或信用票券（bills of credit）。面臨通貨短缺，更多殖民地，如維吉尼亞，使用這種鈔券。許多鈔券以英國單位如英鎊為面額，但不同的殖民地對如何構成一英鎊有不同的標準。[81]各殖民地愈來愈依賴這種鈔券來支應其債務，例如為了對付法國及印第安戰爭的軍事作戰所產生的債務。

美洲各殖民地在貨幣事務上展現相當的獨立性，但惹惱英國商人，甚至亞當・斯密。亞當・斯密指控殖民者欺騙債權人。美洲法院開始在債務案件中執行合法償付法（legal tender law，或稱法幣法）。這表示殖民地鈔券可用來支付給英國債權人，金額依鈔券面值計算，即使目前市值低於面值也不管。[82]英國人不高興被占便宜。

英國人搶走殖民地的貨幣權力。英國國會制訂一系列〈貨幣法案〉（Currency Acts），禁止施行這些合法償付法，不再讓殖民者以這種鈔券支付給英國商人。此外，英國貿易局（Board of Trade）禁止殖民地發行以土地為支撐的紙鈔。這一類型的制度允許殖民地使用增加的利息支付各種行政費用，[83]但是當它被禁止之後，殖民地必須藉由直接課稅籌錢。殖民者對英國這些措施十分憤怒，也很氣禁止他們與其他領地貿易往來。[84]年深日久，這些經濟上的怨懟積累起來，甚至《獨立宣言》都出現「切斷我們與全世界的貿易」的指控文字。[85]

富蘭克林設想的共同貨幣很快就實現，不過並非盡如他的想像。美洲財金界希望有個共同貨幣團結起殖民地，作為革命戰爭軍費所資。大陸議會（Continental Congress）核准設置大陸幣（continentals），理論上在某個日期它可以兌換成西班牙披索。大陸幣被設計成像零息票債券（zero coupon）的美國國庫儲蓄債券，只在未來某一天可依面額全額兌現，因此它們的交易價格低於面值。[86]殖民者曾經用過西班牙披索交易，熟悉披索的持續、可靠價值。用來鑄造大陸幣的刻版有一部分由富蘭克林設計。[87]然而，大陸幣不是以土地為後盾，而是以政府未來的課稅權力做支持；這個未來其實仍有疑問。

英國藉由發行偽造的大陸幣來增加貨幣供給、破壞大陸幣幣值，進行經濟戰。美洲殖民地四年內總共發行兩億元大陸幣。[88]所有這些因素在在表示將導致大陸幣相當大幅的貶值。根據麻薩諸塞歷史學社（Massachusetts Historical Society）的資料，一七七七年，一‧二五元大陸幣可兌換一元硬體貨幣；到了一七八一年，需要一百元大陸幣才行。[89]但是葛魯伯說，大陸幣幣值在一七七九年之後傷痕累累，是因為大陸議會對要贖回鈔券的人課徵高稅所致。[90]

大陸幣成效差，都看在開國先賢眼裡。一七八三年，後來擔任合眾國第一任財政部長的亞歷山大・漢彌爾頓（Alexander Hamilton）寫到軟體貨幣的危險時表示：

> 授權議會發行未有金錢做基礎的紙鈔作為價值的象徵，在我國嬰幼時期雖然有用，在進行革命時也是不可缺少的資源，但今後不宜繼續作為憲法的正式規定，因為其本質含有濫用之虞，更有可能造成詐欺和占便宜，也有危害政府誠信和人民道德之誘惑。[91]

大陸議會在一七七九年停止發行大陸幣。但各州繼續發行自己的貨幣，採用英國的單位命名，這造成商人相當困擾。一七八五年，美國政府在湯瑪士・傑佛遜（Thomas Jefferson）力促下，採用「元」為標準的計量單位。元（dollar）這個字起源為塔勒（thaler），這是日耳曼波希米亞亞希姆史達爾〔Joachimsthal，即今天捷克共和國亞希莫夫（Jachymov）〕所鑄造的一種硬幣。美元採用十進位制，而非西班牙幣制的八分法。但是從西班牙美洲披索留下來的是它的標記「$」，它成為美元的代表標記。[92]一七九二年的〈硬幣法〉（Coinage Act of 1792）明訂美元是一種硬幣，固定在某一比例的銀和金上面。[93]開國先賢認為新國家應該依賴比較穩健的貨幣：硬體貨幣。他們禁止各州發行自己的貨幣，但在憲法第一條第十項明訂允許使用金和銀為合法償付工具：[94]

各州不得簽訂任何條約、同盟或邦聯；授與私掠許可證；鑄幣；發行信用票券；除了金幣、銀幣外，不得製作任何東西作為支付債務工具。[95]

藉由限制各州權力，這一條款鞏固了聯邦政府的貨幣權。[96]此外，在憲法第一條第八項，制憲者賦予聯邦政府規範硬體錢幣的價值，以及舉債借款的權力，它日後成為創造軟體貨幣的法源依據。[97]雖然美元一開始是硬體貨幣，但這個狀況沒有維持太久。富蘭克林設想的共同紙鈔最後終於實現，雖然不是由土地為後盾的貨幣。一九一四年以來，美國迄今所發行面額最大的是百元大鈔，它的人頭肖像就是富蘭克林，誰曰不宜！

南北內戰促成軟體貨幣出現

亞伯拉罕・林肯（Abraham Lincoln）做了一個困難但必要的決定。南北戰爭期間，北方政府迫切需要經費給養聯邦部隊。國家財政十分拮据，歲入來源不多。他支持創造不由土地支撐的金錢，或兌換為貴金屬的金錢。然而，就和開國先賢一樣，林肯了解軟體貨幣的危險。若無節制，它會導致支出失控、通膨高漲和財政毀滅。雖然他想要硬體貨幣，但他也需要軟體貨幣。一八六二年，林肯在提報國會的年度咨文中稱讚停止美元兌換貴金屬的做法，但也提醒有需要恢復它：

部隊的給養，以及其他正當需求的滿足，絕對沒有其他辦法如此經濟、妥善地供應……然而，盡早恢復硬幣給付……應該永遠念茲在茲。貨幣價值浮動總是會有傷害……兌換性、迅速確實地兌換為硬幣，是公認最佳、最穩當的防護。[98]

林肯簽署一八六二年〈合法償付法〉，這項法案准許聯邦政府發行不能兌換為貴金屬的紙幣。用綠色油墨印製的這種綠背券（Greenbacks）只准用在支付所有公、私債務。大約一億五千萬元的綠背券增加了貨幣供給，幫助政府支應開銷。林肯證明約翰．勞和富蘭克林的經驗：紙幣可以刺激貿易和商業。

但是，和忽必烈的朝廷以及約翰．勞的皇家銀行一樣，北方政府需要更多的錢應付龐大的開銷：軍隊已經從內戰開始時的一萬六千人膨脹到結束時的一百萬人，而國債也增加到超過兩億美元。其他的籌錢辦法如公債和國庫券，不無小補，但是不夠。林肯又簽署第二道和第三道〈合法償付法〉，得到授權發行四億五千萬元綠背券。[99]這些綠背券的價值隨著北方軍隊軍事的成敗起伏。同時，南方邦聯政府本身的紙鈔也大幅貶值。南北戰爭用大砲、火藥和紙張在作戰。

林肯要簽署這道法令很為難，原因不僅是軟體貨幣很危險。他也會觸怒很重要的支持者：銀行家。戰前，美國沒有統一的全國性紙鈔。各州特許的銀行發行以硬幣為支持的鈔券，它們利潤很大。[100]可是這些鈔券有風險，因為它們依賴的是發行銀行的信用。如果銀行倒了，它發行的鈔券就是廢紙一張，因此鈔券都以低於票面金額交易。這些綽號野貓銀行（Wildcat banks）被認為靠發行不穩當、不值錢的鈔券在占老百姓的便宜。這個名詞可能來自密西根州有一家銀行倒閉，它發行的鈔券上面印了一隻野貓。獲悉聯邦政府計劃發行全國性紙鈔後，北方的銀行趕緊停止鈔券兌換為硬體貨幣，更傷害到它們的信用。沒有貴金屬做定錨，這些鈔券震盪起伏激烈，民眾要求必須改革。意識到已無可避免，銀行家遊說國會成功，讓國會確保仍用黃金支付該付給它們的利息。共和黨國會眾議員塔德渥斯・史蒂文斯（Thaddeus Stevens）指出：「黃金經紀商和銀行業者出現歡聲。」[101]

儘管銀行家抗議，林肯和共和黨人大體上占了上風，改造了美國貨幣和銀行制度。林肯簽署一八六三年和一八六四年兩道〈全國銀行法案〉（National Bank Act）。法案訂定對州銀行發行的鈔券課稅，造成州銀行不再印製這些鈔券，並且使聯邦政府有權力特許銀行設立。

法案也允許聯邦政府的準備金可放在聯邦公債上，不僅限以硬體貨幣持有。[102]州的鈔券後來絕跡，但有幾家州銀行因創造支票戶大為流行，而存活下來。[103]

北方政府贏了內戰，許多銀行家和債權人認為政府會取消綠背券。畢竟當初發行綠背券是緊急措施，而今危機已經解除。我們在前文也提到，林肯施行綠背券時即已表示需要恢復到硬體貨幣。債權人和企業界也希望取消綠背券，他們收款才能收到比較有價值的硬體貨幣。但是基於通膨效應，債務人要的是保持綠背券流通。他們用來償付借款的金錢購買力會較低。

債權人在一八七五年取得勝利，爭取通過〈恢復硬幣法〉（Specie Resumption Act），於一八七九年恢復綠背券兌換為金屬，從市場上抽走三億元綠背券。反對力量組織起來，甚至成立綠背券黨，想要廢止這項法令。[104]政府最後又訂明條款，保持綠背券的流通，但以硬體貨幣支撐它。一八七九年，財政部預期會有大量贖回，囤積貴金屬做準備，但是老百姓把軟體貨幣兌換為硬體貨幣的風潮並未出現。人民已逐漸依賴紙鈔的方便，不管它是否有金屬做後盾。許多人對紙鈔有信心。

貨幣辯論由紙鈔「是否」應有硬體貨幣支撐，轉變由「那一種」金屬做後盾。債務人，包括農民和民粹主義者，擁護金銀複本位制，銀和金皆可，因為它會增加貨幣供給：金屬愈多、鈔券愈多，開銷會增加、通膨也會上漲。債權人，包括商人和銀行家，希望施行金本位：減少金屬的種類，但錢的價值高。一九〇〇年，國會通過〈金本位法〉（Gold Standard Act），規定黃金是支撐紙鈔的唯一金屬。一直要到發生另一個重大危機，才再次切斷貴金屬和紙鈔之間的關係。

經濟大蕭條期間的軟體貨幣

這場危機是經濟大蕭條（Great Depression），它顯示出時機愈艱困，金錢愈趨向軟體。經濟大蕭條期間，二五％美國工人失業，許多人遇上乾旱和飢餓之苦。貿易和GDP下降將近三〇％。這還不只是美國的現象，全世界莫不如此。但是我們檢視這段時期貨幣決定之前，先來看看歷史。

從一八八〇年至一九一四年期間，許多工業化國家都持古典金本位制（classical gold standard），經濟學家穆瑞・羅斯巴德（Murray Rothbard）稱之為「實質上、比喻上都是黃金時代」。[105]這是國際貿易旺盛、物價穩定、經濟成長和政治和諧的時代。這段時期美國每年通膨率微不足道，只有〇・一％。當時英國的出口占GDP比重較大，約三〇％，今天只有一九・三％。[106]經濟學家麥可・大衛・波爾多（Michael David Bordo）對金本位有最直率的界定：

金本位基本上是參與國家，把國內貨幣的價位固定在特定數量黃金上的一種承諾。各國藉由願意以這個價格，向任何人買或賣黃金而維持這些固定價位。[107]

然而，第一次世界大戰突然中斷這個時代。幾個歐洲國家退出金本位制，以便多印紙鈔支應軍事費用。戰後，許多國家因為金本位制在戰前相當成功，又回到金本位。[108]但這是經過修正的制度，稱為黃金匯兌本位制（gold-exchange standard），羅斯巴德的解釋是：

黃金匯兌本位制是這樣運作的：美國仍維持古典金本位制，以黃金贖回美元。然而，英國和其他西方國家恢復假的金本位制；英國是在一九二六年，其他國家也大約是同一時期。英鎊和其他貨幣不以金幣兌換，只以大塊金磚兌換，這樣就僅適合國際交易。這可以阻止英國及歐洲其他國家老百姓在日常生活中使用金幣，因此就允許更大程度的紙鈔和銀行通膨。[109]

英國是在財政大臣溫士頓．邱吉爾（Winston Churchill）的慫恿下採行這個制度。脫離金本位制時所用的兌換率，回到黃金匯兌本位制時仍然沿用。但是這個兌換率並沒計入戰時所發生的通膨，這就使英鎊價值過高。羅斯巴德寫道：「英國人這麼做是基於……國家聲名的原因，也為了重建倫敦作為全世界硬體貨幣財金中心的地位，只不過徒勞無功了。」[110]物價重挫約五〇％，英國出口在全球市場仍然沒有競爭力，失業率屢創新高。邱吉爾日後很後悔他有此一決策。[111]

第一次世界大戰期間，歐洲許多領導人領悟到林肯數十年前已經了解的事：經常是在經濟危急時，一個國家需要的錢往往大過它的貴金屬或現金準備。官員也了解黃金有侷限：經濟會受挫，黃金卻不下降，兌換率也不動。一九二九年，美國市場崩潰，經濟呈螺旋下降之勢。包括英國在內，好幾個國家起先仍堅守黃金匯兌本位制。這些國家提高利率以吸引投資人資金，為借款人和全球市場製造更加有限制的氣候。學者則主張他們應該降低利率，在這種艱困時期方便借貸和貿易。[112]然而，金本位制使貨幣匯率不變，迫使各國忍受物價通縮。[113]

這種情形今天不會發生。由於美元沒有泊靠在貴金屬上，它隨著其他貨幣浮動。不會通縮，美元會貶值，使美國的出口更便宜，在全球市場上更有競爭力。今天的決策者寧要貨幣貶值，不要物價通縮。但金本位制在經濟收縮時只提供一個選擇：通貨緊縮。

英國陷在景氣衰退中，它提高利率以維護英鎊，當時的全球準備貨幣的價值。但是又不願向政治現實低頭：人們不願忍受通縮的黃金苦藥。英國因此在一九三一年九月放棄黃金匯兌本位制。[114]英鎊失去作為世界準備貨幣的吸引力。不久之後，二十五個國家也退出黃金匯兌本位制。投資人轉向美國，關心它是否會是下一個退出國家。[115]

一九三三年，羅斯福就任總統，他發覺金本位制限制重重。他認為它是銀行擠兌的部分原因，人們急著要把紙鈔兌換成硬體貨幣，銀行就支撐不住了。[116]他訂出的政策彷彿就是出自忽必烈的經濟課本。他簽署六一〇二號行政命令（Executive Order 6102），強制所有的金幣、金磚和憑證（僅有珠寶和罕見硬幣等少許例外），統統以每盎司二〇．六七美元價位上繳給政府。聯邦財政部在肯塔基州諾克斯堡蓋了一座金庫，蒐藏這些徵收來的黃金。法令禁止囤藏黃金，違者最高可處有期徒刑十年。政府也禁止黃金出口，並規定金礦公司把黃金統統賣給政府。

一九三四年〈黃金準備法〉（Gold Reserve Act of 1934）取消規定以黃金清算的契約法條款。聯邦最高法院以一票之差通過支持取消以黃金清算之契約，法案也准許政府調整美元和黃金之間的兌換率。羅斯福把兌換率調為三十五美元兌一盎司黃金，希望以美元貶值刺激通貨膨脹。要把金價上調，這樣做其實不科學。羅斯福一度念頭一起，想把價格調升二角一分。他的顧問說：「任何人若是曉得我們透過幾個幸運數字就決定金價……肯定會活活嚇死。」[117]

經濟大蕭條期間，美國政府增加對貨幣制度的控制，使它不像金本位制那樣限制重重、比較有彈性，但是同時也更傾向走向軟體貨幣，好像《浮士德》中的皇帝。要等到另一個最後的震撼，金屬定錨才完全切斷。

最後的震撼

一九四四年，第二次世界大戰即將結束，四十四國代表來到美國新罕布夏州布瑞登森林（Bretton Woods）漂亮的華盛頓山旅館開會，擬訂國際金融制度。美國因為從大戰中崛起為全球領導大國，在新制度中取得有利的條件。布瑞登森林會議的一個結果就是，其他國家的貨幣盯住美元，而美元則與黃金連繫，定為一盎司黃金值三十五美元。[118]和世界各國的時鐘以英國格林威治計時為準一樣，現在各國貨幣需以美元計價為準。

美元是世界的準備貨幣：其他國家持有以美元計價的證券，美國支付利息給這些持股的國家，美國則擁有黃金。以某一層意義而言，美元成為新黃金。然而，儘管美國是布瑞登森林制度的主要制訂者，但最後還是拋棄了。[119]

美國拋棄布瑞登森林制度有好幾個因素：成本上升、通膨上漲和制度限縮。一九六〇年代期間，林登．詹森（Lyndon B. Johnson）總統的「槍砲和牛油」政策：對外打越戰、對內推行大社會（Great Society），需要大量的金錢。協助窮人、小孩和老人的「牛油」政策，使得每年支出由一九六五年的六十億美元，激增到一九六八年的一百二十億美元。[120]但這些數字遠不及越戰軍費來得可怕。不願對老百姓課徵重稅，美國政府舉債支付將近兩百萬人涉及戰事的武裝部隊。超過九%的GDP投入國防費用，前後共花費一千多億美元（相當於今天七千億美元）。[121]軍費浩繁對美國財政產生負面影響，而赤字支出停不下來。[122]詹森總統大歎：「戰爭這婆娘殺了我鍾愛的女人：大社會。」[123]它也殺了布瑞登森林制度。

從一九六五年至一九七一年，美國的貨幣供給年增率平均為七・四%。年深日久，錢愈多，花費愈多，通膨也緊跟著來。消費者物價上漲從一九六五年初的一%略多，攀升到一九八〇年的一三%以上。[124]經濟學家對這段所謂大通膨時期（Great Inflation）的起因產生激烈辯論。有人說政府更關切達成四%的目標失率業，因此採取赤字支出和減稅等刺激措施，以提振經濟活動。[125]經濟學家班哲明・柯連（Benjamin Klein）認為，從硬體貨幣轉移到軟體貨幣，幫助撩撥起一九六〇年代的通貨膨脹。[126]經濟學家亞倫・梅爾澤（Allan Meltzer）是研究聯邦準備制度的專家，他認為因為通貨膨脹是貨幣現象，因此咎在負責貨幣政策的人。聯準會稍做退卻以便建立共識，但它終於在一九六五年提升利率以抑制通膨。[127]但是經濟一放緩，聯準會又改變路線，於一九六八年放寬利率，這一來通膨又被撩撥起來。

通膨一起，問題也出現。美國會遵守承諾，把一盎司黃金釘在三十五美元價位嗎？持有美元準備的外國政府愈來愈懷疑美國有能力把美元兌換為黃金。一九六五年，法國和西班牙贖回數以百萬計的美元，兌換為黃金。十年多一點，美國的黃金儲存驟降一半。全球經濟活潑地擴張，可是全球黃金供給的成長不夠快。

黃金市價高，而固定兌換率一盎司值三十五美元低，兩者之間出現差距。一九六一年，幾家中央銀行成立倫敦黃金共保組織（London Gold Pool），出售黃金，以保衛布瑞登森林制度固定兌換率。但是價差愈來愈大，實在撐不下去，共保組織終於在一九六八年垮了。美國提供大部分黃金，不願再以如此低價出售。[128]美元需要貶值，可是要這麼做，非得傷害到整個布瑞登森林制度所訂定的匯率體系不可。因此美元價值變得愈來愈高，也是全球爭執的議題。譬如，美元過強讓歐洲官員不悅，因為美國企業更容易蒐購歐洲企業和資產。

其他國家開始以貶值及浮動貨幣的方式，疏離布瑞登森林制度。例如，德國馬克和荷蘭基爾德（guilder）對其他貨幣採取浮動匯率。英國需要將英鎊貶值，以提振其出口。它試了許多方法維持強勢英鎊，但到了一九六七年終於不支，一口氣貶值逾一四%，創下貨幣相對穩定時期最大的跌幅。投資人開始問：如果英鎊能貶值，美元怎能不貶值？他們預期美元要崩跌，買進黃金。

尼克森總統一九六九年接篆，面對赤字預算、高通膨和限縮的貨幣制度。雪上加霜的是，經濟在一九七〇年開始陷入衰退，儘管尼克森政府矢口否認，市場預期美元貶值迫在眉睫。[129]一九七一年，尼克森偕其經濟顧問躲到大衛營進行祕密會議。有些顧問日後都成為名流，譬如喬治．舒茲（George Shultz）日後擔任財政部長和國務卿，保羅．沃爾克（Paul Volcker）後來出任聯準會主席。他的團隊面對嚴峻的問題：美國應該犧牲國家利益，遵守國際協定嗎？布瑞登森林制度已經成為美國的貨幣羈絆，情勢已很明顯，需要把它劈了，讓美元貶值。財政部長約翰・康納利（John Connally）建議關掉黃金窗戶，停止美元和黃金兌換。國會甚至發表報告，建議停止金本位制。

經過激烈辯論後，尼克森決定行動方向。一九七一年八月十五日，他透過國家廣播公司（NBC）電視轉播發表二十二分鐘的演說（時間排在熱門影集《牧場風雲》（*Bonanza*）播出之前）。演說中，他指責國際投機客製造金融危機，並以美元為炒作目標。他也揭露「新經濟政策」，宣布實施九十天的工資物價凍結以抑制通貨膨脹，對進口商品課徵一成附加捐，使外國產品在美國境內競爭力降低，另外也暫停以美元兌換黃金。他訴諸愛國主義，呼籲民眾：

> 如果你要買外國汽車或到國外旅遊，市場情況可能使你的美元買到較少東西。但如果你和廣大美國民眾一樣，在美國買美國貨，你的美元的價值在明天會跟今天一樣。換句話說，這樣做的效應將會穩定美元。[130]

他的保護主義政策讓美國的國際貿易夥伴大吃一驚，稱之為尼克森震撼（Nixon Shock）。巨大的一〇%附加捐有如美元即刻貶值。日本宣布日圓浮動，讓日圓兌美元匯率升值七%，若再計入尼克森的一〇%附加捐，美國境內的日本貨售價上升一七%。[131]美國股市彈升，新聞界稱讚尼克森的措施，《紐約時報》社論表示：「我們毫不猶豫為總統的大膽行為鼓掌。」[132]

雖然一九七一年十二月依據史密松尼協定（Smithsonian Agreement）成立新的國際貨幣制度，恢復固定匯率，但沒能支撐太久，因為美國和其他國家在面對國內問題時都希望貨幣政策更有彈性。到了一九七三年，許多工業化經濟體的貨幣開始彼此匯率浮動。布瑞登森林制度壽終正寢。黃金一去不復返，美元直到今天還是軟體貨幣。經濟學家班．史泰爾（Benn Steil）指出這些事件的重要意義：

> 雖然金錢和黃金之間的關係已經摩擦近六十年，它在整個世界以及過去兩千五百年都只是危機時期臨時的權宜之計。這次不一樣。美元本質上是泊靠到黃金的最後一艘船，載著世界上其他所有貨幣，而今美國砍斷船錨，一去不回頭永遠出航了。[133]

各國央行現在各自掌握舵盤，監管一個龐大交互牽連的煉金體系。亨利．福特（Henry Ford）認為美元不應由銀行家操縱。他在一九二二年的自傳中寫下：「如果他們知道始作甬者能做什麼，人們如何看待他們生活所依賴的貨幣制度，將會是個嚴重的問題。」[134]了解我們現代貨幣制度如何運作，讓它的複雜性不會模糊掉軟體貨幣的浮士德交易，十分重要。

集中中央的煉金術

約翰·帕姆斯特魯克（JohanPalmstruch）是世界第一位被判處死刑的中央銀行家。他其實就是約翰·勞的前身，也是跑到另一個國家去設立銀行制度的第一人。他出生在拉脫維亞，在阿姆斯特丹深造，然後來到瑞典，說服國王卡爾·古斯塔夫十世（King Karl X Gustav）在一六五六年設立斯德哥爾摩銀行（Stockholms Banco）。斯德哥爾摩銀行是歐洲最早發行紙鈔的銀行之一，但是就和約翰·勞的制度一樣，它過熱，帕姆斯特魯克被關進大牢、判處死刑。他後來獲釋。儘管銀行失敗，瑞典並未放棄設置中央金融機構的想法。畢竟斯德哥爾摩銀行協助好幾家公司取得融資，而紙鈔也因為便於使用，普受民眾歡迎。瑞典人設立的瑞典國家銀行（Sveriges Riksbank）是全世界第一家中央銀行，至今仍在營運。

中央銀行制度從瑞典當天蹣跚起步，演進到今天成為金融制度的中流砥柱。中央銀行成了現代金融制度的首要煉金術士。在不依賴地下金屬的貨幣制度裡，它們憑空創造出金錢。這些新興煉金術沒給人化學家熔合金屬的形象，而是端出錯綜複雜的銀行體系和政府機構糾纏在一起的解說圖表，沒有什麼煙囪，但多了不少組織圖。

在美國，創造金錢的煉金術涉及到聯邦準備體系、銀行業和財政部。聯邦準備理事會是為因應一九〇七年的金融恐慌，而在一九一三年依〈聯邦準備法〉（Federal Reserve Act）成立的機構，當時的恐慌導致好幾家銀行擠兌、破產。當時，銀行家摩根（J. P. Morgan）出手拯救美國金融體系。官員體會到美國需要一家常設機關監督、管理，甚至控制貨幣議題。聯準會的角色在往後數十年擴張到涵蓋好幾個領域，從監督銀行體系到便捷國際支付，樣樣包辦。[135]

聯準會最有名的就是制訂利率，即金錢的價格。技術上而言，聯準會訂定聯邦資金率（federal find rate）的目標，這是銀行互相拆借的利率。它介入市場以達成這個目標率。如果聯準會希望降低目標率，就到市場購買股票，會有擴大貨幣供給的作用：錢多了、目標率低。如果聯準會要提高目標率，就拋售一些股票以收縮貨幣供給：錢少了、目標率高。假設聯準會想降低目標率，會以憑空創造出來的新錢，從花旗銀行買進一百萬美元國庫公債。這一百萬美元公債加進聯準會的資產負債表裡。花旗銀行和其他大型銀行都一樣，在聯準會裡開了戶，賣出公債時，帳上就記載收入一百萬美元。

要讓這些新錢透過經濟流通更廣，花旗銀行放貸部分，但非全部的錢給借款人。銀行依規定要保留部分存款，通常約一〇%，留在金庫或聯準會的帳戶裡。花旗銀行必須保留一百萬美元當中的十萬美元作為準備，可以貸出其餘九十萬美元。假設某位女士借了這九十萬美元，存進她在富國銀行（Wells Fargo Bank）的帳戶，其中九萬美元需留做準備，其餘八十一萬美元又能出借。以這種方法，分解式準備制度（fractional reserve system）使金錢複式擴張，原始的一百萬美元可以擴張為十倍：一小筆錢產生一大堆融資。金錢就這樣創造出來。

由於銀行只保留一部分存款在手頭上，如果存款人要求提領的現金大過銀行持有的準備金，銀行就有被擠兌的風險。這就好像電影《風雲人物》（*It's a Wonderful Life*）裡的喬治・貝理（George Bailey）遇上驚慌的顧客，他解釋說：「錢不在這兒……你的錢在老喬家……還有上百個其他人的家。」現今，為了增加存款人的信心，政府把存款定出保險到二十五萬美元為上限。

在這一貨幣營運中，聯準會可以從非銀行組織，如保險公司，購買資產，但這種情況，新錢可能不留在銀行體系，對經濟會有較低的影響。聯準會也可以用它創造的錢直接向財政部購買國庫公債，這個過程叫做債券金錢化（monetizing the debt），這是政府不用加稅或賣公債籌到錢的一種賴皮的過程。以這種方法增加貨幣供給，幫助借款人，即政府，因為美元的價值在未來可能比較不值錢。這也是為什麼自古以來政府總是訴諸創造更多的錢，比加稅來得容易。但是因為錢多了可能導致通貨膨脹，每個人的錢貶值，等於是向每個人變相課稅。

至於實體金錢的流動，聯準會扮演分配者角色。製版暨印鈔局（The Bureau of Engraving and Printing）印製紙鈔，聯邦鑄幣局（U.S. Mint）製造硬幣。兩者都是財政部下轄機關。假設亞特蘭大的太陽信託銀行預期假日期間對現金需求會上升，便向聯準會調錢。太陽信託銀行在亞特蘭大聯邦準備銀行（全美十二個區域性聯邦準備銀行之一）有個戶頭，亞特蘭大聯邦準備銀行有現金；它在太陽信託銀行戶頭註記欠我多少錢，然後撥現金給太陽信託銀行。

二〇一二年，聯準會透過遍布全美的二十八個作業中心，處理三百一十七億鈔券。

這是很龐大的作業。好幾個機構組成美國龐大的金融制度，可以說現代煉金術就是當前的官僚體系。儘管制度十分複雜，也很細膩，軟體貨幣的浮士德式交易仍揮之不去，貨幣當局有責任明智、謹慎地運用他們的權力。

隱形及其他

忽必烈、帕姆斯特魯克、勞、富蘭克林、林肯、羅斯福、尼克森，和無數的其他領袖體認到軟體貨幣以及控制其槓桿的好處。軟體貨幣可以藉由刺激貿易和商業，支持一個陷入困境的經濟，也有助於避免加稅或降低支出等不受歡迎的決策，但是所有的金融官員都必須時時警惕軟體貨幣的風險。一九七〇年代期間，從硬體貨幣轉向軟體貨幣，很可能就是造成停滯膨脹（stagflation）的原因，經濟成長低、通膨持久不退，竟在一九八一年攀升到一三．五％。為了解決通膨，出任聯準會理事主席的沃爾克祭出嚴峻做法，在高失業率時期還提高聯邦資金率。

二〇〇八年金融危機之後，聯準會巨幅擴張貨幣供給，可是高通膨並未出現。縱使如此，一千年來的貨幣史教給我們一個教訓：當社會從硬體貨幣移向軟體貨幣、當「超級大腦」出現貨幣新點子時，這些經濟失敗的風險很大。我們大家——不只是中央銀行家——都必須認識浮士德式交易的危險，尤其是金錢在數位時代又有新演進。金錢變成更加電子化和看不見、摸不著，已經抽象到我們搞不好就忘掉歷史的教訓。只要金錢仍是價值的象徵，有心人就會控制它。

章六

回到未來——金錢的未來

黃金是走在恐懼路上的依恃……但是你真的必須希望今後一、兩年，人們要比現在更感到害怕。

——華倫．巴菲特[1]

你在使用iPad時，iPad就消失，它走開了。你讀書，你看網頁，你碰觸網頁……科技走開了……使用「廣場」（Square）時也一樣。我們希望科技消褪，你可以專心享受剛買的卡布奇諾。

——傑克．多爾希（Jack Dorsey）[2]

在我們豐富的未來，美元更有進展……會如此，是因為不再實體化、不再貨幣化……因為每進一步都可節省時間，省下來的時間累積起來就是收穫。

——彼得．戴曼狄斯（Peter H. Diamandis）與史蒂芬．柯特勒（Steven Kotler）[3]

有一張幸運餅籤告訴我：「萬變不離其宗。」不怎麼像預言，但是可能描述日後的狀況。今後很久，肯定會出現新型式的金錢及支付方式。但是，數千年的貨幣史可以作為一個指針。金錢愈是變化，愈可能保持原狀：保持財產，不論是硬體貨幣或軟體貨幣，我們都已經看見。金錢也可能變得更加數位化、看不見、碰不到。

金錢的形式要看社會的「超級大腦」如何改變而定。讓我們考量未來的世界將會如何演變的三個可能性：（一）熊市狀況：由於幾件不平靜事件，如金融危機、恐怖攻擊或天然災禍，世界惡化；（二）牛市狀況：科技發展既廣又快，世界進步，有如今天；（三）夢想狀況：許多年之後的未來，人和機械之間的界線模糊了。

在熊市狀況，你可以想像，金錢將恢復為硬體貨幣，有實質內在價值。財經作家納森・劉易士（Nathan Lewis）在他的書《黃金：過去與未來的金錢》（*Gold: The Once and Future Money*）中主張實體、穩定的貨幣。在艱困時期，人們對法定貨幣失去信心，是因為他們關切發行及支持貨幣的機構是否穩定。他們回到原型金錢或硬體貨幣，如黃金，因為它有實質內在價值，又有交易價值。即使美元仍在流通，美國人在大蕭條期間囤藏黃金，直到政府下令禁止，大部分原因是人們認為黃金比起美國政府支持的美元更能保值。甚且，在貨幣不穩定時期，人們也訴諸以物易物，甚至創造另類替代貨幣。

在牛市狀況，科技專家如傑克・多爾希揣測金錢將愈來愈數位化、看不見，也摸不到。

貨幣穩定時期，人們照常過自己日子，不會去注意支付方式是紙、塑膠或電子。他們對便利交易的科技，以及發行貨幣的機構有信心，不會去搞囤藏或以物易物。這種狀況中，人們採用新科技讓交易無縫進行。未來的新科技將使數千百萬人加入全球市場。

在夢想狀況中，受到科幻小說啟發，未來學者想像一大堆令人神馳的各種可能性。[4] 或許未來人類會在遙遠的星球發現新金屬、新材料，取代今天地球的黃金作為硬體貨幣。或許人類和機械某些能力合而為一：如果人體可以植入心律調整器，為什麼不能植入支付系統？人和機械界線模糊可以孕育驚人的新市場、貨幣和金融制度。然而，如果這些科技以邪惡用心運用，夢想就會變成夢魘。

讓我們瞧瞧水晶球吧。

熊市狀況

假設有個小行星撞地球，或是全球核子戰爭，造成大部分文明失去功能，公路和通訊系統、監督財金貨幣體系的政府機構，以及銀行網絡癱瘓。在熊市狀況下，所有有價值的東西都被囤藏起來，回復到商品貨幣。沒有官方實體發行軟體貨幣或鑄造硬幣，人們回復到東西以實質內在價值估算的制度，一如金屬本位學派一向的主張。其他的原型金錢，如食物或皮裘可能又流通，和早期的文明一樣。金錢將退回到演進功用，協助我們生存，是精力能源的即刻來源，以及取得棲身之所。金錢不會像今天這樣是個抽象事物，因為我們再也不能依靠社會的「超級大腦」和體制來發行和核實金錢。我們必須靠自己。

我有個朋友是資產管理人，掌握數十億美元。他說：「很慚愧，我竟和那些認為末日即將到來的瘋子一樣，他們搶購囤積衛生紙和罐裝食物，而我是買金塊，藏在桌底下。」二〇〇八年全球金融危機期間，文明並未崩塌，但是我看到人們在經濟危機期間會怎麼反應。當我聽朋友說他對全球貨幣制度沒有信心時，我實在無法樂觀。他根本不是你在國家地理頻道《準備好迎接末日》節目中會看到的那種人。這個節目介紹有人預想末日將臨，做出種種準備。

我的朋友認為黃金是避風港。它不會產生所得或紅利，但是黃金自古以來在經濟、政治動盪情況下都能保持住價值。黃金不會像浮動的通貨因供給增加就貶值。黃金罕見、珍貴，又很搶手，人人想擁有。二〇〇八年雷曼兄弟倒閉後，金價幾乎上漲一二五%，在二〇一〇年每盎司超過一千八百美元。金磚管理公司（Bullion Management）執行長尼克·巴利謝夫（Nick Barisheff）寫了一本書，書名《萬元黃金：為何黃金漲勢不可避免、是投資人避風港》（*$10,000 Gold: Why Gold's Inevitable Rise Is the Investor's Safe Haven*），鐵口直斷未來金價。[5]他指出，拋售黃金二十年之後，各國央行正在買入黃金以維持其幣值，均衡印了太多鈔票之後的價值破壞。二〇一二年各國央行累積的黃金需求占了一二%，比前五年平均四%需求高出不少。中國是最大的產金國家，在二〇一〇年也進口二〇九・七噸黃金，比起前一年增加五倍。據傳中國有心超越美國擁有黃金的數量。不只是這些全球超級大國囤購，斯里蘭卡、烏克蘭和哈薩克也在增加黃金持有數量。[6]市場策略家辯論，投資人為何如此大量蒐購黃金，或許是預期通膨上升、或許是擔心市場融解。班・柏南克（Ben Bernanke）提出一個解釋。二〇一一年以聯準會理事主席身分在國會做證時，他說聯準會擁有黃金是因為傳統。[7]不管原因究竟如何，經濟動盪時期，我們信任黃金。

然而，必須要有極端的災厄，像黃金這樣具有實質內在價值的商品，才會超越美元成為首要的流通貨幣。即使人們在全球金融危機期間囤藏硬體貨幣，他們也囤藏軟體貨幣。我另一位朋友在危機期間表示：「我在放內衣褲的抽屜裡藏了一卷二十元紙鈔，以備萬一需要。」

危機期間，卻有更多錢在市面上流通：聯準會大幅增加貨幣供給，以刺激經濟。從二〇〇七年至二〇一三年，流通的現金數量增加四五%。從雷曼兄弟倒閉後，民眾持有的美元百元大鈔數量增加一〇%。[8]這些百元大鈔有可能是被「囤藏」起來了，因為它們仍然被認為可以保存價值。

很弔詭的是，人們對銀行體系失去信心，可是又要它創造的金錢。我的朋友藏一把現鈔，或許是因為他預期美元走到哪裡都會被接受。美國的合法償付法抑制劣幣驅除良幣的格雷欣定律，明白規定美元可作為支付公、私所有債務之用，不論它們已貶值多少。我的朋友在美國各地都可以用藏在內衣褲抽屜裡的錢，不問它髒不髒。

現金很髒、低科技，便於小額交易，又可匿名使用。研究人員發現美元鈔券上有三千種細菌，有些病菌可以引起粉刺、肺炎和金黃色葡萄球菌感染。他們從曼哈坦一家銀行拿來紙鈔，一分析有十二億個DNA標記，其中僅有約五〇%來自人類，其餘來自病毒、黴菌、馬、狗，甚至白犀牛。有些紙鈔甚至有小量炭疽熱殘餘。另一項研究，英國研究人員檢查一堆英國鈔券，發現六%有廁所裡常見的大腸桿菌。[9]

政府也很難追蹤現金交易，從中課稅。有許多人可歸屬於兩兆美元的「地下經濟」，他們沒有全職的工作，譬如奶媽、營建工人、毒販和妓女，喜歡現金交易。美國國稅局估計，二〇一二年因所得未申報，聯邦政府收不到的稅款超過五千億美元。[10]也有投資人寧願以現金，尤其是美元，至少保有部分財富，因為它容易流通也相當安全。

囤藏黃金，有時候甚至囤藏現金，讓我們想起金錢儲值的角色。我們在前文已經看到，硬體貨幣自古以來就有交易價值，可用來交換食物和水等必需品。在貨幣不確定時期，國家貨幣受到威脅或完全消失時，人們透過交易或以物易物實現硬體貨幣的交易價值。在熊市狀況，非正式的交易網絡，即以物易物社群，會取代貨幣制度。交易不必純賴貨幣，社會資本、社會債、禮物、幫助別人，都可能成為主要通貨。餽贈經濟，如毛利人或瓜求圖族的行為，可以取代市場。由於交易可能是我們演進算式的一部分，我們會改用新通貨。

我們不需要回到上古時期，去找經濟艱困時期以物易物的例子。二〇〇八年和二〇〇九年衰退期間，小企業東主安妮・菲菲・帕瑪（Anne Phyfe Palmer）就恢復以物易物。她生長於一個中產階級家庭，節儉成性。一九九六年，二十六歲的她已在西雅圖開設八家瑜伽中心。現金雖不足，但是她手頭飽飽的另一項通貨是瑜伽課程。她從一開始就拿瑜伽課上課券換理髮、按摩等其他服務。二〇〇四年，她發現商業交易網站（BizXchange，即BizX.com），這是在西雅圖、奧克蘭，甚至杜拜等城市，活躍的線上以物易物網絡。這個網站撫平在以物易物交易時會遭遇的一些摩擦，例如以物易物要繳稅，商業交易網站就替客戶代管記帳等細節。

起先，她發現很多人想上瑜伽課，可是她找不到想要的交易物。這顯示在以物易物時出現的「雙重需求巧合」（double coincidence of wants）問題：以物易物要能實現，雙方必須確切需要對方提供的東西。雙方需要相同東西的或然率很低。譬如，安妮家的水管臨時出了問題，可是修水管工並不想上瑜伽課。這就不會有交易。因此有些經濟學家就說，金錢被發明來便利交易和解決「雙重需求巧合」的問題。

有更多人加入以物易物體系，「雙重需求巧合」發生的機率就更高。商業交易網站社群逐年成長，現在號稱有八千個個人客戶和兩千個企業客戶。安妮的瑜伽課終於成為熱門項目，積累出兩萬美元的交易價值，她用來交換商店招牌和大批郵寄等服務。另一好處是，每次交易會產生再回頭的常客。這是雙贏的解決方案：客戶增加，卻不需流出太多現金。而商業交易網站也因每年撮合六千萬美元的生意，營收達一千萬美元。[11]

二〇〇八年全球金融危機期間，營業衰退、現金吃緊，安妮把她累積來的信用額度用在替她的廚房換新地磚。在重新裝潢的同時，她丈夫從兼差設計師改來監工，因此他們少了一份收入來源。安妮設在城中區的瑜伽中心營收也減少。總之，他們的收入腰斬，他們寅吃卯糧。在艱難時期，她又恢復最原始的交易形式：以物易物。

二〇一〇年的歐元危機是經濟衰退、債務高升的危機，貨幣呈現驚慌，某些國家以物易物社群大增。西班牙的失業率二六%，年輕人更慘，高達五五%，由於收入不足，許多人以物易物。[12]有現金積蓄的人也要撙節開支。例如西班牙經濟衰退，線上電腦設備零售商沙比諾·賴巴納（Sabino Liebana）努力保持公司的現金流通。他在辦公室租金上急中生智，不以現金支付租金，改用印表機和電腦實物折現抵付。以物易物幫助他保留現金，供其他重要開銷之用。

賴巴納說：「由於現金流動問題，我認為愈來愈多公司會採用以物易物的方法，尤其是服務業。」[13]

安妮起先遭遇以物易物經濟流動性有限的問題，但是賴巴納稱讚它是經濟走下坡時現金的替代物。流動性，即一個人可以買或賣物品的方便，要看許多因素而定，從有多少人參加以物易物網絡、能夠滿足「雙重需求巧合」，到其他型態的通貨的存活力等都是。在賴巴納的情況，經濟衰退和債務危機令人對歐元的存活力產生疑慮。當人們失去對軟體貨幣及支撐它的機構的信心時，他們通常都會自力救濟。不能信任發行者，他們信任自己。他們以物易物，以求生存。

除了經濟原因，成立以物易物網絡也可以是團結共渡難關的一種舉動。[14]許多進行以物易物的人看到自力更生經濟制度的好處，不是由數百英里之外的技術官僚所經營的制度。希臘某個人士開辦以物易物網絡，他說：「我覺得解放了。我第一次感覺自由了……我直覺地要伸手進口袋，但其實不需要。」[15]當全國體制失敗時，人們依賴社區和街坊。市場變成地方化。

以物易物可以是非正式的交易、沒有書面合同，因此很難追蹤，所以對歐元區危機時期使用狀況的評估相當有限。不過我們還是看得到一些區域性的數字。危機期間，西班牙加泰隆尼亞（Catalonia）出現數十個以物易物社區。[16]有個市場雖小，但日益成長：西班牙有個線上以物易物網迅速成長，促成將近一千萬歐元價值的以物易物交易。二〇一二年，全球性的以物易物網站國際互惠交易協會（International Reciprocal Trade Association）幫助四十多萬個會員公司，透過交易過剩產能增加一百二十億美元的營收。[17]

若要更廣泛研究經濟艱困期間及之後的以物易物情況，不妨看看蘇聯解體後的俄羅斯。俄國人必須調適接受自由市場和新的物價制度，但是他們的收入只能買得起某些東西，因此只好以物易物。在自由市場，商品價格根據供需狀況調整。但是俄羅斯政府禁止許多公司降價，尤其是不准以低於生產成本的價格賣東西，即使成本一開頭就高得不像話。企業收進來的現金減少，因而不夠支付工資和進貨廠商時，以物易物的效應在全俄經濟上都可以感受到。這是熊市狀況，沒有其他可以存活的選擇。

以物易物是舊蘇聯經濟制度的遺跡。譬如一九九一年，研究人員調查有家蘇聯家具零售商為什麼生意成功。店裡頭所有的壁櫥因為以物易物價值高，很快就賣光。而由於每戶公寓都需要壁櫥，它們是炙手可熱的熱賣商品。顧客把家具當作原型金錢，可以拿來交換其他必需品。即使家具店經理也進行以物易物。[18]麻省理工學院研究員大衛・伍德魯夫（David Woodruff）估計，一九九八年俄羅斯的商業交易有五至七成是以物易物。[19]保加利亞原本是蘇聯附庸國家，在國家遭遇經濟危機時，以物易物十分盛行。一九九六年，保加利亞某位村長說：「你用馬鈴薯幾乎可以買到任何東西。」[20]

熊市狀況的確可能造成囤藏和以物易物交易增加，但是它也會造成分享增加，這似乎有點違反直覺。二〇〇八年全球金融危機期間，美國政府出手拯救銀行，是因為政府需要它們。政府准許銀行體系製造金錢，而銀行體系允許政府大量舉債。自古以來這種夥伴關係造成開銷浮濫、通貨膨脹，和貨幣價值毀壞，標準的軟體貨幣浮士德式交易的跡象。社會科學家瑪麗．梅樂（Mary Mellor）說，在現行制度下，金錢已經部分民營化，由銀行的卡特爾（cartel）和政府共管，不僅美國如此，其他大部分國家也如此。由於銀行主管決定誰應拿到貸款，金錢不像公共資源那樣子分配。銀行透過貸款把錢分配給某些個人和企業，收取利息。換句話說，銀行從散布金錢賺錢。然而，梅樂主張金錢應該視同公共資源——像水和空氣一樣，是公共財。[21]在金融危機期間，拿出民眾的錢去拯救垂死的機構，它們可都是納稅人的錢！政府和銀行間相互倚賴在二〇〇八年金融危機期間暴露無遺，傷害到人民對財金和政府機構的信心。蓋洛普民調發現，自從二〇〇八年金融危機以來，僅剩下二五％美國民眾對銀行有很大或相當大信心，從二〇〇四年的五三％重挫逾半。不過，這還沒有大企業慘，只有二二％民眾表示對大企業有信心；至於國會更等而下之，僅有一〇％民眾對國會有信心。[22]

到了今天，金融危機已經過去，民眾還未要求貨幣制度即刻改革，打破政府和銀行一家親的現象。我們很難想像政府官員和銀行家會放棄對貨幣制度的控制，更不用說會退居較次要地位。但是我們姑且假設出現改革的重大推力，例如當熊市出現一系列可怕的經濟危機，民眾憤怒地要求貨幣制度改革。新制度會是怎麼一幅模樣？

梅樂設想金錢恢復為公共便利。財政和貨幣制度可以整合，抽離中央銀行的保護，交由民選代表監督或甚至人民自行管理。例如，巴西的阿爾及爾港（Porto Alegre），數萬名公民涉入一項參與式的訂定預算過程，世界銀行都贊賞這個制度增進社區生活水準：民間家庭接上衛生下水道的戶數，十年內由七五%增加為九八%。[23]梅樂提議政府可以把錢發放給地方社區、合作社，或直接交付給公民，不要先經由銀行系統才把錢流出來。為了防止民選政客濫用貨幣權力，另選一群官員組成單位實體決定是否擴大或限縮全面貨幣供給。梅樂認為，這一改革過的制度有可能降低金錢數量、槓桿作用，以及金融體系的權力。選民將得到權力，也有能力決定花費的優先順序，無論後果是好或是壞。就熊市狀況而言，梅樂的主張似乎有點反直覺：更民主地分享金錢與囤藏恰恰背道而馳。可是，或許未來的危機會促成新社會主義社群的崛起，它會嘗試這樣的實驗。

目前已經有些社區挺身而出，推出另類替代通貨。例如，麻薩諸塞州貝克夏地區（Berkshires）的「貝克分享」（Berkshare），賓州費城的「平等美元」（Equal Dollars），和瑞士的WIR。在美國，創造另類通貨並不違法，但必須符合兩項規定：（一）新通貨不能和美元形貌相似，為的是降低混淆和偽造；（二）使用者必須像以美元交易一樣，也要繳稅。

最有名的一種另類通貨是綺色佳HOURS（Ithaca HOURS），它是紐約州綺色佳市社區人士保羅·葛洛佛（Paul Glover）在一九九一年不景氣期間創立。他想要減輕全國經濟衰退對其社區的衝擊，促進地方商業發展。葛洛佛解釋：

一九九一年，綺色佳有許多人具備才華和時間，卻沒受到重用，綺色佳HOURS……建立一個網絡，歡迎他們的技能。有些人失業或屈就低薪，甚至才非所用。他們有技能和熱忱，想好好發揮在賺錢養家。分類廣告和雇主並不關心他們的特殊技能和熱忱，但綺色佳HOURS網絡卻很重視。[24]

綺色佳HOURS可以像美元一樣換商品和服務，例如雜貨食品和看病求醫，只在綺色佳市方圓二十英里以內地區有效。綺色佳HOURS印在紙券上，紙券印著社區商家會員地址。有些紙券正面印著：「綺色佳HOURS有我們的技能、我們的時間、森林、田野和河川等真實資本支持。」背面則印上：「綺色佳HOURS藉由在地方上循環再生我們的財富、刺激本地生意，它們幫助創造新就業機會。」[25]綺色佳HOURS券有六種面額。一個HOURS等於十美元，半個HOURS等於五美元。超過十三萬美元價值的HOURS券在市面流通，有五百多家商店接受HOURS券。最值的注意的是，以HOURS去借貸，借來的錢不用付利息。債務人不必多借，以便支付利息。相形之下，銀行創造錢，放款出去，收取利息。債務人用美元借錢，通常必須拿出更多錢才能還清本利。

另類通貨在南北戰爭之前的美國廣為流通，各州銀行在所謂「野貓銀行時期」競相發行鈔券。約有八千種通貨在市面上流通，聯邦政府只管得了區區四%貨幣供給。[26]民眾對銀行家及他們那些頗有疑慮的鈔券小心提防，我們在前文已知，綠背券終於問世。另一段時期的野貓銀行時期，次級房貸濫放給根本無力償付的人，造成二〇〇八年的金融危機。這一次民眾不僅氣憤銀行，後來也氣憤出手拯救銀行的政府。

和十九世紀中葉不同的是，另類通貨現在可能是解救方案之一。著名的經濟學家兼社運人士湯瑪士．葛瑞科（Thomas Greco）在他的書《金錢的終結與文明的未來》（*The End of Money and the Future of Civilization*）中詳細分析另類通貨。他承認這些通貨通常開始時轟轟烈烈，但最後都失去新鮮感、終於沉寂不復使用。我們很難預測什麼通貨會在熊市狀況流行起來，但是他列舉成功的另類通貨制度的屬性。最重要的是，市場上的任何商家都可發行通貨，把貨幣權力交付到使用者手中。

就某種程度而言，這種情況已經出現。航空公司的飛行常客酬賓方案（frequent-flyer miles program）就是公司發行的通貨。二〇〇五年，《經濟學人》週刊指出，未使用的里程點數已經比流通的美元還要大。[27]星巴克顧客使用星巴克卡或手機運用軟體買東西，可以累積星巴克星點（Starbucks Star）。美國現在已有七百萬張星巴克卡在使用，占星巴克每日營業額三〇%。[28]這些忠實用戶通貨是由非金融機構所發行。廣告公司負責人保羅．坎普－羅伯生（Paul Kemp-Robertson）認為，企業可以善用它們已受信賴的品牌來創造更多優勢通貨，尤其是現在信賴銀行的人這麼少。[29]現在這些通貨的用途和流動性相當有限。但是如果它們更有彈性、可替代時，會是怎麼一種情況呢？你可以使用星巴克星點購買前往東京的飛機票，可以搭乘計程車到小石川植物園（Koishikawa Botanical Gardens）。星巴克點數可以和亞馬遜點數互換，就像美元和歐元互換一樣。現在已有網站，你可以拿甲企業的通貨換乙企業的通貨。

葛瑞科認為新時代已經到來，在這個新時代裡，科技提供工具產生數位的替代通貨，結合所有既有的企業通貨，或建立一個制度，把所有區域性的以物易物社群或信用清算交易所連結起來。這些交易所是企業集團，延伸信用給大家以利社群之中的交易。它和今天出現的數位交易沒有不同：金錢並沒有實質易手，但是誰擁有它的記錄隨時要更新。

為了尋找先例，葛瑞科指出美國郵政總局壟斷信件投遞，並未阻止電子郵件和簡訊的興起。他舉出以下幾項科技可能會威脅到政府和銀行對貨幣的壟斷：社群網路、對等網路信用清算（peer-to-peer/P2P credit clearing）、評估對手方信譽的系統，以及鎖碼和資安系統。[30]借貸俱樂部（Lending Club）是個新興的網路P2P借貸公司，它已經成功撮合兩億美元以上借款，毀約背信率僅有三％。[31]這些貸款不由銀行家決定，而由社群決定。葛瑞科認為科技可以用以前沒有的方式評估貨幣制度：

電子灣（eBay）和亞馬遜能利用這個機會嗎？……過去三十年，私人商業以物易物或交易的發展十分蓬勃，提供商務會員之間直接信用清算。最大化它們的設計，把所有細節整合起來，並把這些網絡擴大至相當規模，是今後的任務，這將讓金錢與銀行起革命性的變化，也將使文明往更加和平、繁榮與永續演進。[32]

科技如何重新界定金錢，有個最明顯的例證，就是數位貨幣比特幣（Bitcoin）的出現。比特幣是在二〇〇八年金融危機之後由化名中本聰（Satoshi Nakamoto）的一個人或一群人所創造，它是利用P2P連結、非由中央權威發行的一種貨幣。要創造比特幣，你必須「挖礦」。透過挖礦過程，使用計算能力解決數學問題，並於公開帳冊上確認和證實交易的效力。[33]使用個人電腦挖礦不再有利潤也難以維持，因為它們耗用太多電力，未能產生相稱數量的比特幣。[34]因此，許多人購買專用的挖礦硬體，然後下載軟體開始挖礦。許多人和其他「礦工」合作，因此結合計算能力，增進開採比特幣的速度。最後，礦工設立比特幣錢包，收取他賺來的比特幣。除了挖礦製造比特幣，你也可以在幾個線上次級市場買或賣比特幣。比特幣設定固定上限數量為二千一百萬個，要到二一四〇年才能完全製造出來。比特幣不靠中央銀行發行，而是借重密碼學、數學，和非集中化的驗證創造出來。

比特幣初期已出現成功跡象。根據「Bitcoin.org」的說法，二〇一三年流通中的比特幣價值超過十五億美元。[35]華爾街銀行對它頗有好評。美林美國商業銀行（Bank of America

Merrill Lynch）的外匯策略團隊寫道：「我們相信比特務可以成為電子商務一項主要支付工具，可能崛起為傳統的貨幣交易商強勁的競爭者。作為交易媒介，我們認為比特幣有明顯的成長潛力。」[36]即使聯準會主席柏南克似乎也稱許比特幣。他在二〇一三年十一月致函聯邦參議院表示：

雖然這一類型創新可能對執法及監理事務造成風險，它們仍在某些領域可能有長期前景，特別是如果創新能促成更快速、更安全和更有效率的支付系統的話。雖然聯準會一般都監視虛擬貨幣和其他支付系統的創新，它未必有權力直接監督或規範這些創新，或是提供它們給市場的實體。[37]

然而，比特幣是否能成為持久的貨幣，或是像其他另類貨幣消褪，仍有待觀察。它的價格出現極大的動盪起伏。二〇一三年，它在短短一兩個月內就從二十美元暴漲到二百六十六美元，然後又下挫到一百三十美元。諾貝爾經濟學獎得主保羅．克魯曼（Paul Krugman）即以這種不穩定為證，認為比特幣不是儲存價值的堅實工具，而通貨需要穩定。[38]貶抑比特幣的人士認為它和黃金一樣，是會萎縮的，不能伴隨著成長而擴張，它若是成為主要的全球通貨的話，會在經濟動盪時期導致錢荒。

比特幣在外界觀瞻上也出現問題。二〇一四年，比特幣主要的交易平台「Mt. Gox」遭駭客侵入。它損失了市值將近五億美元的比特幣，即將近八十五萬個單位的比特幣，相當於整個流通量的七%。[39]二〇一三年十月，美國聯邦政府從只接受比特幣的線上交易平台絲綢之路（Silk Road）的硬體上，查扣價值二千八百五十萬美元的十四萬四千三百三十六個單位比特幣，因為它的創辦人涉嫌替販毒者洗錢。比特幣基金會（Bitcoin Foundation）是保護比特幣安全的組織，它的前任副董事長也因在絲綢之路上，將價值一百萬美元的比特幣洗錢而遭起訴。[40]目前，聯邦調查局已擁有逾三%的比特幣流通量。[41]

政府乃是廣泛採行比特幣的最大障礙。數千年來的貨幣史都顯示，發行者希望能掌控貨幣供給，而不是降低控制權力。離柏南克致參議院的信函才幾個月，美國國稅局就在二〇一四年三月規定，就稅務而言，將把比特幣視為財產而非貨幣。依照彭博新聞社的說法：「用一元比特幣買一杯二美元的咖啡，會使喝咖啡者產生一美元的資本利得，咖啡館也會產生二美元的營業毛額。」[42]要追蹤資本利得非常不方便，對採用比特幣構成障礙。一張十塊錢的美元鈔票可以互相代換使用，可是國稅侷限制比特幣的代換，使你在使用比特幣時都得考量稅務後果。

重點就是，美國政府要發揮它的貨幣權力：遏抑和控制比特幣的使用。其他國家亦莫不如此。起先，中國的貨幣官員淡淡地支持人民參與比特幣的市場。[43]比特幣中國（BTC

China）是全世界最大的比特幣交易中心之一，可是二〇一三年十二月，中國人民銀行（中央銀行）提醒支付處理中心不得使用比特幣，並威脅要懲罰涉及比特幣交易的銀行。[44] 因此，比特幣中國的比特幣交易量重挫八〇%。[45] 傳統貨幣體制可能只會在緊急危難時才會失敗，唯有在熊市狀況下，比特幣才可能不受障礙散布開來。即令如此，比特幣還是得需要依賴電力網路和數位網路才能蓬勃發展。

但是，上述種種把比特幣當作貨幣的討論，卻忽略一個重點：沒把它當作科技來探討。我最近到舊金山，見一位經營比特幣交易公司的朋友。他很簡單地告訴我：「即使比特幣失敗了，它還是成功的。」他說：「比特幣不僅是一種通貨，它也是一種通訊傳輸協定。」傳輸協定是指導資訊在電腦之間如何交流的一套規則。譬如，標示在網址前面的「http」代表超文本傳輸協定（hypertext transfer protocol），讓網頁瀏覽器，譬如谷歌的「Google Chrome」，可和位在加州的網路伺服器通話。

數位貨幣一向都有重覆花用的問題：數位貨幣很容易複製，造成詐騙交易。套用芝加哥聯邦準備銀行一位經濟學家的話，比特幣傳輸協定是這個問題「優雅的解決辦法」。[46] 簡單地說，比特幣傳輸協定使數位東西，如金錢或音樂檔，或可以數位形式呈現的任何東西，都可移轉而非複製拷貝。創業投資家馬克·安德生（Marc Andreessen）解釋個中的重要性：

比特幣破天荒第一次讓某位網際網路使用人，可以把某一獨特的數位財產移轉給另一位網際網路使用人，這項移轉保證安全可靠，人人曉得移轉已經發生，沒有人可以質疑移轉的正當性……哪些數位財產可以用這種方法移轉呢？你不妨想想，數位簽名、數位契約、數位鑰匙（可解開實體鎖或網路鎖）、汽車，和房子等實體資產的數位所有權證、數位股票和債券……以及數位貨幣。[47]

他提出一個想像的實驗：假設你擁有一輛汽車，以及用手機啟動的汽車鑰匙。你把車賣了，汽車所有權立刻移轉給買車人，你手機上的數位鑰匙因為已經更新（反映新車主），它再也不能打開這輛汽車。[48]

這個確認過程之所以奏效是因為，所有比特幣交易都儲存在稱為區塊鏈（blockchain）的一個網路公用帳冊系統上。一旦編輯，它就再也不能修改。這個科技當然不僅止於此，但是本質上，這個非集中化處理的網路驗證所有的比特幣交易。[49]其中奧妙在於不需要有個集中化的單位，例如銀行或經紀人來認證任何交易的確存在。

我們不必太深究這一科技的奧祕，只要看大觀：比特幣和數位貨幣如何切入貨幣的演進。我們理當承認數位科技促進了硬體和軟體的貨幣制度。我們別忘了，美元也是一種不必轉換為實體貨幣就能交易的數位貨幣，雖然美元的電子交易仍需經由銀行體系清算。但是，現代的金屬本位學派可以告慰的是，比特幣設定的參數阻止了貨幣無限制擴張，即使比特幣並不具有實質內在價值。沒錯，比特幣仍處於嬰兒時期，但金屬本位學派不必責難虛擬貨幣，即使它們古怪地「與古代不信任政府權威的一派結合，只相信分散的網治之力量。」[50]

另類數位貨幣或許是貨幣的未來。但是我們很難看到它會普遍通行，而威脅到主要的法定貨幣，因為美國政府可以頒令規定在其境內承認那種通貨具有法償能力，就好像當年小羅斯福總統禁止美國人民囤藏和使用黃金一樣。比特幣比較有可能作為一種技術存在，能夠移轉權狀、股票等有價證券，或移轉美元等其他貨幣。

即使出現熊市狀況，全球貨幣體系崩潰，我討論過的下列五種情況之一可能會受到採用：恢復金屬貨幣、增加使用現金、以物易物、以金錢作為公共資源，以及另類貨幣，或許也不無可能出現完全不同的東西。

牛市狀況

我不喜歡咖啡，超愛喝茶，尤其最愛大吉嶺混阿薩姆茶葉。這也是為什麼最近一次到舊金山旅行，一聽朋友建議（其實幾近要求）到「藍瓶咖啡」，我就反對。我們來到薄荷廣場（Mint Plaza）的咖啡館，排隊等候接受服務。這家咖啡館有許多新潮的設備。顧客喝著滴露咖啡，低頭從iPad讀科技雜誌，安靜地辯論活版印刷術最近的趨勢。有位服務生問我們要點什麼。

我的朋友說：「請給我們兩杯紐奧爾良冰咖啡。」

嗯，咖啡香醇、冰鎮，滿適合炎熱的夏天來喝。讓我更喜歡（和方便）的是，我們兩人都不用掏錢包。我的朋友使用數位支付系統「廣場」（Square），它讓小生意人接受信用卡付帳，也讓顧客能用行動裝置購買商品。聽起來很像未來世界的東西。但是未來已經在我們眼前。這一技術很簡單，但很有革命性，這家公司多位創辦人之一傑克・多爾希——他也是推特（Twitter）共同創辦人之一——所拿手的東西。但它只是曇花一現，因為乏人採用，「廣場」已經停止它的「錢包」（即人們利用手機付帳）應用功能。[51]

縱使如此，方便已證明是推動貨幣創新的重要動力：從銀塊、銀幣、以銀為後盾的紙鈔，到銀色手機，莫不如此。「廣場」似乎已讓交易去除掉金錢，也除掉現金的摩擦和掏錢支付的動作。看不到錢或許會最小化大腦的活動，以及對花錢（或賠錢）的恐懼。有些科技公司的確因為使得買東西太方便，而沾上麻煩。譬如，蘋果電腦公司掏出一億美元和解了一樁集體訴訟，家長們控訴蘋果公司讓其子女在iPad上玩遊戲，玩出一大堆花費。有個小女孩買了兩百美元的虛擬貨品，商家竟沒要求查核通關密碼，只因為她父母信用卡資料已經在公司檔案記錄上。[52]

我們很難知道，「廣場」或它的任何一個競爭對手如PayPal、谷歌或蘋果，誰將在五至十五年內成為主導的行動支付公司。例如剛跨入新世紀那幾年，有好幾百家支付公司新設立，而只有PayPal存活下來，得到廣大消費者採用。然而，今天這些公司是否能生存或許會有疑問，它們推出的技術則肯定不會消失。「廣場」和它的競爭對手很有革命性，因為它們把從舊金山聯合廣場（Union Square）到埃及開羅解放廣場（Tahrir Square）到處都是的手機，轉化成為支付設備，擴大了全球市場買家和賣家的人數。

但是在檢視手機如何改造商業之前，我們應該先認識金錢、支付設備和支付系統彼此的差異。我喝的咖啡是以美元（通貨）付的，使用的是「廣場」錢包（手機應用軟體），透過威士卡信用卡支付系統完成交易。[53]為了好好了解牛市狀況，讓我們專注在現在很重要，而未來尤其在開發中國家，會成為金錢未來不可分割的支付技術也很重要：信用卡和支付系統。

透過檢驗過去來展望未來，是十九世紀科學小說作家愛德華・貝拉梅（Edward Bellamy）恰恰相反的做法。貝拉梅於一八八七年出版的小說《倒轉看：二〇〇〇年至一八八七年》（*Looking Backward: 2000-1887*），是十九世紀第三名暢銷小說，僅次於《賓漢》（*Ben-Hur*）和《黑奴籲天錄》（*Uncle Tom's Cabin*）。故事情節是，主人翁朱利安・衛斯特（Julian West）沉沉入睡，一醒來竟已是一百多年之後的二〇〇〇年。他看到的美國是個社會主義烏托邦，人們工作時間短，四十五歲就退休。人們使用「信用卡」——比較像是連接到銀行帳戶的扣帳卡（debit card，譯按：台灣金融界稱為「金融卡」，中國大陸稱「借記卡」，直接連線從使用人帳戶扣掉消費金額，不會有透支之虞）——在商店買東西。[54]「信用卡」從政府的財富提款出來用，政府的錢分配給每個老百姓，金錢變成像梅樂所想像的公共財。

信用卡的創造，就是實際生活仿效小說的一個例子。直到一九二〇年代才有石油公司和旅館業者推出信用卡，方便顧客交易，但是它們不能用在別的地方。一九四六年，紐約市布魯克林佛列布希國民銀行（Flatbush National Bank）推出比較廣泛可用的信用卡，取名記帳卡（Charge-It card）。[55]一九五〇年，後來知名的大來卡（Diner's Club card）問世，原因是它的創始人法蘭克．麥納瑪拉（Frank McNamara）有一天晚上在餐館吃飯，竟然現金不夠付錢出糗，而後想出來的點子。短短兩年之內，有兩萬名持卡人。美國運通（American Express）和美國商業銀行（Bank of America）於一九五八年跟進發卡。美國運通在五年之內就招攬到逾一百萬個持卡人。美國商業銀行在人口眾多的加州推廣，用戶極多，其他銀行加入它的信用卡網絡，後來它改名威士卡（Visa）。一九六〇年代末期，一群銀行推出日後稱為萬事達卡（MasterCard）的信用卡，和美國商業銀行競爭。當第一國民城市銀行〔First National City Bank，日後改名花旗銀行（Citibank）〕把它的信用卡併入萬事達卡後，萬事達卡聲勢大漲。[56]

信用卡方便、普遍使用，對於牛市狀況的金錢之未來十分重要。不需要攜帶和計數現金，只需刷卡（或是線上交易時輸入卡號），實在無比方便。二〇一三年，全美國有超過一億六千萬持卡人，十一億張信用卡，買了超過三兆美元的商品和服務，占GDP約一九%。[57]光是威士卡每年處理近五百億件交易。[58]若加上扣帳卡和預付卡的交易，刷卡金額激增至十五兆美元。[59]消費者刷卡不手軟。

信用卡使用普遍，可以有幾個因素解釋。簡單講，人們喜歡增加及立即花錢權力的便利，即使必須透支也不妨。信用卡讓每個使用人面臨浮士德似的交易，有數以百萬計的人債台高築、無力清償。當然，它一開始時並非如此。信用卡是二十世紀將債務民主化的許多工具之一。譬如，決策者制訂法律，協助美國低收入戶可取得堪可負擔的住宅貸款。一九七四年〈平等信用機會法〉（Equal Credit Opportunity Act of 1974）禁止銀行放貸的歧視做法，一九七七年〈社區再投資法〉（Community Reinvestment Act of 1977）指示銀行以審慎態度借錢給低收入地區居民。

一九七八年，聯邦最高法院在〈明尼亞波利斯馬基特國民銀行控奧瑪哈第一服務公司〉（Marquette National Bank of Minneapolis vs First of Omaha Service Corp）一案，無異議裁決，各州的利率法不能適用在其他州註冊成立的銀行，解除利率管制促使信用卡普及到低收入者。南達科塔州州長比爾・詹克羅（Bill Janklow）發覺州可以出口其利率：「如果南達科塔的利率上限是二五%，即使放款到佛羅里達去，你也可以收取二五%的利息。」[60]許多大型銀行因為信用卡業務賠錢，紛紛跑到南達科塔州及稍後的德拉瓦州開設分行，因為這些州提高或取消了利率上限。這些州得到的好處是，增加好幾千個新的就業機會。

銀行自行決定其信用卡利率，把它們運用到全國。由於可以收較高利息，風險比較分散，銀行就向低收入戶推廣信用卡。信用卡業務利潤極大，發卡銀行花了好幾十億美元大做廣告，招攬顧客。[61]信用卡公司肯定從事不公平且有害的做法，收取奇高的利息及繁苛的手續費。縱使如此，債務民主化的政策目標有助於信用卡這個支付工具，遍及全美各地。

但是信用卡並未在其他地方流行起來。美國的信用卡發卡量飽和，在世界其他地區的滲透率並不高；全世界零售交易仍有八五％以現金交易。[62]譬如，中國人口十三億，信用卡只有六千七百萬張。中國人儲蓄率相當高，不願意借債。這有可能是因為依國際貨幣基金的調查，中國政府從來沒提供公民充足的社會安全網。[63]經濟學家甚至發現，儲蓄率高可能是因為中國社會成年人男多於女，婚姻市場失衡，有些家庭試圖讓男生更有吸引力的結果。一項研究發現，中國有男孩的家庭，儲蓄率比有女兒的家庭來得高。研究人員也發現，男女失衡較嚴重地區的家庭儲蓄率也比較高，換言之，婚姻市場愈競爭，儲蓄率愈高。[64]信用卡滲透率在愈加已開發國家如德國就更低，德國人口八千二百萬，信用卡只有一千萬張。和中國人一樣，德國人自古以來就避免負債。德文債務這個字「schuld」，可以譯為罪惡（sin）。[65]信用卡公司注意到這一點，努力在國際間拓展。如果一小撮已開發國家的滲透率達到美國的水準，估計威士卡和萬事達卡的刷卡量可再增加兩兆美元。[66]全世界數億人的金錢未來就是使用信用卡及其支付網。

政府和銀行有許多經濟方面的理由鼓勵使用信用卡。信用卡滲透率、經濟成長和出口，彼此之間有正面連帶關係。穆迪（Moody's）信評公司發現從二〇〇八年至二〇一二年，五十六個國家的電子交易增加了約一兆美元。[67]美國商務部官員史考特・舒密斯（Scott Schmith）認為，使用信用卡的人愈多，消費者市場愈大。他發現，信用卡支出份額增加一〇%，消費者支出就成長〇・五%。他估計在二〇〇八年，如果中國的信用卡滲透率從二〇%增加為二二%（以二〇〇五年為基準），它會產生四十三億美元新的消費者支出。[68]中國和印度的消費者支出，其成長已經快過美國，而且開發中國家的快速成長代表更大份額的全球消費。[69]信用卡也降低成本。經濟學家發現，電子交易比書面交易成本降低三〇至五〇%（譬如電子交易涉及的實質勞力較少）。他們估計一個國家的銀行使用信用卡和電子支付，不再用紙鈔支付，一年可節省一%的GDP。[70]

但是要讓所有商家都接受信用卡付款，很難。在美國，有三千多萬生意人不接受信用卡，通常是因為銀行收手續費，以及商家要等幾天才能真正拿到錢，令人卻步。即使接受信用卡的人也寧收現金以免付手續費，譬如紐約市的計程車司機碰到顧客說要刷卡，都會嘟噥幾句。可是，小生意人接受信用卡其實利大於弊，因為將近三〇%的消費者認為方便最重要；而且七〇％年紀在十八至三十四歲的消費者表示，他們只肯光顧接受多種支付方式的店家。[71]幸運的是，說服小生意人接受信用卡已經變得容易多了。[72]

在牛市狀況，不論是已開發國家或開發中國家，金錢的未來將涉及到手機電話及其他行動裝置，例如平板電腦。這是因為行動電話滲透率已經遠超過信用卡。國際電信聯盟（International Telecommunication Union）指出，全世界人口七十億人，手機用戶高達六十八億人，已開發國家滲透率為一二八％（許多人擁有一支以上手機），開發中國家也有八九％。[73]

意識到手機普世風行，創業家力推行動支付系統爭奪分享支付產業二〇一一年九千億美元營收的大餅，甚至更加擴大這張大餅。顧能（Gartner）研究公司發現，全球使用行動支付系統的人已超過一億四千萬人。[74]雖然行動支付的金額還不到實質刷卡交易量的五％，麥肯錫（McKinsey）公司估計，在未來幾年它的成長會十分驚人，介於六二％至一〇〇％之間。[75]行動支付的未來前景無限光明。

這些系統的成長，起初不會犧牲大型信用卡公司。就和臉書和推特必須依賴既有的網際網路一樣，「廣場」、「PayPal」和「Apple Pay」等行動支付技術，也得依靠威士卡、萬事達卡和美國運通等經營的既有的信用卡（或扣帳卡）支付網絡。信用卡網絡連通銀行之間的交易，協助取得授權和金額交割。即使是不接受信用卡的商人，也很少抱怨支付網絡的可靠、有效和安全。要取代信用卡網絡就得建立全新的網絡，並且說服客戶提供敏感的個人資料和銀行帳戶內容；非常不容易。

因此，新的行動支付系統可能把重點擺在方便及改進交易點（point of trans-action），即客戶購買產品這一端。為了更了解行動支付，我們把這個技術區分為三個區塊：（一）手機讀取器；（二）行動錢包；（三）手機商務。[76]

手機讀取器讓行動裝置能夠接受信用卡。每天午餐時間，我紐約辦公室附近停了幾輛餐車。他們賣的餐食式樣繁多，從辣味捲餅到肉丸都有，我卻很少光顧，因為他們不收信用卡，而我很少帶現金。反之，我到德州奧斯汀出差，這是以科技創新出名的城市，我會從許多餐車中選一家點餐，因為他們接受信用卡，用的是可接上任何行動裝置的讀卡機。東西好吃極了，付錢乾淨俐落。

大來卡的創始人麥納瑪拉因為身上錢不夠出糗，萌生信用卡的點子，「廣場」的共同創始人吉姆．麥克維（Jim McKelvey）因為挫折感十足，催生出「廣場」讀取機。麥克維是軟體工程師，也是吹製玻璃器的愛好者，由於無法接受信用卡，失去一筆兩千五百美元的訂單。他把挫折感化為一家公司，每個月新增十萬個商人、每年完成一百五十億美元的營業額。[77]數百萬生意人因為「廣場」簡單好用、訂價透明，而且結帳時間迅捷而愛用它。[78]「廣場」是最普遍使用的讀取機，但是「PayPal」的「Here」和直覺軟體公司（Intuit）的「Go Payment」也搶進這個市場。

行動錢包讓客戶用手機當作支付裝置。在藍瓶咖啡館，我的朋友使用現在已經不再運作的「廣場」錢包付咖啡錢。[79]我的朋友走進咖啡館，服務生的「廣場」終端機偵測到我朋友的手機號碼，他的照片出現在收銀機螢幕上。服務生根據照片辨認出我的朋友，確認交易，從他的信用卡記帳，然後把收據透過電子郵件傳送給他。然而，這個辨認方法不能匿名，沒有其他技術（比如把你的手機放近商人的收付讀取機搖一搖）那麼流行。這種技術叫做近場通訊（near-field communication），谷歌錢包（Google Wallet）就採用這種方式。另一種支付系統以簡訊為基礎，在歐洲及開發中國家相當普及。每一種手機錢包都不一樣，但它們全都取代攜帶一堆卡片的需要，而且它們全都依賴支付網絡。

競爭已經十分激烈。Apple Pay善加利用近場通訊技術和蘋果電腦的龐大客戶群，祭出iPhone的Passbook應用軟體，它能夠儲存折扣券、禮品卡（gift card）和信用卡的詳細內容。PayPal的行動錢包讓使用者可預購、不必排隊，親自到無線電屋電器行（Radio Shack）或鞋櫃鞋店（Foot Locker）等零售店提貨。[80]星巴克的行動應用軟體，也幫助使用者預先點購咖啡。[81]即使威士卡和萬事達卡這兩大信用卡公司，也利用他們受人信賴的品牌，創設自己的行動錢包「V.me」和PayPass。許多商人和銀行，已經依賴這些信用卡公司提供網路及其他服務，競爭甚至已發展到全球，因為網際網路滲透率低的國家，它們的公司也在建立本身的行動支付系統。日本已經有兩千萬人使用行動錢包。日本多科摩電信公司（NTT DoCoMo）

已和萬事達卡公司合作，把它的行動錢包技術推廣到四十幾個國家。[82]不論是哪一種行動錢包成為產業標準，消費者和商家都是贏家，因為行動錢包可縮短交易時間，意即客戶不必排長龍，增加工作生產效率，有可能增加來客數。但是大部分公司發現消費者的行為很難改。譬如，許多人仍然要刷信用卡，明明他們的行動電話已有近場通訊晶片，他們可以揮揮行動裝置就完成交易。但或許因為iPhone太流行，Apple Pay將會改變消費者行為。

行動商務包含發生在行動裝置上相當廣大範圍的交易，例如行動銀行和行動採購。雖然行動商務只占全體電子商務銷售金額的一〇%左右，美國消費者花在行動裝置上尋購（不見得實際買）的時間，要比花在桌上型電腦的時間長。花的時間和真正銷售之間有落差，是因為消費者還利用手機找商店地址、研究商品和比較在哪家買更加划算。大商家的行動銷售正在迅速成長，增速超過六〇%，在二〇一三年已達到三百四十二億美元。[83]沃爾瑪、標靶（Target）和亞馬遜等主要的線上零售商，都已改善它們的行動網址，為迎接手機使用者的興起，改善其支付過程。

最令人興奮的是，行動商務和支付正在積極影響開發中國家的老百姓。《經濟學人》週刊注意到，「在奈洛比（Nairobi）用手機付計程車資，比在紐約容易。」[84]肯亞已有M-Pesa，這是狩獵隊通信公司（Safaricom）開發的手機支付系統。人們到狩獵隊通信公司設在店鋪或加油站的據點存錢、提錢，他們的M-Pesa帳戶隨時更新。肯亞有六〇%以上成年人，約一千七百萬人，使用這套系統。人們利用它匯錢給朋友和家人，商家使用SMS message。在行動支付上面，開發中國家超越已開發國家，顯示持久、有意義的金融創新不需要最繁複的科技，只需要讓最基本的交易（例如付計程車資）更方便就行了。

肯亞一個運輸公司老闆說：「我不需要跑銀行，銀行就在我手機裡。」[85]跑銀行可能還得開車到好幾英里路之外，現在他按兩下手機，就可以立刻付錢給員工。

在牛市狀況，金錢消失了，而從奈洛比到紐約，人人和全球市場連結起來。拜M-Pesa、PayPal、Apple Pay和「廣場」等技術之賜，行動裝置變成支付系統，金錢將變得愈來愈數位化、看不見也摸不到。人們可以不用碰觸或看到錢，就讓錢易手。金錢變得更加抽離它協助我們取得生存所需資源的演化目的。這麼做的時候，交易似乎更純淨，像家人之間的交易，沒有市場裡常見的貨幣工具的形式。手機可以去除支付的摩擦，並且最大化合作。它鼓勵更快、更多的交易，也有助於成長為更大的全球消費者基礎。

新的支付系統將導致新的商品和服務。就和硬幣改變古希臘的廣場一樣，把更多人轉化為買家和賣家，新的行動支付系統將改變未來的廣場。

然而，牛市狀況有一些障礙和風險。在行動支付技術可以普遍受到採用之前，如果能標準化就很棒。現在，美國出現許多行動錢包。管它是什麼崛起為產業標準，要取得它挺容易的，只要下載應用軟體就行。可是新的產業標準的行動讀取器或錢包一旦出現，你可能就得購買裝了特殊晶片或技術的新的行動裝置。甚且有個風險，如果政府和銀行認為這些科技會威脅到其利益時，會試圖封鎖這些科技。

最令人擔心的是資訊安全出問題。手機資安公司「小心」（Lookout）分析五千萬個客戶的資料，發現收費軟體（chargeware）、廣告軟體（adware），和惡意軟體（malware）是最大的威脅。收費軟體是一種應用軟體，客戶沒同意就向他扣錢，形同行動扒手。譬如，二〇一一年有一種收費軟體名叫GG Tracker，騙人購買假服務，藉機詐財。「小心」公司估算出來，美國行動支付用戶每星期碰上收費軟體的或然率是萬分之二十二。碰上廣告軟體（突如其來冒出來擋住視線的廣告）的或然率是百分之一點六。[86]以頻率及可能的影響而言，這些威脅有增無減。惡意軟體收集受害人個人資料，也很令人擔心。有一項研究指出，五六%的美國消費者在使用行動支付時更擔心身分資料被盜。[87]牛市狀況固然前景看好，但是也讓歹徒有新方法在財務上占別人便宜。

夢想狀況

現在我們講些有意思的事。我們不妨夢想一下金錢。不，我不是說生命中錢多了，會怎麼樣，而是說許多年之後，或許是幾百年之後，金錢會像什麼模樣。為了激發想像力，設想一下科幻小說裡是怎麼描繪金錢的。再沒有比以下描述更妙的開端了……

很久、很久以前，在很遠、很遠的一個銀河系。在《星際大戰》（*Star War*）中，有一種通貨：銀河系信用標準（Galactic Credit Standard），或稱：信用（Credit），功能即金錢。[88]根據專門討論《星際大戰》話題的武技網絡百科全書網站（Wookieepedia），「信用」誕生於跨銀河商業集團（InterGalactic Business Clan, IGBC）度假的月球：寄居（Sojourn）。跨銀河商業集團是銀行家和律師組成的一個商業集團，控制許多資產。沒錯，即使在遙遠的銀河系，銀行家仍是貨幣制度不可分割的一部分。「信用」分成紙鈔、硬幣和晶片。它們以穆尼林斯特星球（Muunilinst）上發現的豐富礦物為支持，而穆尼林斯特又稱「錢出借」（Moneylend），是跨銀河商業集團總部所在的星球。[89]

不同的銀河系，相同的問題。在《星際大戰》中，也出現貨幣混亂和競爭。儘管有金屬做後盾支撐，在不穩定時期，例如複製人大戰（Clone Wars）期間，有些星球拒收「信用」。「信用」後來改稱帝國信用（Imperial Credit），路克・天行者（Luke Skywalker）用它來付給韓・蘇洛（Han Solo），載送他到奧德蘭（Alderaan）星球。可是，走私客避用國家核定的錢，改用貴金屬，例如白金。在佛瑞吉同盟（Ferengi Alliance）的人民以黃金壓製拉丁努幣（latinum）做交易，這是無法複製的一種物質。[90]

即使《星際大戰》都把場景假設在很久很久以前的一個銀河系，太空貨幣的構想非常未來派，但它可能比你預期更早實現。維珍銀河公司（Virgin Galactic）招攬太空觀光客參加商務太空旅行，而且還有另一家俄羅斯公司正在規劃未來幾年發射一個太空旅館。[91] PayPal亟欲參與這項對話，和尋找外星人智慧研究所〔Search for Extraterrestrial Intelligence（SETI）Institute〕發起PayPal Galactic——想要創造太空貨幣的一項計劃。它乃是要激發對話，討論太空商業將會如何發展的議題之一項努力。或許日圓或美元可以放進軌道中，太空旅客可以提款使用，但是萊斯特大學（University of Leicester）一位研究人員說，我們在地球上使用的錢，在太空中不能用。宇宙輻射會損害信用卡的磁帶，而硬幣或任何尖銳物品可能危害太空旅客的安全。於是乎，英國國家太空中心（National Space Centre）的科學家和其他研究人員提議，並打造出準宇宙跨銀河幣（Quasi Universal Intergalactic Denomination），即基德（Quid），來作為太空貨幣。基德的呈球體形狀，以化學聚合物製成，當它漂浮在太空時不會割到任何東西。[92]

這些提議或許太玄虛，但太空作者布萊安・道生（Brian Dodson）提出一個真正的問題：時間。在地球上，我們已經習慣因全球通訊網方便而快速交易。到了太空，由於間隔距離實在太遠了，交易勢必遲緩。譬如，太空船伽里略號（Galileo）要花六年才能飛到木星（Jupiter）。傳輸也會花相當長時間：每一筆交易資訊若要傳到地球，時間太長，如此遲延頗有可能遭歹徒利用。或許必須在整個銀河系建構一個分散的Ｐ２Ｐ網絡，但誰來付錢與建呢？[93]

克魯曼不但是經濟學家、《紐約時報》專欄作家，也深愛科幻小說，他在一九七八年發表一篇文章〈星際貿易理論〉(The Theory of Interstellar Trade)，突顯同樣的問題。他認為相對論將會實現，在不同星球上的人以及在星球之間運送貨物的人，會感受到不一樣的時間。由於時間和距離很大，任何太空貿易會需要大量的投資。[94]《經濟學人》週刊綜合他對太空貿易的兩大定理：

（一）運送貨物的利息成本應該以星球上的時鐘計算，不能用船計算。這是因為貿易的機會成本是用星球的時鐘計算，不論相對論對跟著貨同行的生意人有何影響。

（二）雖然運送時間長代表在交易進行的星球上，物價絕不會達到平價，但利息是會的。如果它們不同，投資人可在比較有吸引力的星球買債券，把利率拉低到和其交易夥伴的利率平價。[95]

回到地球上的紐約市，有一次到了餐廳，我發現他們把我的預約時間搞錯了。我開始利用時間傳簡訊和朋友聊天，經理驚慌地看著我，趕緊說：「先生，拜託你別『打卡』給我們惡評。我會立刻給你騰出座位。」餐廳負責人曉得，一則惡評可能嚇跑好幾百個潛在顧客。

他曉得名聲可以帶動生意，名聲也是一種通貨。

美利堅航空公司等企業策略師試圖運用我們在數位上的連結關係，來擦亮它們的企業聲譽。它鼓勵並獎賞在社群媒體上有許多粉絲的顧客，期望會引起正面反響。它偶爾會讓「Klout」得分高的顧客進入機場頭等艙貴賓室。[96]「Klout」是一種應用程式，量度使用者在社群媒體的影響力，並給予一至一百的評分。它計量若干社群媒體的指標，例如推特會有多少人轉推、臉書會有多少回應。你的聲望愈高，愈有機會得到好處。這不是夢中世界，這是我們的世界。

科幻小說作家柯里．達科托羅（Cory Doctorow）在他寫的書《神奇王國》（*Down and Out in the Magic Kingdom*）中，把聲譽為基礎的通貨這個概念發揮得淋漓盡致。他假設在二十二世紀的世界，伍飛（Whuffie）是通行的貨幣。一個人的行為若正面影響其聲譽，就得到伍飛；反之，其行為若負面影響聲譽，就失去伍飛。每個人大腦都有個晶片，這是廣大人間網絡的一個節點（node），因此大家都曉得彼此的伍飛餘額。植入大腦晶片固然聽起來驚世駭俗，但未來世界或許就是這個樣子。

在夢想狀況下，不僅聲譽可作為通貨，連思想、感情、經驗、夢想和點子，任何精神內容也都可以。還記得我們前文提到，大腦掃描顯示金錢可在大腦許多區域，如依伏神經核和大腦皮質島葉（insula），引起神經元活動吧？只要未來形式的貨幣以同樣方式啟動這些區域，我們很可能就會繼續把它當成價值的象徵。隨著科技進步，從信用卡到行動支付系統，金錢愈來愈變得看不見和抽象。有朝一日，或許人和機器會合一，完全消除實質金錢這個中間人，把神經元活動轉化為通貨本身。當然，我們若能植入心律調整器，就可以在人體植入支付系統。屆時不只是行動錢包，我們可能有了神經錢包。

不論是像達科托羅書中形容的大腦晶片，或是以雲端把我們儲存精神內容的所有大腦連結起來，人類可以交換、交易、買或賣，幾乎任何一種神經原活動，都可以藉由一套去集中化的比特幣傳輸協定核證為真。如果你到巴黎旅遊，想要學法文，你可以把自己作為奧運射箭選手的經驗賣給你的朋友，從她那裡買入法文知識。如果你想有個嚇破膽的萬聖節之夜，你可以向朋友購買惡夢；或者你可以賣給她喜歡的東西，如情人節在海灘羅曼蒂克散步的美好記憶。或許不是和別人交換這些記憶，商家可以製作及出售客製化經驗，如你在世界盃足球賽踢進一球，贏得勝利的燦爛一幕，把它塞進你的頭腦裡、儲存為記憶。這一型的通貨將激烈改變我們與別人如何互動，以及我們對自我認同的看法。

或許神經錢包可以促進精力能源轉移。我們可以插接上共同的能源插頭。如果你餓了，可以向別人買卡洛里，以交換你過剩的維他命D，而你的身體可立刻灌輸進精力能源。這就好像第一章所討論的自然界的精力能源通貨。植物吸收陽光，或是猴子吃了香蕉，精力能源都在轉移。同理，在這個夢想狀況下，金錢或許就是我們一向珍惜、渴望的，所謂的神經元、化學和生物學的轉移——一種價值的象徵。交易可以更直接引發同一個接受者的神經系統，認同我們所珍視的金錢或食物。錢愈交易，它就愈相同。

很顯然，神經錢包會使人緊張，令人擔心歹徒駭入某人大腦，例如電影《全面啟動》（*Inception*）的情節，或是失去一個人的身分。夢想狀況若沒有正確的防護措施，會演變成為反烏托邦驚悚的噩夢。電影《鐘點戰》（*In Time*）的故事即是如此，時間成了主導的通貨。每人出生，手臂就有數位時鐘。二十五歲開始，時鐘倒數計時，一到零，人就死了。人們可以運用時間去支付日常生活開銷，例如搭公車或是以時間和別人交換。富有的人囤積許多時間，窮人則蹉跎歲月。你愈富有，就愈長壽。

固然大腦晶片和手臂時鐘或許還有數百年或數十年才會出現，人工智慧專家瑞．庫茲維爾（Ray Kurzwell）認為，人和機械界線不分已經在進行中：「真正到了把電腦裝進你的身體和大腦時，沒有人抗議。我們似乎很喜歡和機械合一，我們隨時隨地在運用它們，我們創造這一科技來克服我們的極限。」[97]談到金錢，庫茲維爾承認它的普世性質：「即使我們對某些事物，如美國政府和基地／蓋達組織，意見激烈相左，它們可都重視金錢。因此我們對這個非常奧妙的虛構體會有如此一致的尊重，實在奇妙。」[98]由於人人使用它、重視它，對金錢做劇烈改變一定會對人類有深刻影響。只要我們想去改變金錢，它可能反過來改造我們。

你或許認為我是夢想家

除了是有趣的思想實驗之外，想像金錢的未來或許會有實質的經濟後果。譬如，研究人員研究為什麼有人沒為退休儲蓄足夠的錢，卻找出一個奇特的解決方法。許多人折讓（discount）未來，選擇短期收益而非長期收益。由於美國人生命周期延長，許多人恍然大悟，勢必調整，降低退休時的生活水準。研究人員發現方法，防止如此嚴重的折讓行為：藉由協助人們想像其未來的方法。利用虛擬實境，讓受測人面對許多年之後的老境必然會碰上的問題。受測人碰到未來的弱點：視茫茫、髮蒼蒼、齒牙動搖等等上年歲的跡象。這時候再請他們分配一千美元。歷經老境虛擬實境的受測人，擺到儲蓄的部位，是未經歷虛擬實境者的兩倍。事實上，研究人員在好幾項研究都發現，當人們見到自己未來可能的狀況時，會影響他們的行為，他們再不會像以前那樣折讓自己的未來。[99]

想像會導致行動，即使只是短期效果，在家自炊做飯省十美元，對遲早要退休的人都是正面結果。這些發現令人發想：是否可以把虛擬模仿納入理財教育課程，以推廣儲蓄養老。

人類歷史上一談到錢，想像力絕對不缺。從鐵叉和穀物，到銀幣和紙鈔，金錢一直在演變，但永遠是價值的象徵。不論是熊市狀況、牛市狀況、夢想狀況，或其他什麼狀況，金錢將反映我們變動不居的需求和欲望。

思索到金錢的未來，我的朋友認為或許會出現新發明，使我們更知善用金錢，譬如讓省吃儉用的人更負責任地不濫用，讓吝嗇的人更有善心，但我們不必等候新科技來激發行為上這些修正。固然金錢的工具不斷在改變，我們使用金錢的方法可能不會變，只要我們記得，金錢可以是我們價值的象徵。

篇三　靈魂

——我們應該如何運用金錢？

章七 天使投資人
——宗教與金錢

貪財是萬惡之根，有人貪戀錢財，就被引誘離了真道，用許多愁苦把自己刺透了。

——《聖經》〈提摩太前書〉六篇十節[1]

班·卓瑪說……誰是富人？滿足他已有的，就是富人：「能以雙手餵飽自己，你就應感到幸福，財貨將是你的。」

——《米書拿》〈父之章〉（*Mishnah*, Pirke Avot）[2]

我這一輩子從來沒見過痲瘋病患者，但是現在我在Nirmal Hriday，即聖心之家（Home of Pure Heart），身邊圍著好幾個痲瘋病患者。位於印度加爾各答的這個收容所，外界通常稱它為德蕾莎修女的臨終暨赤貧收容所（Mother Teresa's Home for the Dying & Destitute）。它成立於一九五二年，小小收容所收容過數千名流離失所赤貧的窮人。印度街頭每天幾乎都有人貧病交迫而死。

我在一個幽暗的秋日傍晚抵達。受容男女已分別進入餐廳等候用餐。男者穿青綠色襯衫、長褲和短袖黑色恤衫。他們緊貼著旁人坐在長板凳上。我旁邊是個失去雙腿的男子，在地上抖抖索索，嘴唇下冒著黃色泡沫。他眼睛無神，視線投向遠方。另一個坐在輪椅上的男子開始拚命咳嗽，往地上吐出「idli sambar」，一種米飯和蔬菜混合的燉菜。八位義工之一趕緊上前從他嘴裡移走食物，免得他噎死。義工把手指伸進他嘴裡，卻被他咬得疼叫起來。

有位年僅十八歲，來自法國土魯斯（Toulouse）的男義工，坐在病患群中。一頭棕色亂髮的他，長得很像年輕的米克．傑格（Mick Jagger，譯按：滾石樂團創始成員之一）。他生長在中產階級家庭，最近才從高中畢業，在網際網路上讀到聖心之家的故事，大受感動，買了一張單程機票，承諾在這裡當義工。

他一隻手搭在一個胃痛得不得了的老人肩膀上，像是多年老友。用法語招呼老人：「該吃飯囉。」老人恐怕只懂孟加拉話吧，但是報以微笑。和善是共同語言。

一個朝氣蓬勃的年輕人混在一堆年邁體衰老人群中，讓我很好奇。他不但和他們完全不同，也和我不一樣。當我在他這年紀時，正忙著申請大學，希望能進入一流學府。進到名校，意味他日有機會拿到好工作。現在我在華爾街有份好差事，我繼續拚命工作，希望多存點錢，日後可過人上人的生活。這位年輕人腦子裡完全不想這些。他不曉得自己什麼時候會唸大學，或是究竟會不會要唸大學。這使我不禁要問：是什麼原因，一個健康的年輕人要捨財富、救赤貧，和一群既老又病的人一起生活呢？

他說：「我奉行我的宗教信仰。」他生長在天主教家庭，自幼父母耳提面命教他福音。接下來他說了一句話，既弔詭又有普世意義，我永遠不會忘記。他說：「雖然這裡每個人都很窮，但是他們精神上很富裕。」他的反應使我又想到一個百思不解的問題：這些瀕臨死亡絕境的人一無所有，又怎麼尋得安寧呢？

打從創世紀以來，金錢從來就不只是財富的衡量；有時候，也是我們價值的象徵，並考驗著我們的道德。一個人如何處理金錢，除了儲蓄和花用外還有許多錯綜複雜的面相，可以展示這個人是否遵守社會的道德標準：一位富有的婦人若從未捐助有需要的人，會被認定小氣吝嗇；一名窮婦人盡其能力助人，會被認為慷慨大度。看來好像窮人做得「對」，或至少比較人道。一個人使用金錢的方式可能建立或破壞他在社會的聲譽和地位，而且肯定展現出他的性格。由於金錢是價值的表述，要如何表述，就十分重要。

金錢表述的方式因人的動機而異。先假設以一個簡單、清晰的方式，思考我們的意向。首先，人人都希望有更多錢。「愈多愈好」的經濟邏輯已經斷定這個觀點。其次，有人不會拚命多賺錢，因為他們追求的不是錢而是別的東西。這個觀點根據的是「少就是多」或「夠了就行」的精神邏輯，因為他們擁抱的是弔詭的立論：放棄物質財富會獲得精神成長和滿足。

採用經濟邏輯的話，我們希望有更多錢，因為錢能幫助我們取得必要資源生存。一直到現在，本書一直都以「愈多愈好」的邏輯在論述。不論是因為大腦裡的演進算式或是獎賞電路在作祟，我們不斷追求更多的金錢，而金錢就象徵了成就、地位和特權等屬性。進一步就衍生出財務成功是近乎普世的目標，許多人孜孜矻矻為的就是追求這個目標。皮優研究中心（Pew Research Center）一項調查發現，七七%的美國人認為努力工作就會成功。[3]

但是想有更多錢和地位，乃是外在的成功，它影響也界定許多身陷競爭文化的人士成敗功過。可是，追求外在成功未必永遠帶來個人滿足。[4] 蓋洛普調查全球近兩百個國家、兩千五百萬人的工作滿意度，發現只有一三%「深入」或「情感上投入」他們的工作。他們發現沒有全心投入的工作人員有兩倍，比起全心投入的工人表現出負面或有害的情緒。[5] 一味追求賺錢可能出現有害的後果。日本替工作太拚而死的人，取了一個名字：過勞死。

外在成功成為單一焦點時，一個人可能開始事事以經濟邏輯考量：愈多愈好，甚至愈正確。蓋洛普發現，相信辛勤工作就會財務成功的人，比較支持資本主義。雖然在金融危機之後的二〇一〇年，支持自由市場的美國人由八〇%降至五九%，信賴市場一直是美國主流經濟思想的主幹。[6]葛林斯潘和許多主要經濟學家長久以來都認為市場天性就正確，會自我矯正。認為市場是正確的，甚至流行於美國文學界。美國國會圖書館一項研究發現，艾茵・蘭德（Ayn Rand）寫的一本書《阿特拉斯聳聳肩》（*Atlas Shrugged*）被公認是僅次於《聖經》，對美國人生活最有影響的一本書。[7]這本書支持自由意志主義觀點（libertarian views），強調自由市場至上，並且堅持對企業和市場應解除管制。財經作家賈斯汀・福克斯（Justin Fox）追蹤市場是正確的這個信念，上溯到中世紀：「相同態度的蛛絲馬跡可以在早期經濟學家，例如亞當・斯密和中世紀宗教思想家的著作中找到。雖然某些中世紀學者主張，立法者應該替每一商品訂定公正價格……聖湯瑪士・阿奎納（St. Thomas Aquinas）則認為，公正價格宜由市場決定。」[8]

第一個提出「看不見的手」這個說法的人，並不是亞當・斯密。哥倫比亞大學人文學教授馬克・泰勒（Mark C. Taylor）指出，其實是約翰・喀爾文（John Calvin）。[9]喀爾文認為上帝的手把秩序帶到世界，否則世界就會一團紊亂。泰勒寫道，亞當・斯密採用這個詞語，把秩序的源頭，「從上帝改為個別人類行動者的內部關係。從這個觀點出發，市場是自我組織的體系，可以管理自己。」[10]

然而，當市場價值至上時，正確和錯誤之間的界線可能會模糊。獲取利潤會被誤以為才是正確。在現今時代，幾乎任何東西都有價碼。你可以付錢請槍手，替你寫整本博士論文，你甚至可以付錢買女人的貞操。有件喧騰一時的事件，某巴西女子以七十八萬美元把初夜權拍賣給某日本男子。這件事對嗎？她自我解釋：「一輩子只做一次，就不是妓女。」[11]這筆交易後來沒成功，她再度試圖拍賣初夜權。即使猶大也以三十個銀幣出賣耶穌，證明即使彌賽亞的性命也有價碼。

哈佛大學教授麥可．桑德爾（Michael Sandel）寫道，什麼東西都可以賣的時候，也就是任何東西都可以收買，會有腐化之虞。[12]把原本無價的東西貼上價碼，就褻瀆了它。這些令人生氣的行動把市場規範帶進原本非市場的領域，有如第三章所舉的例子：美索不達米亞男子除非是清償債務，否則不能出售妻子。

挺諷刺的是，追求更多外在成就，會使一個人時間不夠、不能滿足，也不能寧靜。經濟邏輯會產生次優的結果。這就產生一個問題：還有別的路嗎？求助於「少即是多」的精神邏輯或許能產生較佳的結果。假如金錢象徵強大和權力，那麼缺乏金錢代表的就是反面：衰弱和無能。為什麼有人要這些東西？的確，精神邏輯是反直覺的，可是它是追求不同目標的手段，追求的不是金錢財富、而是精神的富足。在經歷弱勢之下，人創造出信仰的空間和需要。如果金錢是外在成就的跡象，疏遠金錢即是求取內心平和。在這兒，金錢的影子結束，上帝的陽光普照。

談到金錢，許多宗教領袖提倡「少即是多」的精神邏輯，以及疏遠物質財富才能產生精神富足的這一弔詭的智慧。在艱鉅的時代，文明和市場發展著，老子、佛祖、耶穌和穆罕默德等不同宗教領袖，都擁抱這一弔詭的智慧。

他們指導信徒不要貪圖金錢等物質東西，走向更禁欲、清修的道路。這些宗教領袖試圖啟發人們認識金錢過分強大的力量。他們警告信徒，莫要被貪婪吞沒。道家始祖老子就說過：「故物或損之而益，或益之而損。」[13]為什麼有這麼多宗教領袖勸諭莫崇拜金錢，而主張這一弔詭的智慧，值得我們深入了解。

人類學家大衛．葛瑞伯指出，畢達哥拉斯、佛祖和孔子等有影響力的宗教領袖，全都活在西元前六世紀，即硬幣發明出來的地區：希臘、印度和中國。[14]他認為，從西元前八〇〇年至西元六〇〇年，錢幣和若干持久的宗教會出現，不是巧合。很有可能，某些有組織的宗教是因為回應市場的重要性興起而散布開來。例如，耶穌早期追隨者有許多人貧窮，接受他對於物質財富的弔詭、解放的智慧。

我要借在收容院遇見的少年郎的例子，來探討此一弔詭的智慧，但是要透過三個亞伯拉罕衍生的宗教和印度教的鏡頭來了解。這幾個宗教的經文對金錢都有無數的解讀。我們可以肯定地說，這個精神邏輯的元素在每一宗教中都可以找到。

不能事奉兩個主

耶穌基督走遍加利利（Galilee），教導和治療病患。他把最著名的教誨留到遇上一群追隨者，發表「山上寶訓」（Sermon on the Mount）。絕大多數聖經學者認為它是基督徒生命的指引。它的教誨包羅萬象，耶穌涵蓋的主題從通姦和離婚，到禁食和祈禱，無所不包。

談到金錢時，耶穌的弔詭智慧發光發亮，他說：「不要為自己積攢財寶在地上……只要積攢財寶在天上。」[15]他指出地上的財寶會被蟲咬、鏽壞，會失去價值，在來世並無意義。在墳墓裡當個最有錢的人，有何意義？最重要的是，你的財寶透露出你的優先事項、效忠和價值。耶穌又說：「因為你的財寶在那裡，你的心也在那裡。」[16]他很清晰地綜合他對金錢的看法：「一個人不能事奉兩個主，不是惡這個、愛那個，就是重這個、輕那個。你們不能又事奉神、又事奉瑪門（Money，即財利）。」[17]他的指示很清楚：排斥追求財富；珍視和寶貴神。

耶穌沒有再詳述他的指示。在〈馬太福音〉，耶穌力勸追隨者完全脫離金錢，放棄它們。有個富人來見耶穌，請教該做什麼善事，才能得永生。起先，耶穌勸告他遵守誡命，可是這個富人堅稱他都已經做了。耶穌於是升高要求，勸他擁抱「少即是多」或「無就是有」的弔詭智慧，告訴他：「你若願意做完全人，可去變賣你所有的，分給窮人，就必有財寶在天上。」[18]聽了這段話，富人憂憂愁愁地走了，因為這不是他希望聽到的答案。

耶穌又對門徒說：「我實在告訴你們，財主進天國是難的。我又告訴們，駱駝穿過針的眼，比財主進神的國還容易呢。」[19]

門徒聽耶穌這麼說，都覺得很奇怪，進入天國的門檻這麼高，要完全放棄塵世的財富，還有誰能得救呢？[20]由於信徒們已經拋棄塵世的財寶，滿心填滿神的教誨，耶穌承諾他們將會坐上「十二寶座」，「必得百倍，並且承受永生」。[21]

天國肯定為來自土魯斯的少年保留一席之地。放棄他的物質福祉，服侍痲瘋病患，他拳拳服膺耶穌基督的山上寶訓：「虛心的人有福了，因為天國是他們的。」[22]精神貧困，意即一個人謙虛地體認到上帝的需求，是高於一切的財寶。這個年輕人接受少即是多、無即是有的精神邏輯。他相信弔詭的智慧：疏離塵世財寶、以便得到天國的財富。

但是，許多人覺得基督徒的道德標準：棄絕物質項目外在成就，太高而不可及。我們透過愈多愈好的經濟思維，希望有更多錢財、地位和物質成就。在某些狀況下，我們甚至祈禱有更多錢財。基督教作家布魯斯・魏金生（Bruce Wilkinson）寫了一本引起爭議的暢銷書《雅比斯的禱告》（*The Prayer of Jabez*），引用聖經舊約〈歷代志上〉（1 Chronicles）中兩句名言：雅比斯求告以色列的神說：「願你賜福與我，擴張我的境界，常與我同在，保佑我不遭患難，不受艱苦。」神就應允他的所求。[23]

這段祈禱告訴我們，向神請求物質財貨並無不可。魏金生解釋這一祈禱的運用：「我想神不會要你祈禱得到一輛粉紅色的凱迪拉克豪車，但如果你說：我需要一輛新車，應該無妨。」[24]把這段禱告放進歷史脈絡裡，〈歷代記〉寫成於猶太人從流亡回到以色列最後一個省份之後。協和神學院（Union Theological Seminary）的艾倫．古伯（Alan Cooper）教授說：鑒於當時的時機是猶太人想擴張領土的時候，這段祈禱有它的道理。[25]

雅比斯的祈禱成為「繁榮福音」的基礎之一，它傳導的是基督徒因為信仰上帝，得到經濟繁榮為獎賞。繁榮福音傳播的訊息內容和傳播的使者，是有爭議的。許多電視布道家宣揚它，可是其中有些人因財務醜聞遭到判刑。繁榮福音也有違耶穌基督的教誨，因為他清楚明白地主張棄絕物質財富。

雅比斯的祈禱似乎贊同貪婪，可是根據經文，貪婪是罪惡。使徒保羅說，行「嫉妒……自私……的人，必不能承受神之的國。」[26]康可迪亞神學院（Concordia Theological Seminary）院長丹尼爾．賈德（Rev. Daniel Gard）對魏金生的書提出辯駁，他認為：「美國文化非常傾向薪水豐厚和大宅邸。它基本上讓你覺得身為虔誠教徒是好事，同時可以追求世界上所有的東西。」[27]這一祈禱是貪婪的例證，很容易揪出來。但是，希望有更多金錢的經濟邏輯也會使我們盲目，看不到自己的貪婪。貪婪的盲目性質是耶穌在沉思時經常會提到的題目。他在山上寶訓評論金錢時，對這個題目有一段話：「眼睛就是身上的燈，你的眼睛若瞭亮，全身就光明。你的眼睛若昏花，全身就黑暗。你裡頭的光若黑暗了，那黑暗是何等大呢。」[28]

根據紐約市救世主長老教會（Redeemer Presbyterian Church）牧師提摩太・凱勒（Timothy Keller）的說法，如果你重視對的事，你的眼睛就會瞭亮，你不會絆倒。但如果你眼睛不清晰，你又珍視錯的事，你就會全身陷入黑暗。一個人接受光明十分重要，因為貪婪是很難察覺的罪惡。

凱勒記得，每個月他講道要講七大罪惡，如貪慾、驕傲等等，他太太預測貪婪這個題目的聽眾會最少。果不其然，她說對了。他的結論是，許多聽眾認為本身根本不貪婪：他們看不見自己的貪婪。他有多年傳道經驗，卻不記得那一次有人承認自己犯了太貪婪、太重物質的罪惡。[29]這是因為，耶穌已經告訴我們，貪婪有讓我們盲目失明的力量。

大多數人想到貪婪時，想的都是比他們富有的人。我想到曾經遇見一位私募基金億萬富翁，開賓利大陸型名車，還擁有一架灣流五型專機。而我卻只是投資銀行的小咖，拚命工作，想存幾文退休錢。但這都是相對的。我有些朋友錢賺的沒我多，說不定認為我太貪婪、炫富。

我們通常不會拿自己去和賺得不如自己的別人做比較。我們很少面對鏡中的自己，承認自己的貪婪和唯物主義。茱麗葉・舒兒（Juliet Schor）在她的著作《過度花費的美國人》（*The Overspent Americans*）寫道：「我們做比較時，已經不再限於和自己收入相當這一級的人去比，或是和較我們高一階的人去比。今天，一般人往往都和收入比自己高出三、四、五倍的人做比較，或拿這些人當參照群。」[30]她發現，因此之故，許多美國人不滿意自己的地位和財務福祉。網際網路加劇這種比較。有一項研究分析六百名臉書使用人，幾乎三分之一表示由於向上做比較，感到嫉妒。[31]研究人員所謂的「強烈的嫉妒」暴露出經濟邏輯會產生什麼效應。我們如果總是拿自己和賺得多的人去比，並且追求外在成就，請問我們還有心靈生活或平靜的空間嗎？

同樣令人不安的是，貪婪會妨礙我們分辨「是」與「非」。貪婪會讓我們盲目，看不見我們周遭的問題。我認得的一個人在一家大型避險基金上班，而公司被控進行內線交易。他告訴我，他自己沒有涉及指涉的罪行，也坦承他不想知道究竟是怎麼一回事，或是誰涉及弊案，他寧願對發生在自己周遭的可能罪行視若無睹。他絕不是唯一一個這麼做的人，當公司從事不當或不法活動時，職員問些不該問的話，很可能自毀事業長城。因此，有些職員閉上眼睛，「全身黑暗」。換句話說，保持緘默、明哲保身，但是對基督徒而言，這要付出可怕的精神代價。

我們許多人接受「愈多愈好」這個令人眼盲的經濟邏輯，而且我們活在外在成就受普遍歌頌的世界，但是金錢和貪婪仍是令人不舒坦、不歡迎的話題。楊百翰大學（Brigham Young University）發現〈馬太福音〉的寓言十中有八、〈路加福音〉十二有九，都以某種方式提到金錢。[32]有些寓言，如浪子回頭、好撒瑪利亞人和播種者，大家都耳熟能詳。

在播種者這則寓言裡，耶穌又回到貪婪使人盲目的主題。他敘述一個人在各個不同地方播種。種子撒布到肥沃地區、磐石地區，和荊棘地帶。撒在肥沃地區的種子收成豐碩，高出百倍以上。撒在磐石地區的種子長得快，但根不深，撒在荊棘地帶的種子就不長東西。

耶穌為他的信徒解說這則故事。種子就是神的道，即耶穌的道理。[33]播種者的身分沒說出來，但我們可以推想他就是耶穌，正在傳布神的道理。在另一則寓言裡，耶穌稱播種者是人子，他經常以這個詞語自稱。[34]每個種子會有不同的結果，要依環境而定。由於耶穌說他把道理播撒在他們心裡，土壤很可能指的就是心。在肥沃的地裡，心珍惜道理，就產生豐碩的果。在石頭地上的，心聽了道理，當下歡喜領受。但是，「只因心裡沒有根，不過是暫時的，及至為道遭了患難，或是受了逼迫就立刻就跌倒。」至於「撒在荊棘裡的，就是人聽了道，後來有世上的思慮，錢財的迷惑把道擠住了，不能結實。」[35]

耶穌再度警告信徒，貪婪會使人盲目。塵世的思慮，如金錢、地位和聲譽，使人的眼睛看不到神的道理。它們使身體黑暗，看不到耶穌的道理，因此不能讓它們進來。耶穌要傳的道理是，心或腦若是盤據著塵世的財寶，就容不下天上的財寶。金錢有一股力量會騙人偏離永生之路，傷害對「棄絕金錢會導致精神富足」此一弔詭智慧的認識。

這個弔詭的智慧很難被人接受，可是耶穌並不主張走方便的捷徑，他鼓勵信徒要走正確的路。我們絕大多數人都曉得，抗拒金錢和棄絕金錢，對生活可起極大的改變。疏離金錢甚至似乎更不自然和時代錯誤，在很早以前，不是這麼繁複的時代，這個指示或許較易實行。可是，人類的貪婪歷久不衰。教宗方濟各（Pope Francis）二〇一三年底首度舉行使徒勸喻時，針對現代社會崇拜金錢表示：「我們創造了新偶像……對古代金牛的崇拜……已經以全新、冷峻崇拜金錢的方式恢復；不恤人性的經濟，其專斷缺乏真正的人道精神。」[36]

他認為貪婪導致「排他的經濟」，因此窮人受苦。教宗駭然發現，許多人關心股市漲跌勝過關心窮人的悽慘境遇。教宗提出和耶穌相同的觀點；耶穌問了一個尖銳、弔詭的問題，震撼市場價值至高無上這種社會的基礎：「因為凡要救自己生命的，必喪掉生命。凡為我和福音喪掉生命的，必救了生命。人就是賺得全世界，賠上了自己的靈魂，有什麼益處呢？」[37]

耶穌說，為了保住自己的靈魂，我們必須接受少即是多、無即是有的精神邏輯。因為這個弔詭的智慧，應許我們是很大的天上財寶。雖然它似乎違反直覺，到頭來我們必須有信仰。

我對加爾各答收容所的運作規模十分佩服：工作人員、食物和醫藥都很充裕。這一切在在都需要錢，因此我請教一位修女，他們如何募款？

她微笑回答：「天佑。」我的表情一定是顯得不相信，因此她又進一步解釋：「上帝的意旨。信念。」

我掏出一張五百盧比的紙鈔，約值九美元，遞給她。

她又笑了：「你瞧，上帝讓你來到這裡。這就是天佑。」她問我：「需要開收據嗎？」

雖然我十分敬佩修女們的工作，依靠天佑卻讓我覺得，要這樣來支付稅款、計程車資等等日常生活花費，恐怕不確實際。傳教士賓・魏德林頓三世（Ben Witherington III）指出，耶穌也知道在塵世必須有金錢和物質項目才能過日常生活。因此耶穌才在祈禱時，要求每日的麵包，而不是可供一年之用的補給物品。[38]耶穌指示我們，只要求我們「需要」的東西，不是我們「想要」的東西。談到物質需求，耶穌教誨我們考慮眼前，不要想未來：「所以不要憂慮吃什麼、喝什麼、穿什麼，這都是外邦人所求的。你們需用的這一切東西，你們的天父是知道的。你們要先求他的國和他的義，這些東西都要加給你們了，所以不要為明天憂慮，因為明天自有明天的憂慮，一天的難處一天當就夠了。」[39]

提到這些問題，耶穌承認日常生活有食物、水和衣物等物質需求。耶穌開始傳道之前，是個木匠、手工藝者，可能因工作收受報酬，因此他了解勞動、金錢，和維持生活之間的關聯。

耶穌的確應許天上的財寶，同時也承認需要某些物質東西。他關心的是，金錢在人世間是一股強大的力量。他出身小城鎮，也明瞭周遭的農業經濟。氣候對農民、漁民、貿易商，和商人的收成和經濟福祉有極大的影響。加利利和猶太山地（Judea）地區都不是有大量專業化和分工的社會，人們必須自力更生，必須自己縫製衣服、種植糧食，因此許多人祈禱風調雨順。耶穌的寓言有許多涉及到農耕，這表示他了解農耕是人民經濟的血脈。

即使耶穌生命之始終，也都顯示金錢之變化。智者承諾以物質財富給耶穌，企圖收買他；愚者為了幾文錢，出賣了他。猶太山地地區有許多種硬幣在流通，《新約聖經》有不少記載：泰爾謝克爾（Tyrian shekel）上面有海力克斯肖像，雷普東（lepton，複數為lepta）是一種不值錢的銅幣，總督硬幣（procurator coins）基本上是青銅製成的硬幣，是羅馬總督龐提烏斯·彼拉多（Pontius Pilate）等人發行的地方幣。[40]（譯按：彼拉多是羅馬帝國猶他行省第五任總督，在職期間西元二六年至三六年，他最著名的事蹟是把耶穌釘上十字架。）由於加利利是羅馬帝國的一部分，耶穌接觸過羅馬錢幣。猶太人必須付各種稅，有些稅要上繳到羅馬統治者哪裡去。每個男孩年滿十四歲或女孩年滿十二歲，每年必須繳交一個狄納瑞爾斯的稅。[41]西元一世紀有一種狄納瑞爾斯流通，它鐫有「凱撒尼祿、奧古斯都的聖子」等字樣。每個字都有相對應的數值，加總起來合計六六六，即《聖經》〈啟示錄〉所謂獸名數目（number of the beast）。[42]根據教士喬治·愛德孟森（Rev. George Edmunson）的說法，一般公認尼祿就是〈啟示錄〉中提到的獸。[43]虔誠的基督徒日後都拒絕身懷有這一肖像的硬幣，或用它來進行交易。

狄納瑞爾斯很有意思，因為耶穌在〈福音書〉裡直接評論它。有一個猶太人大型團體法利賽人（Pharisees），一直挑戰和考驗耶穌。有一次他們試圖考考耶穌，問起他有關稅務的問題：「我們納稅給該撒（凱撒），可以不可以？」[44]這是包藏禍心的難題。如果耶穌反對付稅，他們可以向羅馬當局舉報耶穌叛亂。如果耶穌答說是該繳稅，他會觸怒痛恨向羅馬君主納稅的猶太同胞。首先，耶穌看穿他們的詭詐。然後他要求他們拿出銀錢讓他看，是用什麼硬幣付稅，因為他身上沒有錢。他們出示上面有凱撒肖像的狄納瑞爾斯。耶穌說：「這樣，該撒的物當歸給該撒，神的物當歸給神。」[45]

透過閃避問題，他提出政治上機靈的答覆，並且再次在世俗與神聖、塵世，和天上財寶之間畫出區別。法利賽人不能責怪他叛國，而猶太革命派也不能指控他完全順服羅馬人。然而，藉由表示人民應該付稅給凱撒，耶穌等於默認金錢是人造的東西，在這個世界很難避免。他的回答呈現出「交易的領域」，我們在第三章已討論過。就和你不能付姨媽一筆錢，請她替你烹調感恩節大餐一樣，你不能出錢買到通往正義之路。耶穌進了神殿，趕出殿裡一切作買賣的人、推倒兌換銀錢之人的桌子，就是要在世俗和神聖之間畫出同樣的界線；他對他們說：「經上記載：我的殿必稱為禱告的殿，你們倒使它成為賊窩了。」[46]在他評論納稅時，耶穌提到羅馬錢幣的侷限：凱撒帝國的錢幣不在神的國度裡流通。每個錢幣上有凱撒的肖像，但每個人是依神的形象而創造的。

雖然不宜於永生的世界，我們在塵世生活仍然需要錢。經文也寫著：喜愛金錢（不是金錢本身），是萬惡的根源。金錢就像血，你需要它才能活，但它不是生命的重心。就和一個人捐血一樣，經文指示信徒分享他們的財富。耶穌提到應該給予什麼人：有需要的人，甚至你的仇敵：「你們要愛仇敵……並要借給人不指望償還。」[47]他的追隨者聽懂了他的道理，了解物質財富應該拿出來分享：「信的人都在一處，凡物公用。並且賣了田產家業，照各人所需用的分給各人。他們天天同心合意恆切的在殿裡，且在家中擘餅，存著歡喜誠實的心用飯，讚美神，得眾民的喜愛。主將得救的人，天天加給他們。」[48]

耶穌高舉一位窮寡婦，作為如何分享財富的模範。有一個窮寡婦進到神殿，往銀庫裡投了兩個小錢；有好些財主往裡投了若干的錢。「耶穌叫門徒來，說：我實在告訴你們，這窮寡婦投入庫裡的，比眾人所投的更多。因為他們都是自己有餘，拿出來投在裡頭；但這寡婦是自己不足，把她一切養生的都投上了。」[49]窮寡婦捐出了她所有的財富。她棄絕財富，完全吻合基督徒全然擺脫金錢的道德標準。她擁抱了信仰的弔詭智慧。

我們大多數人不願捐出一切的財富，但或許我們可以用不同方式詮釋她的行動：她犧牲自己的財務福祉。凱勒牧師解釋犧牲性質的贈與是，一個人的贈與犧牲了他的生活。或許我們應該根據經文，遵循捐出一〇%的指針。可是凱勒認為我們如何回答下列問題，十分重要：「你的經濟生活裡有十字架嗎？」[50]作家兼基督教神學家路易士（C. S. Lewis）對犧牲性質的贈與有進一步的描述：

我恐怕要說，唯一的安全守則是捐出比我們能割捨的還要更多。換句話說，如果我們在舒適、奢侈、娛樂方面的花費，達到和我們有同等收入的人之標準常態，我們可能就是捐的不夠多。如果我們的行善根本沒有困頓或傷害我們，我應該要說，捐得太少了。應該有些事是我們想做卻做不到，因為我們的行善支出排除了它們。我現在講的「行善」是一般的行善。你自己親戚、友人、鄰居，或員工發生特殊困難，上帝迫使你注意到了，可能要求你做得更多，甚至會傷害到你自己的處境。[51]

犧牲性質的贈與會使我們省思自己是如何花錢的，它是否適當反映我們的價值觀。藉由犧牲財務福祉，我們可以擺脫金錢、疏離金錢，走向沒有物質財富的自由生活。藉由接受少即是多、無即是有的精神邏輯，天上財富的應許就會更接近了。

神的富足

《妥拉》（*Torah*）一開頭就說，神創造天地。「神看著一切所造的都甚好。」[52]神所造的一切，從雀鳥、蜜蜂到人類和礦物，都屬於神所有，而他把這些東西都賜福給人類。《妥拉》也有很清楚的指示，說明如何才能得到更多的賜福。摩西告訴他的族人，他們若服從上帝、奉行他的誡律、過著正道的生活，將會得到繁榮與富足：「他必按時降秋雨春雨在你們的地上，使你們可以收藏五穀、新酒和油。」[53]

但是人類經常犯的錯，就是開始崇拜禮物、忘了贈與者，忘了我們只是神的富足暫時的守護人：「他怎樣從母胎赤身而來，也必照樣赤身而去。他所勞碌得來的，手中分毫不能帶去。」[54]因此，我們不應把轉瞬即逝的財富，誤認為持久的財富，去囤積或崇拜它。當摩西上了西奈山，取得十誡時，它明白把偶像崇拜（包含崇拜財富）視為罪惡：「不可為自己雕刻偶像，也不可作什麼形象，彷彿上天、下地，和地底下、水中的百物。」[55]

然而，摩西正在領受這些誡律時，他的族人卻違犯了。他們收集金環，亞倫用它們鑄成一頭牛犢。人民將金牛犢當作神崇拜，在它旁邊燃燒祭禮。耶和華要摩西回到族人那裡去，他們已經腐化了。摩西曉諭族人，製作「黃金之神」犯了重大罪惡，但是他懇求神原諒他們。[56]然而，神降下疫病，懲罰他們。

他們不僅崇拜偽神，還展現貪婪；根據十誡，貪婪也是罪惡。這條誡律甚至比其他誡律更嚴格，它不僅規定人應該如何行為，還規定他們應該如何思想：「不可貪戀人的房屋，也不可貪戀人的妻子、僕婢、牛、驢，及他一切所有的。」[57]

彷彿十誡還不夠清晰，這部希伯來聖經又列舉許多因經濟邏輯而產生的問題，例如傲慢：「富足人用威嚇的話回答。」[58]甚且，物質財富也是虛幻，一個人只會想要更多：「貪愛銀子的，不因得銀子知足。貪愛豐富的，也不因得利益知足。這也是虛空。」[59]最糟糕的是，貪婪使人盲目，看不到是神賜福給我們富足。施惠的人被忘了：「你的牛羊加多，你的金銀增添，並你所有的全都加增，你就心高氣傲，忘記耶和華你的神，就是將你從埃及地為奴之家領出來的……恐怕你心裡說：這貨財是我力量，我能力得來的。你要記得耶和華你的神，因為得貨財的力量是他給的。」[60]

《塔木德》（*Talmud*）是猶太教一部十分重要的宗教文獻，編成於西元三世紀至五世紀之間，也提到貪婪會使人目盲。文獻記載一則有關亞歷山大大帝的故事：亞歷山大大帝曾經要求一群猶太教拉比呈獻給他一份禮物，以示尊崇。拉比們送給他一隻眼球。亞歷山大大帝拿它和金、銀相秤對比，眼球總是較重。拉比們解釋：「這是人類的眼球，看到什麼都不會滿足。」[61]然後拉比們用塵土覆蓋眼球，貴金屬就比它重了。

在這則故事，塵土減輕了貪婪。但是在《希伯來聖經》其他地方，則建議我們視財富如塵土。約伯（Job）接受考驗時，失去了財富，據說神要他「將珍寶丟在塵土裡」。[62]他的物質財產轉眼成空，有如塵土，到最後等於空。[63]約伯一定體認到，「全能者就必為你的珍寶，作你的寶銀。」[64]這個指示就是摒棄愈多愈好的經濟邏輯。所羅門王也建議同樣這條不要追逐財富的道路：「不要勞碌求富，休仗自己的聰明。你豈要定睛在虛無的錢財上嗎？因錢財必長翅膀，如鷹向天飛去。」[65]根據十三世紀研究《希伯來聖經》的西班牙學者拉貝努・巴查亞（Rabbeinu Bachya）的說法，所羅門王的著述不鼓勵滿心只想累積財富的人。一個人取得財富的能力不全然依賴他的智慧。即使取得財富，也未必能保住財富，因為財富可能遠去，會像鳥一般飛走。[66]

但是，根據《價值、繁榮與塔木德》（*Value, Prosperity, and the Talmud*）作者拉瑞・卡哈納（Lanny Kahaner）的說法，少即是多的精神邏輯並沒有掌握《希伯來聖經》對物質財富的要義。他認為，更準確的描述是：夠就夠了，亦即是個人知足。他寫道：「重要的是要以你已有的財富為滿足，用它來為家庭和社區行善事。」[67]一個人知足，將會享有神永久的財寶；〈箴言〉就說：「心中歡暢的，常享豐筵。」[68]《財富的挑戰》（*The Challenge of Wealth*）作者梅爾・塔馬利（Meir Tamari）認為，神將賜予有信仰的人富足。

對那些已有信仰，且得到財富賜福的人，所羅門王建議要行善、不能盲目自私：「賙濟貧窮的，不致缺乏。佯為不見的，必多受咒詛。」[69]一個人豐收，也需要播種：「有施散的，卻更增添。」[70]由於財富被認為是神的賜福，而且《妥拉》說貧窮是個持久的問題，富人必須扮演有美德的守護人，利用他們的資源協助有需要的人：「原來那地上的窮人永不斷絕，所以我吩咐你，總要向你地上困苦窮乏的弟兄鬆開手。」[71]

神對其子民如何行善也有指示：給多少和給誰。十分之一應給予有需要的人，尤其是寡婦和孤兒。十分之一是聖經上人類對神的第一個誓言。雅各（Jacob）保證把他擁有的一切之十分之一給予神，如果他能躲過他孿生哥哥以掃（Esau）對他的追殺。[72]在農業經濟裡，神對行善的指令脫離不了收成。譬如，角地不該收成，才能留點穀物給窮人。神也囑咐他的子民，在借貸時要心存善念。他們不應該從事高利貸，或是對放貸給以色列同胞收取利息：「不可向他取利，也不可向他多要。只要敬畏你的神，使你的弟兄與你同住。」[73]高利貸後來在〈以西結書〉（Book of Ezekiel）中被稱為：可憎的事。[74]

行善是猶太教最高美德之一。《塔木德》說：「慈善的重要性，等於其他所有誡律的總合。」[75]希伯來文「Tsedakah」意即慈善，它的字根是正義。[76]猶太教重視慈善可以「tikkun olam」為例證，它源自早期猶太教經文，意即：修理世界，衍生為：建設永恆。[77]它要求猶太人不僅要自食其力，也要幫助社區。「tikkun olam」是現代自由派猶太教很堅強的一部分，它啟發許多猶太人捐助巨款行善：把財富置於塵土中。

人的考驗

失去財富是約伯受到的考驗之一，但是《古蘭經》（*Koran*）重視的是這個考驗的反面。「Mal」意即財富或財產。財富富足本身才是考驗。[78]對穆斯林而言，生命就是一種考驗，要依據《古蘭經》的原則，以道德方式過活，並且服從神。[79]物質財富就是「fitnab」（意即：

信仰的考驗）的一部分，因為它透露一個人內心的真實性質。《古蘭經》以一則富人和窮人的寓言描述這一考驗。富人的花園長了許多水果，他向窮人誇耀：「我比你有錢多了。」他自欺地認為他的花園絕不會毀壞。窮人質疑並取笑富人，問他是否忘了神的力量：「雖然你認為我財富不如你……我的上帝或許將賜給我比你花園更好的東西。」後來，花園毀了，富人後悔自己的愚蠢。[80]窮人了解在物質財富上，少即是多的精神邏輯。富人因為相信愈多愈好的經濟邏輯，在信仰的考驗上失敗了。《古蘭經》清楚表明，財富的確就是信仰的考驗：「你們應當知道你們的財產和子孫只是一種考驗，在真主那裏有重大的報酬。」[81]

《古蘭經》不僅公開宣稱財富是一種信仰的考驗，還清楚地指導你如何通過考驗：要記得維持對神的信心，不被貪婪蒙蔽：「信道的人們啊！你們的財產和子女，不要使你們忽略了紀念真主。誰那樣做，誰是虧折的。」[82]

如果一個人通過考驗，服從神，根據他的意旨行事，這個人將得到精神財富的賞賜。和我們前面引述的經文相似，《古蘭經》也用農業詞語形容神的賜福：「為主道而施捨財產的人，譬如一個農夫播下一粒穀種，發出七穗，每穗結一百顆穀粒。真主加倍地報酬他所意欲的人，真主是寬大的，是全知的。」[83]

但是一個人若通不過考驗，迷戀塵世的財富，到了末日審判時會有可怕的後果，甚至被貶入地獄：「你說：如果你們以為自己的父親、兒子、兄弟、妻子、親戚，以及你們得來的財產，生怕滯銷的生意，和心愛的住宅，比真主及其使者和為真主而奮鬥更為可愛，那你們就等待著，直到真主執行他的命令吧。真主是不引導放肆的民眾的。」[84]「你們酷愛錢財。絕不然！當大地震動復震動，你的主的命令，和排班的天神，同齊來臨的時候，在那日，火獄將被拿來；在那日，人將覺悟，但覺悟於他有何裨益呢？」[85]

儘管已被提醒會有這個信仰的考驗，人類卻很容易失敗、過不了關。《古蘭經》解釋人類以種種方式迷戀塵世的財富，從希望鞏固自己的社會地位，到試圖淫蕩奸邪：「可悲啊，輕蔑、譏笑的人。他們累積財富，（不斷地）計數它。他認為財富可使他永恆。」[86]

物質財富的誘惑一向都很強大。西元七世紀，即古蘭經啟示時期，一個人的社會地位取決於他的財富和子女多寡而定。專門研究伊斯蘭的柯林．特納（Colin Turner）教授發現《古蘭經》有八十六段提到塵世財富。[87]根據研究伊斯蘭財經問題的學者孟哲．卡夫（Monzer Kahf）的說法，《古蘭經》並不禁止財富。他說：「穆斯林並不貶斥財富和富足。」[88]先知穆罕默德有兩位助手，就是非常富有的人，而穆罕穆德並未譴責他們。

《古蘭經》有些章節專講如何不誤用財富，譬如不要在捐助善款後還提醒別人自己有多麼慷慨。有些章節則提醒不要迷戀財富。[89]有那麼多章節提醒莫貪婪，由此可知當時的社會專注在塵世財富。迷戀財富妨礙人們承認孤兒出身，當過牧羊人的默罕默德是先知。這樣一個沒有塵世財富的人，在敬服財富的社會裡，不易得到尊重。

總而言之，《古蘭經》有關財富的教導是，一個人必須清楚看到塵世和天上財富的差別。弔詭的智慧很清晰：塵世的財富有如蜉蝣；神才是永恆：「你不要覬覦我所用以供給他們中各等人享受的，那是今世生活的浮華，我用來考驗他們；你的主的給養，是更好的，是更久的。」[90]

耶穌在山上寶訓也做出同樣的區分。穆斯林認為《古蘭經》是神授予摩西、約伯和耶穌等先知的道理之持續和結論。《古蘭經》裡有關如何處理財富的許多教誨，很像在其他亞伯拉罕信仰中提到的內涵。譬如，《古蘭經》禁止崇拜雕型像。它也提到金牛犢的故事，來證明偶像崇拜的後果：「奉牛犢為神靈的人們，將受他們主的譴怒。」[91]《古蘭經》也認為萬物皆屬於神所有，因為神創造了世界：「凡在天上地下的，在天地之間的，在地底下的，都是他的。」[92]

神的恩賜為人類創造出因感激而生的義務，人類必須擔任上帝的富足臨時的、正直的受託人。神和人類之間的關係是信賴（amanah）的關係，也就是受信託去做正確的事，履行神的意旨。虔誠的穆斯林認為財富、子女等恩賜，都屬於神所有，因此他們試圖遵奉《古蘭經》所定的原則去行事為人。最高的原則是「盡力而為」，根據《古蘭經》：「你應當借真主賞賜你的財富而營謀後世的住宅，你不要忘卻你在今世的定分。你當以善待人，像真主以善待你一樣。你不要在地方上擺弄是非，真主確是不愛擺弄是非者。」[93]

盡力而為的一個方法就是行善。伊斯蘭有個支柱叫施捨周濟（zakat），《古蘭經》有三十多段章節提到它。每個穆斯林只要有資源，都必須施捨給窮人。施捨周濟的字根意即「純潔」和「成長」。給出施捨周濟，一個人就清洗掉財富的貪婪：把神的恩賜流通給別人，因此永續維持此一精神的餽贈經濟。《古蘭經》沒有訂定該捐出多少，但是穆罕默德定下的傳統是一個人年所得的二．五％。《古蘭經》講明若干團體應該得到這些捐助，如窮人（fuqara），或付不出欠債的人（al-gharimin）。[94]

另一個盡力而為的方法是，從一開頭就別讓人成為付不出欠債的人。《古蘭經》禁止「里巴」（riba），這個字照字面直譯是超過或增加，但引伸為「利息」或是債務的本金所增加出來的任何數額。[95]《古蘭經》把高利貸稱為「不正當地使用財富」，並且表示從事高利貸的人將受到「痛苦的懲罰」。[96]在古蘭經啟示時期，里巴被認為可切斷勞動和資本之間的連結，因為一個人沒為社會製造價值就賺取財富。幾百年來，伊斯蘭學者為里巴的翻譯和意思辯論不休。[97]如果它指的是貸款零利率，那麼標準的銀行借貸作業全都可以關門。為了吻合對里巴的約束，伊斯蘭的銀行業至少創造二十一種不同型態的企業模式，從收取服務費到設計分期付款結構都是。[98]

放下

印度教天堂之神因陀羅（Indra），理應保護世界對抗惡靈阿修羅（Asuras）。他算相當成功，因為主司財富和幸運的女神拉克什米就在他身邊。有一天，智者敝衣仙人杜瓦沙（Durvasa）遇到因陀羅正好騎象而過。獻給因陀羅一圈聖花，因陀羅順手就放在大象頭上。不料，大象把花圈丟到地上。敝衣仙人驚覺自己送的禮物竟被如此輕蔑，詛咒因陀羅要失去權力和幸運。拉克什米氣憤因陀羅的傲慢和貪婪，跳進乳狀的大洋。[99]後來神祇們在和阿修羅的作戰中一再吃敗仗。神祇們答應分享「amrita」，即海洋的永恆花蜜，和阿修羅達成和解。神祇們聯手一千多年以山為棍、以蛇為繩攪動大海，終於毒死了阿修羅。

最後，拉克什米現身站在蓮花之上，手持蓮花。一頭聖象以鼻持裝在金壺裡的水為她沖頭，一位著名的工藝名匠給了她最精緻的珠寶，其他所有神祇唱讚美歌歡迎她。接受禮物後，拉克什米加入另一個主要的神祇毗濕奴（Vishnu）作為他的妻子。她的出現帶來一個繁榮世代，諸神高高在上統治一切。[100]

這個故事充滿象徵意義。乳狀的海水象徵古代的放牧、農業經濟，在當時牛乳是維持生命的重要食品。牛乳也代表拉克什米的母性、滋長的一面。蓮花從污泥上長出，可是莖高出水面，因此象徵美麗和希望。根據印度歷史學教授馬哈拉克什米（R. Mahalakshmi）的說法，代表「浮動在太初大洋的子宮」。[101]大象象徵忠誠，賦予拉克什米尊貴。

數千年來，有關這位女神的故事一再傳誦，出現對她許多不同版本的描述。有一幅熟悉的畫像，她手持香蕉和甘蔗，代表五穀豐收。另一張畫像，她膝上坐個小孩，小孩象徵家庭未來可能財富滾滾。還有一張畫像，她有金色皮膚、用金色珠寶裝飾，她手掌從金桶裡掏出金幣撒放。

印度神話充滿拉克什米和她種種化身的故事，因為她代表興旺、財富和美麗。她被稱頌是毗濕奴忠誠的妻室，他們的關係代表婚姻的穩定。有一張常見的畫像是拉克什米替毗濕奴按摩雙腳。從古至今，她被奉為印度女性的模範，不過近年來這一點已漸有改變。[102]縱使如此，寶萊塢電影中，許多女主角仍命名為拉克什米，而且任何家庭生下女嬰，都被視為迎入拉克什米。[103]新進門的媳婦也象徵拉克什米，她在成婚當天穿金戴銀的數量預示著她將給夫家帶來多少財富。[104]向拉克什米祈禱並不代表貪婪金錢。別忘了，拉克什米抗議因陀羅太貪婪。許多人尊奉拉克什米，是為了她的德行。

在印度，她啟發某些最大的節慶和最大的寺廟。每年秋天，會有五天的光明節（Diwali）。某些地區把第一天稱為「Dhanteras」，要進行稱為拉克什米法會（Lakshmi pupa）的祈禱。村民把他們賺錢的源頭：家裡的牛，好好裝扮。家家戶戶灑掃庭院，點上大燈，歡迎拉克什米降臨，並且驅邪袪魔。商家重開一本帳冊，祈求新年生意興隆、財源滾進。門口也要畫上小腳印，準備迎接拉克什米蒞臨。這五天，[105]許多人買金幣和金屬器皿，也聚賭。我在加爾各答包車的計程車司機，每年此時都和幾個朋友玩紙牌。他們相信誰贏了，新的一年就會好事連連。他抱怨就是年初打牌輸了，才會錯失受雇某大旅館司機的機會。

在德里，我去瞻仰奉拜毗濕奴和拉克什米的勒克什密那羅延寺（Laxminara-yan Temple）。我在注意看一幅壁畫時，來了一位僧人，在我前額點上紅印記（tika）。他說：「拉克什米會祝你好運。」

我有點意外，吶吶地說：「謝謝你。」

他瞪著我。我也瞪著他。過一會兒，我才會過意來，掏出幾個盧比給他，他就消失了。

拉克什米長久以來也是印度貨幣史的一部分。西元四至五世紀古普塔帝國（Gupta Empire）時期，國王發行有拉克什米肖像的硬幣，盼望毗濕奴會保佑他們的王國。[106]十一世紀，朝罕（Chauhan）諸王統治今天印度拉賈斯坦邦（Rajasthan）地區，也鑄造有拉克什米肖像的銀幣。[107]十八世紀，在印度朋地榭里（Pondicherry）地方的法國殖民者也發行有拉克什米肖像的硬幣。即使到了今天，由於拉克什米和金錢習習相關，許多人還認為錢是神祇所賜。有些人還因為不小心把錢掉到地上，頻頻道歉，彷彿褻瀆神明。

在印度神殿裡，拉克什米可作為了解印度教和財富之間的關聯之焦點。但是我們的研究不應該只放在這位女神身上。印度教是古代許許多多神話和相互矛盾的哲學的總結合，缺乏中心領袖或誡律。財富（artha）和解放（moksha）這兩個不相稱的觀念和金錢有關，值得進一步探討。

根據可以上溯到西元前一五〇〇年的古印度經文《吠陀》（*Vedas*）的說法，人類有四種生活目標（purusartha），意即應該追求的事物：責任（dharma）、財富（artha）、愉悅（karma），和最高目標解放（moksha）。[108] 財富是外在成就和塵世財富，例如金錢、形象，和地位的總累積。解放有一部分關係到捨棄這些東西，並且擁抱精神富足的弔詭智慧。這兩個目標模糊了世俗和神聖之間的界線。[109] 但是，界線必須要模糊。印度教並沒有摒斥追求物質財富，甚至可說是擁抱塵世財富：對財富的一項了解就是，人類需要實質事物，例如金錢，才能過活。愈多愈好的經濟邏輯到某一地步都有必要，因為沒有人想要強迫性的貧窮。向代表財富的拉克什米祈禱，就是希望避免因貧窮和不幸而受苦。向亞洲地區其他主司財富的神明祭拜，也是同樣的道理。譬如，佛教的女神持世菩薩（Vasudhara），職掌協助紓緩貧窮，賜予物質和精神的豐足。

重點是在於人生的目標，必須相互平衡，相互依恃。人們不能追求財富，卻違背責任：一個人有責任道德正直。然而，若非經驗過塵世財富的侷限性，一個人不太容易認識到需要放棄它們：你需要財富才能達到割捨、解放的覺悟。[110] 沒有因「愈多愈好」的經濟邏輯所產生的空虛感，你絕不會醒悟需要「少即是多」的精神邏輯。這是一個人一生要走的漸進的過程。人生的目標也呼應下列人生四個階段：學習（brahmacharya）、養家（grihastha）、隱居（vanaprastha），以及割捨（sannyasi）。[111]在人生的前兩個階段，人需要及追求財富，賺錢求生。完成對家庭的物質責任後，人在後頭兩個階段追求解放。學者甚至認為人生的目標要吻合一天的時辰：記得一個人的職責應該是早上功課的一部分，財富應該在白天就保存起來。[112]這個相互依賴的教訓：財富為解放預為鋪路，正是克里希那（Lord Krishna）在印度教主要經典《薄伽梵歌》（*Bhagavad Gita*）中傳授給他學生阿周那（Arjuna）的道理：「從外在事物得到的愉悅，是苦難的子宮。阿周那啊，它們有始也有終，沒有智者會從它們找尋快樂。」[113]

這個苦難就是體會到金錢這類的塵世財富，有如耶穌在山上寶訓所說：只是瞬眼即逝，容易敗壞。在佛教中，受苦難折磨是四大高尚真理（Four Noble Truths）的第一個：生命充滿「dukkha」，意即痛苦或焦慮。金錢就是這一苦難的一部分。它是「Maya」，也就是一種幻相。如果你依據財富多寡來界定自己，你很容易會失去自我價值。正因為這樣的遺憾（sorrow），人才要尋找更富足的東西。拉克什米抗議，並貶抑因陀羅的貪婪，解放也消滅了財富。

智者追求解放。根據印度教傳統，人類身陷輪迴，人死之後轉世投胎生為其他物種，經歷人類的七情六慾，譬如貪戀財富。人類如何過現世這一生，決定他來世的處境。活得正直高尚，如捐錢行善，可以使人提升到更高一層世界，直到你可以擺脫物質世界的幻相，來到不需要金錢、市場和人類的地方。這就是解放，人的靈魂與至尊合一。在佛教裡，解放即涅槃（nirvana），意即七情六慾和物質需求全部寂滅。

《薄伽梵歌》提到好幾條道路可達到解放。但是一再出現的主題是疏離、棄絕和放下等弔詭的智慧，唯有如此人類才將解脫，獲得永生：「人不執著於感情，從本身得到滿足，他的心靈純然自由，獲得不滅的快樂……能控制心靈、割捨整望和憤怒的人，就能實現自我；他曉得神的福佑愈來愈近……欲望、恐懼，和憤怒俱已遠去，他就永遠自由了。」[114]

換句話說，一個人的一生應該有段時期，放棄金錢財富、外在成就，甚至所有塵世的東西，例如家產、地位和形象。人唯有放棄七情六慾後，才能做到棄絕。

接納少即是多的精神邏輯，其實是相當大的內部精神作戰。賓夕凡尼亞大學神經科學教授安德魯．紐伯格（Andrew Newberg）檢查佛教僧人打坐瞑想、走向涅槃境界時的大腦活動，發現前額葉部位非常活躍。[115]大腦這塊地區主司思考、產生我們的意識，使我們成為人類。這些研究似乎強化宗教領袖早已知道的一點：忘卻金錢，我們才記起自我。

價值的象徵

在一個幾乎萬事萬物都以金錢做價的世界，信仰可以是個避難所，是精神上的大壩，擋住從世界四面八方湧至的金錢洪流。宗教和藝術等人文學或許比較不注重積攢財富，比較重視如何生活：不問你是否慈善、大方和知足。[116]藉由溫習古代宗教經典和精神大師的教誨，我們蒐集了如何運用金錢過生活的豐富指示。

在所有這些宗教中，少即是多（或：夠就夠了）的精神邏輯不斷地強烈出現。加爾各答收容所那位青少年把這個教誨銘記在心，捨棄物質所有，來到痲瘋病患群中服務。他的信仰幫助他記住最重要的事。那些垂死邊緣的痲瘋病人，顯現一無所有的人也知道感恩和知足。我去參觀收容所，幫助我看到愈多愈好的經濟邏輯是如何形成和驅策著我。我研究不同宗教傳統則看到心繫金錢財富，可以使生活失去個人滿足。但是若能正確使用，金錢是一種可以分享的工具，也可以促進人類繁榮。弔詭的是，賺錢的目的似乎是要與別人分享。

但是有些人卻對金錢有不同的看法，錢幣上面的藝術可以告訴我們共有的歷史故事。打印在錢幣上的符號表徵不僅反映價值，還反映在不同的社會、文化，和整個人類現代文明所珍惜的東西。我因為研究，接觸到世界上許多人，他們教會我更仔細觀察金錢，並且思考它如何成為我們價值的象徵。

章八

鍍金情結

——金錢藝術

蒐藏硬幣是小男孩的嗜好，為人父親者的投資，在老爺爺則是意外添了一筆收穫。

——韋恩・詹森（D. Wayne Johnson）[1]

鸚鵡會急速地説：「八號！八號！八號！」直到你忖想，牠不是一口氣快接不上來，或是直到約翰把布巾罩上鳥籠。

——羅伯・路易斯・史蒂文生（Robert Louis Stevenson）[2]

所有的古物裡頭，硬幣最小；可是以群組來看，它們在紀錄上最權威，在分布上最廣泛。它們訴説的歷史綿延不斷；它們分布的地理最完全；它們反映的藝術最連貫，也最廣泛；它們代表的神話最豐富、最多樣。不知名的國王、失落的城鎮、已被遺忘的神祇，以及新的藝術學派，全都呈現於此。個別的角色出現，人類的趨勢也透過它們界定。

——瑞吉娜・史都華・蒲爾（Reginald Stuart Poole）[3]

我抽出一天時間來到孟加拉達卡（Dhaka），想要探尋一個失落的文明所遺留下來的硬幣故事。我選錯日子了，孟加拉全國正陷入一片政治爭議中。在野黨走上街頭抗議，全市封鎖，並且造成死亡暴動。[4]

出不了旅館，因此賈漢吉爾納加大學（Jahangirnagar University）考古學者蘇非・莫斯塔費祖・拉曼（Sufi Mostafizur Rahman）到旅館來看我。他領導的勘察隊在離達卡約五十英里的瓦利－巴提什瓦（Wari-Bateshwar）地區、四十八個地點，進行挖掘工作。這些遺址的歷史至少可上溯到西元前四五〇年。他相信這些遺址就是古城索納果拉（Sounagora），而古城又是甘加里達（Gangaridae）地區的一部分，這是靠近恆河以貿易出名的地區，味吉爾（Virgil）、普魯塔克（Plutarch）和托勒密（Ptolemy）都曾經提到過它。[5]

他說：「托勒密提到次大陸許多城市，現在都已消失。考古學家現在試圖找出它們。」[6]

拉曼會有這個假設是因為他的團隊挖出許多文物，包括一堆硬幣。

發覺我感到興奮，他低聲問我：「你願意到遺址瞧一瞧嗎？」

「是的。但是怎麼去呢？」我想到進出城的路已經封死了。

他說：「我們必須一大早就出發。」

次日清晨，趁著只有少數抗議者敲打廂型車車門之下，我們穿過封鎖線，前往內地那個古城的宏偉遺跡。[7]

拉曼告訴我：「要搞清楚這個文明最好的方法之一，就是研究它的硬幣。」他說，從硬幣我們可以了解一個社會的經濟、貿易路徑、政治領導人和文化傳統。[8]

在瓦利—巴提什瓦地區出土了一千多個敲打出來的銀幣。這些銀幣重量相同，都是五七・六公克，顯示已有中央政府訂定統一重量。許多銀幣正面有敲打的痕跡，顯示它們是如何打造。銀幣並沒有統治者的名號，但有他們的符號表徵。譬如，一個月亮加三支弓是孔雀王朝（Mauryan Empire）帝國統治者的記號。這些硬幣也有船、魚、花、樹和太陽的記號，超過一百多種。有時候這些記號代表鑄幣單位的首長，或負責貨幣制度的主官。銀幣背後的記號是銀行家用來標明不同面額，並表明它們具有法律上合法償付工具的地位。學者把這些硬幣分為兩類：賈納帕達時期（janapada，指的是古印度一系列王國），以及帝國時期。賈納帕達系列發行於西元前六百年至西元前四百年期間，早於孔雀王朝帝國。帝國系列則發行於西元前四百年至西元前兩百年的孔雀王朝帝國期間，這是當時世界最大的帝國之一。

賈納帕達系列硬幣是了不起的發現，因為它們挑戰原先的想法，認為這地區直到西元前三百年左右才有文化生根。這些硬幣顯示本地區存在一個城市中心，它參與整個南亞次大陸，甚至地中海世界的商務、金融和貿易。拉曼說：「這代表它是孟加拉，甚至印度次大陸最早的國家之一。」[9]不僅如此，這些硬幣大約與利底亞硬幣同一時期，因此可謂世界最古老的硬幣之一。拉曼說：「這些硬幣是一個失落的文明象徵。」

我們在第一章探討四萬年前舊石器時代的洞穴藝術，那些符號表徵是早期人類表達的記錄，它們展現人類有象徵思考的能力。這個時期的符號表徵藝術是人類創意故事的開端，對符號表徵能理解，才產生金錢的發明。為了界定和表達金錢的不同面額和型態，我們以代表我們的藝術、圖象和標誌來裝飾它們。我們賦予它象徵我們的記號。然後，金錢就可以指點我們了解文化史和人類的集體歷史。

和化石一樣，金錢可以幫助我們記得和了解一個社會。由於硬幣是由持久性的金屬製成，歷經歲月仍流傳到後世，能對它們被製作出的地點和時代提供若干線索。人們經常把硬幣存在瓦罐裡，埋到地下，因為他們無法存進銀行，或是為了保護財富不被入侵的軍隊搶走。有些錢遭人遺忘，直到數百年後才重見天日。

許多學者視古代硬幣為一種藝術，尤其因為許多硬幣的確由藝術家和匠人設計。例如，美國著名的十九世紀印第安人頭像一美分硬幣，是由人像畫師詹姆斯·龍加克里（James Longacre）製作，他也是美國鑄幣局首席雕塑師。全世界大家最常見的一幀喬治·華盛頓畫像，由吉爾伯特·史都華（Gilbert Stuart）繪製，它印在一元美鈔上。波士頓美術館（Museum of Fine Arts in Boston）館長、已故的孔涅流士·佛穆烈三世（Cornelius Vermeule III）觀察到，早期美國硬幣帶有愛國圖象，啟發其他藝術家在家具、玻璃製品、針繡品，甚至餅乾切割器都模仿而有類似的圖象。例如，一八九二年，中央玻璃公司製作的玻璃桌有

「硬幣」花樣，設計即仿美國硬幣。然而，聯邦政府基於防止歹徒偽造鈔券的顧慮，禁止這一做法。[10]佛穆烈對這股美學運動提出解釋：「隨著十九世紀的進展，愛國主義、公共宣傳和全國錢幣圖象交混在一起。」[11]他寫道，金錢，尤其是硬幣，是一種民主的藝術，人民隨時可接觸，頗值得研究：

美國硬幣代表仍在進行中的一個偉大嘗試，要以視覺美麗的工具提倡民主……硬幣是每個美國人天天都會接觸的一種藝術。它們是大部分人曾經碰觸的唯一雕塑品……了解硬幣……是一種正式、歷史的藝術，意在傳達到每個時代的美國公民手中，使得美學研究更有一番情趣與價值。[12]

一九七〇年，聯合國教科文組織正式承認百年以上古硬幣是文化財產，建議立法規範交易。[13]

硬幣蒐藏家特別擅長詮釋在這些文化財產上找到的圖象之意義。蒐藏硬幣、研究硬幣，是一種古代活動。考古學家發現蒐藏硬幣可以追溯到羅馬帝國。即使西元一世紀的奧古斯都皇帝都蒐藏來自遠方的硬幣，分賜給親信。大約西元二五〇年左右，羅馬鑄幣局發行載有幾位皇帝圖象的紀念硬幣。十四世紀義大利文藝復興時期，學者兼詩人佩多拉克（Petrarch）

因蒐藏古硬幣而出名。十五世紀的歐洲，蒐藏硬幣被稱為「國王們的嗜好」，許多皇室人員和貴族廣為蒐集。[14]十六世紀蒐藏家古拉穆．布德（Guillaume Bude）寫下第一本蒐藏參考書《希臘硬幣手冊》（*Libellus de Moneta Craeca*）。一八三四年，第一本蒐藏硬幣雜誌《漢諾威古幣蒐藏》（*Blatter fur Munzkunde*）在德國漢諾威問世。[15]二十世紀著名的硬幣蒐藏家包括埃及國王法魯克（King Farouk）和大型製藥公司禮來藥廠（Eli Lilly & Company）大老闆約書亞．李利（Josiah Lilly）；硬幣若曾被名人蒐藏過，由於主人的紀錄，通常被認為血統純正，因此身價提高。同時，到了二十世紀，這種國王們的嗜好流傳到民間，有了地方硬幣俱樂部、交易商集會以及線上市場，蒐藏硬幣民主化了。

根據美國鑄幣局的資料，有一億四千七百萬人蒐藏五十州兩毛五硬幣。一九九七年，經過硬幣蒐藏家多年的奔走和國會議員之間的辯論，柯林頓總統簽署法令，推出五十州兩毛五硬幣。這項計劃旨在「推動美國青年人對各州、其歷史與地理，以及國家傳統豐富多元化認識的散布。」[16]法案亦規定，每個硬幣的設計必須注重尊嚴，要讓美國公民油然而生榮耀感。[17]政府訂定嚴格的程序，甄選每一硬幣的設計。許多設計是由參與美國鑄幣局「藝術融入計劃」（Artistic Infusion Program）的專業藝術家精心擘劃。這項計劃的網站說：「美國硬幣和勛章上的設計，不只是在小小金屬圓板上單純的表達；它們是我們國家價值、希望和共同遺產的表現，是向全世界呈現美國本質和故事的表徵。」[18]

其中一則故事主人翁是西薩．羅德尼（Caesar Rodney）。德拉瓦是第一個批准美國憲法的州，因此它的硬幣最先問世，羅德尼就出現在德拉瓦州硬幣上。羅德尼生於德拉瓦州，曾任州眾議會議長和州最高法院法官。然而，他也是哮喘 和癌症病患。一七七六年第二屆大陸議會期間，德拉瓦州代表團兩名成員對是否投票贊成獨立，意見不一。羅德尼也是代表團員之一，正在數十英里外的家中養病。根據《歷史口袋書》（*A Pocketful History*）作者吉姆．諾樂士（Jim Noles）的敘述，民間傳說羅德尼聽到表決陷入僵局，不顧病情跳上馬，在雨中趕路奔向賓州費城，朝等候他趕到的代表們高喊：「我支持獨立！」[19] 羅德尼拚命趕路的故事，上了德拉瓦州的兩毛五硬幣。

美國每個兩毛五硬幣都在敘說著美國一部分故事，從華府兩毛五硬幣的杜克．艾靈頓，到一美元硬幣的薩卡加維亞（Sacagawea）都是。（譯按：薩卡加維亞是一名印第安原住民女子，一八〇五年探險家劉易斯和克拉克的西部遠征隊來到北達科塔時，她加入為嚮導及翻譯，協助遠征隊到達太平洋海岸。二〇〇〇年，她的頭像出現在紀念幣上。）美國硬幣蒐藏家法蘭克．梅耶（Frank Meyer）寫道，每個公民都應該花點時間去了解美國錢幣所述說的故事：

美國的硬幣不只是交易的媒介，也表達人民的理想和希望。他們包含的象徵，每個美國公民都應該了解和珍惜。固然這些硬幣普及使用，它們所記述的傳奇，卻很少受人注意或理解。因此，每個學生研究並了解他們國家硬幣的象徵意義，將是非常有益的經驗。[20]

不僅是美國公民應該密切注意他們國家的硬幣，全世界的人透過研究自己國家過去和今天的鈔幣，都可以豐富他們的公民和文化了解。我正是嘗試要這麼做，我追求了解金錢及錢幣史如何影響我們。

為了發掘更多對圖象上的符號表徵之了解，即金錢所述說的故事，我利用公餘時間走訪許多國家的硬幣蒐藏家。我在本章只提到在越南、泰國、菲律賓、斯里蘭卡，和美國的少許訪談對話。我請他們挑選幾個最能象徵國家的硬幣，請他們敘述為什麼認為這些符號表徵代表他們居住的國家。我這麼做是希望發覺錢幣如何會是一個國家價值觀的象徵。最重要的是我聆聽他們的故事，開始明瞭蒐藏硬幣如何影響他們，也能透露對他們國家和文化的認同。

這些硬幣蒐藏家幫我看清楚，一個人在累積金錢的時候可能迷失自己，但是在研究金錢時卻會記住自己。如果製作及了解符號表徵是我們之所以成為人類的一部分，那麼我們放到錢幣上的符號表徵幫著我們訴說集體的故事。

撒旦蒐藏家

霍華德．丹尼爾（Howard Daniel）直到小學五年級才到學校上學。他小時候得了風濕熱，因此都是在家自學。為了強化他歷史課的生動，爸媽買了全世界種種郵票送他，自此引發他的好奇心和冒險意識。

他說：「我是在佛羅里達長大的窮白人。」我們在越南胡志明市（原名西貢）一家咖啡廳碰面，喝著酸檸檬茶。他媽媽似乎永遠都揮霍金錢，因此他立志有朝一日一定要發財致富，成為有錢人。

一九五九年，十七歲的他投效陸軍。他在陸軍情報單位的工作，讓他足跡踏遍世界各地。一九六四年，他在日本沖繩遇到一名美國空軍同僚，此人是硬幣蒐藏家，專門蒐藏日本硬幣。他想說服其他軍人研究東亞錢幣，但是他出言不遜、貶抑霍華德的智力，他說：「越南錢太難了，你搞不懂的。」霍華德那裡是輕易服輸，被人看扁的人。

越南自此成為他一生無法分割的國家。霍華德在戰爭期間派駐越南，娶了越南老婆，至今每年仍有半年時間住在越南。

他說：「過去在軍中，我們破壞東西；今天，成為硬幣蒐藏家，我們創造東西。」多年下來，他蒐集數千個硬幣，至少價值四十萬美元，他把硬幣存放在維吉尼亞家中的兩個冰箱裡。他在硬碟機裡儲藏三十一個GB（gigabytes）的錢幣數位照片。他寫了好幾本有關東南亞錢幣的專書，被認為是這方面的重要專家。越南若有硬幣蒐藏家協會，他肯定是會長的不二人選。但是越南共產黨對蒐集硬幣這種資本主義嗜好，很不以為然。

他說：「我因為太直率，江湖綽號：撒旦蒐藏家。」

有一次在美國參加錢幣大會，有個聲名狼藉的錢幣商一直纏著霍華德，要求和他做買賣。霍華德按捺不住，朝他大吼：「你給我滾遠！你他媽的跟雄豬的奶頭一樣，毫無價值！」這個錢幣商自此臭名遠播，而霍華德江湖綽號上身。

我們談話時，他絲毫不改豪邁坦率作風，直話直說。

他聲明：「我喜歡生的。」「生」指的是沒包在盒子裡的錢幣。「厚板」指的是封在盒子裡（通常是塑膠盒）的錢幣。長久以來，硬幣蒐藏家對此就各有所好，辯論不休。「我喜歡碰觸錢幣。反正像我這樣的蒐藏家，本來就比較會保存東西。從前，越南的博物館沒有設備保存古錢。越南的金融史正在消失，因此我蒐藏錢幣，幫助下一代有所了解。」

我們倆年紀差了四十歲，我就是他嘴裡的下一代。因此我請教他，哪種硬幣代表越南？

他說：「我們從頭說起吧。」

丁部領硬幣是越南最早的硬幣。西元十世紀，越南從中國的南漢（譯按：五代十國）解放後，其人民陷入內戰。經過一系列戰鬥和政治運作，一個首領丁部領（Dinh Bo Linh）奪得權力，統一國家，年號「太平」皇帝（在位期間九六八年至九七九年）。[21]（譯按：丁桓、即丁部領，建立越南第一個統一王朝丁朝，國號大瞿越）為了統一國家，他發行貨幣：「現金」型的硬幣，而且像中國硬幣，在中央有個方形洞口。這些硬幣重量由二．二八至四．三二公克不等。重一點的硬幣顯示它們發行時的經濟旺盛，所以含銅量較高（銅是罕見金屬）。較輕的硬幣發行於經濟較不繁榮，或戰爭時期。它們的含銅量較低，而鋅和鉛的成色較多，比較沒有價值。之所以說較輕的硬幣顯示處於戰爭時期，是因為銅和其他堅固金屬被用去製作武器。[22]

這些早期硬幣正面有統治者名字，號稱「太平通寶」。反面的「丁」即朝代之名。[23]這個時期的硬幣，鈔幣上的字體若比較清晰、書法精確，被認為統治者受良好教育、群臣不乏學者，有心教化其人民。然而，若是字體不清晰、書法差，則代表統治者沒唸多少書，是軍人出身的武夫軍閥，也是代表統治者不關心人民教化及福祉的跡象。[24]

乍看之下，這個時期的硬幣只不過正中央有個孔的金屬片。但一深入分析，它們是經濟榮與衰、和平與戰爭的表徵，也是了解統治者施政優先的線索。我在學校從來沒唸過越南古代史，但是我深入檢視越南硬幣，對它的歷史略窺一二。

從布魯克林到曼谷

隆・克里斯多（Ron Cristal）的布魯克林腔很難甩掉，即使從一九七四年起就沒回過故鄉。他出生在布魯克林，修完法學學位，一九六八年越戰期間志願到前線擔任軍法官。到了越南才一個月，他奉派搭火車到泰國東部某一省，為被控告放火燒了一座村莊的幾個美軍士兵辯護。

他以一口布魯克林腔告訴我：「我一見鍾情……在這裡有回家的感覺。」一九六九年的火車之旅，讓他一輩子情牽泰國。他學講泰國話，能夠對付生活所需。他在一九八八年起在曼谷主持一家律師事務所，一九九八年更歸化為泰國公民。隆甚至改名隆那查・克里沙道拉安（Ronachai Krisdaolarn），一則是因為聽起來近似他的美國姓名，二則是在泰文，它的意義宏偉：「打勝仗、皇家權力」。

他從十歲就喜歡蒐藏硬幣，後來把這熱情轉為深入了解泰國。他的成就不小，不僅成為泰國錢幣專家，泰國硬幣蒐藏家協會會長（本職是警察局長）還為他與人合著的泰國錢幣史寫序。泰國貨幣官員設計新鈔時請教他的意見，泰國國王也頒獎狀感謝他對泰國文化遺產的貢獻。

我到曼谷市中心一棟摩天大樓十七樓他的事務所拜訪他。事務所很像舊日的報社編輯部，只是見不到記者。隆那查帶我進到一個房間，房裡有個大型、淡白色保險櫃，他的硬幣存放在裡頭。我向他提出請問霍華德的相同問題：哪種硬幣最能代表這個國家？

這不是一個容易回答的問題，因為泰國有相當多元的歷史，曾經被許多不同的國王統治，也被許多不同文明影響。例如，西元二世紀至七世紀的扶南時期，印度在本地區有強大的影響力，孟加拉人製作的硬幣在東南亞流通。有些硬幣上有印度教財富女神拉克什米的頭像。十九世紀初，泰國南部可拉地峽（Kra Isthmus）地區製作有兩、三種不同語言記號的硬幣。隆納查想了一想，就和霍華德一樣，從泰國最早的本土錢幣「pot duang」講起。

十三世紀，泰國第一個王國素可泰（Sukhothai）成立。一般相信蘭甘亨大帝（King Ramkhamhaeng）推出「pot duang」，即子彈幣。它笨重、手工打造，形狀像子彈。每枚硬幣都有統治者的符號表徵。例如，印度符號表徵脈輪（chakra）出現在一七八二年至一八八六年期間發行的「pot duang」，代表卻克里王朝（Chakri Dynasty，譯按：自一七八二年延續至今的泰國王室）。

專家們仍在辯論，「pot duang」是在什麼地方開始做為貨幣通用？有人說這些硬幣被製作得像海螺殼，因為在中國可做為通貨；也有人說，這些硬幣源自在東南亞流通、形狀像手鐲的錢幣。[25]不管是什麼理由出現這些硬幣，也不管它們的形狀，「pot duang」流通六百多年，至一九〇四年為止，是泰國貨幣史上重要的一頁。

隨著泰國進展，它的錢幣也進展。拉瑪四世國王（King Rama IV）時期，曼谷出現手工打造有「Krung Thep」（意即：天使之城）字樣的金幣和銀幣。這些平坦、現代外貌的硬幣很像英國早期以榔頭敲打出來的硬幣。[26]拉瑪四世推出這些硬幣事出有因，因為它們象徵他所擁抱的現代化。泰國在他治下仍然發行「pot duang」，而其他大部分國家已鑄造平坦的硬幣。拉瑪四世國王採用平坦的硬幣，讓泰國貨幣制度現代化。此外，他打開泰國門戶迎進西方列強，與英、美簽訂商務條約；他就是一九四四年小說《安娜與暹邏國王》（*Anna and the King of Siam*）、後來改編成音樂劇《國王與我》（*The King & I*）中的那位泰國國王。[27]後來，英國女王維多利亞送給拉瑪四世一部機器，供泰國人製作硬幣。

隆那查讓我拿住他那枚寶貴的Krung Thep金幣。

他說：「拿著它，你就能感受到泰國的文化史。這枚金幣是藝術品。」

我問：「你是因為這才蒐藏錢幣嗎？」

他面無表情地說：「有人養蘭花，我則蒐藏硬幣。」[28]

兩枚硬幣四百年史

兩枚硬幣可以解說菲律賓四百年歷史：「兩個世界幣」（Dos Mundos）是西班牙崛起成

為世界強權，及它征服菲律賓的象徵；「重新打印註記硬幣」（counterstamped coin）卻是西班牙衰落，並退出菲律賓的象徵。

我從菲律賓硬幣蒐藏暨古物學會（Philippine Numismatic & Antiquarian Society, PNAS）大老、綽號「威利」的威廉．韋拉里爾（William “Willie” Villareal）那裡了解「兩個世界幣」的緣由始末，但是他先要向我介紹他對菲律賓錢幣蒐藏界的想法。我們在馬尼拉馬球俱樂部碰面，他是俱樂部的終身會員。威利談鋒甚健，右手拿著一杯威士忌，不時講些黃色笑話。

他笑著說：「我們想喝醉酒，就碰頭開會。從前啊，我們換老婆，但是現在老婆缺貨了，我們只好換硬幣。」

儘管他出口成「髒」，威利認為菲律賓硬幣蒐藏暨古物學會是非常受尊敬的組織。菲律賓硬幣蒐藏暨古物學會創立於一九二九年，已有八十五年的歷史，是菲律賓歷史最悠久的組織之一，也是菲律賓文化實質的監護人。業餘者和蒐藏家偶爾會碰上一堆硬幣，通常送到國家博物館之前，都會先向學會請教硬幣的真偽和意義。學會成為好幾家博物館的過濾者和顧問。

「很快，每個人都變成電腦晶片上的零與一。我們做這些，是為了保持我們的國家認同。」

他停下來，把注意力轉到我身上。

「你們這一代的問題出在你們沒有英雄，因為你們沒有吃苦、掙扎過。」他問：「你知道麥克阿瑟將軍是誰吧？」

威利認為透過了解鈔幣上的符號表徵、人像和傳說，年輕人可以記得國家的英雄及歷史。例如，看到華盛頓和林肯，提醒我們他們的事跡，以及他們做艱鉅決定時展現出來的勇氣。我們記住生存和犧牲的意義，而這些美德正是公民應追求的。他認為金錢不僅反映這些歷史人物，也能介紹整個大時代。

他鄭重其事宣布：「少年郎啊，每個硬幣都有一段故事。」

我說：「願聞其詳。」

他樂於指點迷津。

從前，其實就是一七三二年，西班牙通過設計新硬幣「兩個世界幣」的指導原則。Dos Mundos這兩個字直譯即「兩個世界」。這些新硬幣要取代原先使用，稱為「Cobs」，形狀不一的銀幣和金幣；它們會有西班牙盾牌和基督徒十字架的圖記，也有標示統治者、日期和鑄幣者的記號。Cobs是形狀不規則的一塊金屬，切割來符合某預定的重量，但由於形狀不統一，很容易被切割、降低金屬成色和偽造。

「兩個世界幣」設計來經常使用及跨國使用，有一致的重量和純度，配上花角邊（邊緣有花紋的設計），以防止降低金屬成色者削掉硬幣角邊。這樣細心的設計使得硬幣可抵抗偽造、降低成色，以及長久使用下的磨損，它就此成為主導的世界貨幣。長期下來，「兩個世界幣」成為歷史上最著名的錢幣之一。

硬幣上的符號表徵展現出西班牙的鼎盛國力：一個驕傲的超級大國、帝國版圖跨世界、真正的日不落國。硬幣正面是西班牙統治者的紋章，以及阿拉伯數字「8」，代表其面額。銀幣的價值受到公認，被稱為ocho reals，意即「八個里爾錢」〔譯按：real是單位名稱，直譯為皇家（royal）〕。它有一行小字D. G. HISPAN ET IND REX，意即「以上帝、西班牙和印度國王之恩典」。硬幣背面標明鑄造日期，另有一行小字UTRAQUE UNUM，意即「兩個世界合而為一」，因為西班牙國王自認他們有效地統治舊世界和新世界。它也有個鑄造印記，標明此一硬幣在哪一個殖民地打造。硬幣中央是世界兩半球，它在西班牙王冠下重疊。兩個半球浮在洋面上，由海克力斯的兩大支柱圍繞住，代表形成直布羅陀海峽的海岬。這個上了王冠的支柱有個綵帶繞著它們，上面的字是PLUS ULTRA，意即「天外有天」。在菲律賓，以及西班牙其他殖民地，這些硬幣也因這兩隻支柱而被稱為圓柱幣（columnarias），英文稱作大柱幣（pillar dollars）。總而言之，它是非常勻稱的漂亮硬幣。

「兩個世界」硬幣和一千年前的德拉克馬和狄納瑞爾斯一樣，也流通到帝國版圖之外。它們之所以能如此自由流通，原因之一是本來就打算在西班牙帝國廣大版圖之內流通。另外，這些硬幣也大量製作。從一七三二年至一七七二年，墨西哥鑄幣局製作了四億七千八百三十萬五千九百零七枚。[29]西班牙其他殖民地，如智利、哥倫比亞、瓜地馬拉和秘魯等地，也有比較小量的鑄造。這些硬幣甚至流通到英國北美洲各殖民地，又透過郵船（galleon），一種一百六十英尺長的帆船，跨過太平洋散布開來。西班牙人十六世紀末開通的馬尼拉和阿卡波可（Acapulco）郵船貿易線，單向船程約四個月之久，連結起東方和西方。數百年來，馬尼拉有東方明珠之譽，把香料、象牙、陶瓷和絲等商品載到船上輸出。阿卡波可則把歐洲和美洲商品，以及兩個世界的銀幣運送到東方。

郵船貿易帶動菲律賓經濟成長。果如原先規劃，宗教組織和西班牙貴族控制了郵船貿易，在財務上受益最大。由於「兩個世界幣」被用來向中國出口商買絲，因此它們被稱為「絲錢」。這些硬幣因銀成色高、有實質內在價值，在廣州、澳門等地流通。一七七二年，基於財政考量，西班牙國王卡洛斯三世（King Carlos III）發行銀成色較低的硬幣，並把他的大頭肖像放到「兩個世界幣」上；後來的統治者都仿效此一先例。由於市面上流通的硬幣有好幾種樣式、成色也不同，引起相當程度的金融紊亂，中國生意人有時候會在「兩個世界幣」上蓋上中國字戳記，來標明它的真實及在什麼地區可接受。

由於郵船載運許多值錢商品，西班牙派軍艦一路保護。然而，有時候郵船會遲到、會被海盜劫走，或因氣候不佳而沉沒。一六九〇年，有一艘郵船「聖母瑪麗亞號」（Nuestra Senora del Pilar），在開往馬尼拉途中，於今天的關島附近觸礁沉沒。據說這艘船載了兩百萬枚「兩個世界」銀幣，以今天幣值估算，達十億美元之鉅。一艘船到不了菲律賓，菲律賓就慘了，它的整個經濟隨著郵船的命運起伏。這條獲利豐厚的貿易路線在十九世紀初墨西哥爆發獨立戰爭時就停了，西班牙帝國加速衰敗。另一枚菲律賓硬幣要告訴我們另一段故事。

為了了解另一段故事，我請教另一位硬幣蒐藏家，綽號包義特（Boyet）的斐西瓦・曼紐爾（Percival "Boyet" Manuel）。包義特八歲起就對蒐藏錢幣有興趣。他父親是個海軍軍官，從國外回來就給他帶點外國錢幣。包義特現在四十歲，是個娃娃臉的知識份子，對蒐藏硬幣的熱情不減。他已是有關菲律賓錢幣的專家，主持一個有關這個議題無所不包的網站。

一身牛仔褲和格子襯衫，他和我在馬尼拉會面吃午飯。

他說：「保存至為重要。我們有破碎的歷史，錢幣幫助我們打造國家認同。」

菲律賓的地理的確多樣化，有七千多個大小島嶼。這些島嶼歷經西班牙人三百多年殖民統治，然後由美國治理到一九四六年，才成為自主的國家。其他文化的影響也到處可見。菲律賓食物是不同國家料理的大雜燴：西班牙人的絞碎牛肉飯、美國人的炸雞、中國人的春捲，五花八門。你可以搭裝飾得花花綠綠的吉普三輪車，穿梭在馬尼拉許多購物中心之間，這原本是二次世界大戰之後美軍吉普車改裝的一種交通工具。

菲律賓的錢幣都具有多元文化色彩。我請教包義特哪種錢幣最能代表他的國家？他毫不猶豫就答說：「重新打印註記硬幣」。它們反映西班牙帝國的衰頹，以及兩種文化的融合。他甚至帶我到菲律賓中央銀行錢幣博物館參加專人導覽活動，認識某些這類硬幣。

十九世紀時期，許多拉丁美洲殖民地紛紛起義，爭取脫離西班牙而獨立。郵船貿易雖停止，西班牙仍需要錢供帝國其他地區流通使用，竟然想出一招誰都料想不到的怪招。西班牙採用正在搞革命的拉丁美洲殖民地「叛軍」所發行的硬幣。這些硬幣刻著革命口號「自由」和「獨立」，但照樣進入菲律賓流通。原本很驕傲的西班牙王室，發行美麗的「兩個世界幣」，現在竟被迫使用鬧革命的殖民地所製作的錢幣，實在是丟臉。這就好比美國宣告獨立後，大英帝國在另一個殖民地，例如印度，仍使用美元一樣。要知道這些「重新打印註記硬幣」長什麼模樣，不妨先想像有一枚美元兩毛五的硬幣，它的正面是華盛頓肖像，現在要用另一個肖像，假設是一位英國國王的肖像，就把它敲貼上去。

西班牙官員也忌諱這些硬幣會在菲律賓激起革命精神。一八二八年，主管菲律賓的西班牙大臣唐・馬利安諾・李加福（Don Mariano Ricafort）下一道命令，由「各省叛軍及革命政府」製作的硬幣，要加以改造。[31]這些硬幣要加上一層類似「Habilitado Por El Rey N.S.D. Ferm VII」的口號，以示尊奉王室，並消除革命痕記，這道手續叫做重新打印註記。另外還打印上「馬尼拉」以限制這些硬幣只能在菲律賓流通使用。可是，五年之後用來打印的模子已毀損不能使用了。由於重新打印註記代表正統，有時候甚至「兩個世界幣」都還需要經過重新打印註記來再次認證。一八三四年，西班牙在馬尼拉設立鑄幣局製作本地硬幣。可是，找不到足夠的訓練有素的師傅，而且本地也缺乏足夠的貴金屬。因此，西班牙女王伊莎貝爾二世（Queen Isabel II）的官員保持她的前任國王斐迪南七世（King Ferdinand VII）開始的重新打印註記硬幣的做法。

重新打印註記用的是一種橢圓形的壓版機器，它有西班牙統治者的御璽。例如，一八三○年鑄造的一枚墨西哥八個里爾硬幣，打印上斐迪南七世大大的璽印「F. 7.」。一八二六年一枚哥倫比亞八個艾斯科多（escudos）的金幣，打印上西班牙女王伊莎貝拉二世（Ysabella II）的璽印「Y. II.」。有時候硬幣重新打印註記兩次，有兩位統治者的璽印，以便它們可在其在位期間內使用。

由於重新打印註記硬幣過程管理不夠完善，加上製作偽幣者也弄出用來重新打印註記硬幣的模子，許多偽幣流入市場，西班牙在一八三六年停止重新打印註記硬幣的做法。政府停止重新打印註記硬幣，以便重新掌控硬幣的流通。此外，因為西班牙承認拉丁美洲殖民地獨立，它無法取得大量的白銀。沒有這些資源後，西班牙允許美國及拉丁美洲硬幣等外國錢幣在菲律賓流通。到了一八五二年，西班牙發行以「披索」為名的紙鈔和不同面額的硬幣。

西班牙必須將硬幣重新打印註記硬幣、使用前殖民地的硬幣，這件事突顯出已經惡化的經濟情勢因為許多本地因素而更加惡化。第一，菲律賓缺乏天然資源在本地製作足夠的硬幣；第二，重新打印註記前殖民地硬幣那幾年期間，菲律賓爆發流行病天花，也出現一次大地震，因此西班牙人需要錢供醫院和藥品之用；第三，興旺的郵船貿易已經減緩，西班牙意識到錢荒會導致政治更加不安定。

包義特解釋：「重新打印註記硬幣，是兩個文明衝突的實例。」這些硬幣是西班牙和菲律賓之間關係的具體證明，前者是國家，後者只是它的殖民地。它們展現出，一個外來文化強加在本土文化身上。

包義特對這些罕見的硬幣很著迷，拚命蒐藏。現在他挺注意，想找到來自哥倫比亞一枚罕見的重新打印註記的金幣。

他笑著說：「這個機率大概跟我會被雷打到一樣。」

錢幣的銀河

一位天體物理學家指導我了解錢幣上的符號表徵的普世性。

卡萬．拉特納冬加（Kavan Ratnatunga）於一九七八年離開斯里蘭卡，前往澳大利亞國立大學攻讀天體物理學博士學位。他在普林斯頓大學先進研究院（Institute for Advanced Study）和太空總署戈達德太空飛行中心（Goddard Space Flight Center，愛因斯坦一生最後二十一年即在此研究）工作。卡萬在約翰霍普金斯大學利用自動化影像分析，研究太空總署胡伯太空望遠鏡攝取到的影像。[32]二〇〇五年，卡萬退休後回到祖國。

我在一個又濕又熱、汗流浹背的日子，在斯里蘭卡首都可倫坡和他見了面。身為斯里蘭卡錢幣蒐藏學會會長，卡萬熱情地分享他對本地錢幣的研究心得。

他說：「過去我繪宇宙地圖，現在卻繪蘭卡錢幣（Lankan）銀河圖。」[33]

一九九八年，他設立網站，把六百多枚蘭卡硬幣的高解析度影像貼到網上，到目前為止，這是網際網路上最徹底的記錄。在蘭卡錢幣官員心目中，卡萬是祖師級的大師，每當主辦錢幣展覽會，非來向他請教不可。他也具有博物館學學位，現在又攻讀第二個博士學位，這次是考古學。這位天體物理學家轉考古學家，不僅從太空回到地球；他還鑽到地心分析被埋沒在地下的硬幣之金屬成分。

卡萬採用嚴謹的科學方法研究硬幣的物理成分。他曾經買一百枚西元十世紀蘭卡國王羅茶羅乍・朱羅一世（Rajaraja Chola I）時期所製作的銅幣。他把每枚銅幣的重量、厚度和直徑都量好，做成統計圖表。他發現重量和厚度之間的對應關係。但是重量和直徑之間並沒有對應關係。卡萬因此推論硬幣可能是由正在冷卻的鎔化金屬液打造、而不是從已冷卻的金屬片製成（後者是一種用來打造硬幣的金屬片）。[34]判定硬幣如何製造，可以找出它所源生的社會是什麼的線索。譬如，製幣人用的是原始技術，或是從貿易夥伴學來的先進技術。這位天體物理學家把一堆硬幣轉化為歷史知識的法醫學寶藏。

他宣稱：「考古學和天文學其實差別不大，兩者都只能觀察過去但不能實驗，而且古代蘭卡錢幣上有很多天文的符號表徵。」

在蘭卡找到最古老的硬幣即所謂「普蘭納」（Puranas）硬幣（譯按：普蘭納直譯即「古老」），它可上溯到西元前三世紀，而且是銀幣。正面的太陽，是位於今天印度東部摩竭陀王國（Magadha Kingdom）的記號。太陽或許代表擁護佛陀的毗娑羅王（King Bimbisara），或是派兒子入蘭卡宣揚佛教的阿育王（Ashoka）。[35]還有另一枚硬幣結合卡萬對錢幣與太空的興趣——發行於西元三世紀馬哈西那王（King Mahasena）時期的一枚銅幣。背面有一圓圈，圈內有四個點。卡萬認為這很像四方型重力透鏡（quad gravitational lens），但它肯定另有其他意義，只是硬幣已經破舊毀損，很難研判了。[36]另一枚比較現代，但形狀不規則的硬幣，是九世紀時製作的銅幣，展現出第一潘地亞帝國（First Pandyan Empire）的影響；這個帝國國祚由六世紀至十世紀，版圖從印度南部到蘭卡北部。正面是一輪彎月，一頭牛蹲踞在它底下。[37]十六世紀另一枚更現代的硬幣是威尼斯金達克特（ducat），可能是定居在錫蘭（斯里蘭卡的原名）的葡萄牙人所用，它採用天文符號表徵，十三顆星星環繞著耶穌基督。

卡萬一再提到我們放到錢幣上的天文符號表徵，太陽、月亮、星辰。這些天體很普遍地出現，不論是什麼時代的錢幣都出現，例如蘭卡錢幣上下幾千年都有；也不論是什麼地理區，例如美國一八三八年發行的坐姿自由女神五分錢硬幣出現十三顆星星，阿根廷的拉布拉他河省（Rio de la Plata，譯按：直譯即白銀之河）一八一三年一個里爾（real）的硬幣出現太陽。使用這些符號表徵的原因不盡相同，有的是尊崇太陽神，有的是以君王比擬神聖或代表各個殖民地。

藝術史學者魯道夫・魏提科爾（Rudolf Wittkower）解釋，符號表徵會到處重覆出現不是偶然，而是文化散播的例子。譬如，他提到有一個鷹蛇相鬥的符號表徵，幾千年來出現在許多文化中。他追蹤這個符號表徵到古代巴比倫所謂「伊特納史詩」（Etana Epic）的傳說，故事中上帝選擇一名男子伊特納為國王。可是，伊特納妻子不孕，生不出嗣子。因此伊特納必須從天庭找來一棵特殊生殖的植物。伊特納救了一頭落難的老鷹，牠帶他到天宮[38]。鷹蛇之間的衝突是伊特納傳說的插曲：鷹住在樹頂，蛇住在樹下。雖然牠們都向太陽神夏瑪什（Shamash）保證會和諧相處，可是老鷹會吃小蛇。大蛇遂躲在一頭死牛肚子裡，等老鷹來吃牛時就偷襲牠，要把牠絞死。伊特納救了老鷹，老鷹幫他上天取仙藥，助他得到子嗣。[39]

魏提科爾發現這個符號表徵最先出現在古代的近東，隨著時間進展，轉移到更遙遠的地方。他推理這個符號表徵不是全新創造，而是從一個文化流傳到另一個文化。例如，這個符號表徵出現在西元前三千年的一個印度耳環上，卻沒出現在旁遮普（Punjab）或信德省（Sindh）地區的珠寶上，這代表它不是本土的符號表徵。在印度找到的鷹蛇鬥圖象，就和在美索不達米亞找到的鷹蛇鬥圖象相像。考古學家也發現，古代美索不達米亞和印度河文明之間，有其他互通的地方。

類似的鷹蛇鬥符號，表徵數千年來出現在許多不同的地理區域。西元前三千年巴比倫一枚璽印、古希臘錢幣、古羅馬錢幣、西元五世紀一枚印度璽印、十三世紀教皇克里門提四世（Pope Clement IV）的徽記、目前的墨西哥國璽（出現在披索鈔券），以及美國新墨西哥州的州璽。[40]美國錢幣上大璽印的老鷹鷹嘴叼著的彩帶，就像一條蛇。鷹、蛇神話在不同的文化，有不同的新意義和新詮釋。大璽上的老鷹代表權力和自由。在印度和斯里蘭卡，這個符號表徵代表一隻鳥大鵬鳥（Garuda）在鳥嘴上叼著一條蛇那加（Naga）。

卡萬幫助我認識到某些錢幣符號表徵，不只是天文星象，還有普世意義。當你花一美元時，你不只是交出印有美國徽記的一張紙鈔，你正在交易數千年來不同文化的人類所使用的一個符號表徵。儘管每個國家嘗試各種方法要讓它們的錢幣獨特，某些符號表徵卻歷久不衰。

大師

桃樂絲在《綠野仙蹤》（*The Wizard of Oz*）中說得對極了：天底下沒有任何地方比得上家好。在錢幣蒐藏界，天底下沒有任何地方比得上我定居的紐約市好，有許許多多的同好、展覽和店鋪。全世界最著名的錢幣店，當推西五十七街、卡內基音樂廳附近的史塔克之家（Stack's）。它在一九三〇年代由史塔克家約瑟夫（Joseph）和莫頓（Morton）兩兄弟創設，他們在大蕭條時期為求溫飽，什麼都賣：雕塑、郵票、罕見硬幣，甚至補牙銀。他們因為沒錢收買一切舊貨，後來選擇專做硬幣買賣，因為硬幣有實質內在價值，也可融化為基本金屬。幾十年下來，史塔克之家主辦八百場以上公開拍賣會，成為罕見硬幣首屈一指的拍賣所。

一個陰沉的寒冬早晨，我登門造訪史塔克之家。店裡只有一位三十來歲、剛失業不久的男性顧客。他把擁有十五年的一枚金幣脫手，換到三百五十美元救急。我想談談他的蒐藏品，但我沒時間。和桃樂絲不同，我不必在仙境東覓西尋，我直接和大師有約。

八十五歲的哈維・史塔克（Harvey Stack）是錢幣蒐藏界的活百科全書，公認的硬幣交易商的首席大老。一九四〇年代初期，莫頓把他兒子哈維帶入行，先從整理文書、擦洗展示櫃、掃地、跑郵局等打雜工作開始。哈維自一九四七年起開始在史塔克之家全職工作，從在史塔克之家工作的許多偉大的蒐藏專家那裡學習，這些人包括亨利・古倫道（Henry Grunthal），日後美國錢幣蒐藏協會（American Numismatics Association ）的會長；以及艾薇拉和佛拉迪米爾・史蒂方尼利（Elvira and Vladimir Stefanelli），日後史密松林博物館美國錢幣蒐藏部主任。數十年來，史塔克之家就像個俱樂部，每個星期六開放，歡迎各地蒐藏家來聚會。二次大戰解甲軍人回鄉，帶著他們從異域炸毀的銀行和博物館找到的錢幣，來到史塔克之家求售，可說是熱鬧極了。哈維在旁邊靜聽，吸收不少知識，開展不凡的一生。

哈維在錢幣蒐藏界的履歷無人可望其項背。他有六十五年專業蒐藏家的經驗，主持業界拍賣會次數最多，是美國錢幣蒐藏協會逾五十年的資深會員，一九九七年獲得協會頒與「年度蒐藏家」榮銜，也擔任過專業蒐藏家工會（Profe-ssional Numismatists Guild）會長。[41]一九九五年，他出席國會聽證會，提議成立「五十州兩毛五硬幣計劃」（50 States Quarters Program）。[42]我能和錢幣史上的大老會面，真是三生有幸。

電梯門一開，迎面就是一名武裝警衛，讓我嚇了一跳。我問：「他拿的是什麼槍呀？」哈維笑著說：「當然是真槍實彈囉！」他又壓低了聲音說：「不過，我們有交待他們別開槍打死人。」他穿一件海軍外套、灰褲、銀毛衣上身，配戴註冊商標的黃色濾光眼鏡。四十年前，他感染痲疹，腦炎影響到視覺神經，因此必須戴眼鏡防強光。他把我帶進辦公室，拿一瓶健怡可樂請我。

我請教哈維相同的問題：他認為哪種硬幣最能代表美國？他很難作答，原因不在有太多可選，而是缺乏代表性的硬幣。南北戰爭之前的硬幣，如半分錢，深受希臘和羅馬設計影響，因為希臘和羅馬時期被視為高度文化的時代。從一八九二年至一九一六年，查爾斯·巴伯（Charles Barber）擔任美國鑄幣局首席雕師，硬幣用的是希臘人頭像。這些符號表徵不能說最適合代表美國。甚且有一條法令規定，硬幣問世後二十五年內不准改變其設計，目的是保護它們會得到人民毫不猶豫地應用。許多十九世紀的美國硬幣有印第安原住民的圖象，而二十世紀美國硬幣則有美國總統華盛頓、林肯肖像，但是哈維不認為這些硬幣在美學上能真正代表美國的美。

最後，哈維笑著說：「雙鷹挺不錯的。」

面額二十元的雙鷹金幣製作於一九〇七年至一九三三年期間，因為製作精美，是美國史上最著名的硬幣之一。他解釋，這是一位藝術家和一位總統私交甚篤產生的成果。

羅斯福總統一心一意要歌頌美國的偉大。他生長於南北戰爭之後，經歷重建時期，他曉得許多美國人仍然有南、北畛域成見。身為總統，他設法以鼓舞美國風格，把國家團結起來：他簽署〈文物古蹟法〉（Antiquities Act），賦予總統畫定公有土地為保護區。他運用這項權力設立十八個紀念碑、五十一個鳥類保護區，並且保護超過一億英畝面積的森林。[43]他得出和愛默生（Ralph Waldo Emerson）、惠特曼（Walt Whitman）相同的結論：他們都認為美國應該有個本土的、代表性的藝術，才能和歐洲有所區隔。[44]

談到錢幣，羅斯福希望能以共同、勝利的符號表徵，表達國家自我意識來團結全國。他認為查爾斯．巴伯設計的硬幣「猙獰、醜陋」。[45]他找上好朋友、雕塑家奧古斯都．聖–高登斯（Augustus Saint-Gaudens）幫忙。聖–高登斯曾經為還是副總統的羅斯福設計就職紀念章，羅斯福稱譽它「真正添益國家永恆成就的意義」。[46]一九〇四年，羅斯福寫信問財政部長：「是否有可能不經國會批准，聘請聖–高登斯這樣的人才，為我們設計美麗的硬幣？」[47]這是有史以來第一次聯邦硬幣不經美國鑄幣局人員設計，因此讓巴伯等鑄幣局人員大失顏面。

二十美元雙鷹金幣最先於一八四九年，由人像畫家龍加克里設計。正面是頭戴皇冠的自由女神，由十三顆星簇擁著。背面是一個花環和一頭老鷹，註明面額，而「美利堅合眾國」幾個字在周邊標示。由於外表寒愴，老鷹「看來無精打彩、自慚形穢」，這一硬幣沒得到外界欣賞。[48]

聖─高登斯本身也是錢幣蒐藏家，收下五千美元報酬，改善這些硬幣及其他面額的硬幣之設計。他的設計一般稱為「MCMVII雙鷹」。羅斯福不僅禮聘聖─高登斯，也給他提供藝術建議：金幣的設計進行得如何了？我想提個建議……我今天檢視一些亞歷山大大帝的金幣，很驚訝它們的高浮雕。我們的硬幣也能呈現浮雕，讓邊緣凸現嗎？要讓邊緣高起來，其目的當然是要保護硬幣；如果我們能讓硬幣的圖案像古希臘硬幣上的圖案一樣凸浮起來，它們一定可以用得更長久。閣下意見如何？[49]

聖─高登斯歡迎羅斯福的建議，也同意他的分析。然而，由於技術要求甚高，而且巴伯對於被排除在設計之外猶有餘慍，聖─高登斯懷疑美國鑄幣局會贊成有浮雕的硬幣。羅斯福又去向財政部長表示，這是他全心全力支持的項目，像他「鍾愛的貝貝」。[50]羅斯福認為，部長覺得他「在這個題目上像個腦袋有毛病的瘋子」，[51]但是最後部長「一點兒也不反對有這些美得連希臘人都會喜歡的硬幣」。[52]

儘管一九〇七年就因病垂危，聖─高登斯透過他設計的硬幣留下遺澤。硬幣正面的自由女神右手高擎火炬、左手持橄欖枝。背面是一隻展翅待飛的老鷹，面向左方，位於旭日之上，另標明面額和「美利堅合眾國」字樣。這種硬幣需要壓版機處理七次，才能產生聖─高登斯規劃的浮雕效果。他的設計並沒有「我們信仰上帝」（In God We Trust）字樣，當時的美國法律並沒要求一定要有這幾個字。不過，各方爭議一起，國會決定把它們納入。雙鷹金幣在美國硬幣史上是無雙珍品。羅斯福興奮極了。這些金幣的市價飛升，從面額二十元飛漲至三百五十美元左右。它流通到一九三三年，狄奧多．羅斯福的堂弟佛蘭克林．羅斯福總統簽署〈黃金準備法〉（Gold Reserve Act），要求美國人民把黃金都交給聯邦政府，它才在市場上消失。

傳奇性的錢幣蒐藏家大衛．鮑爾斯（David Bowers）也是哈維．史塔克的生意合夥人，他寫道：「在美國錢幣蒐藏史上，它是極其卓絕的『冠軍硬幣』……這枚硬幣……代表美國鑄幣藝術的縮影。」[53]今天約留下來五千枚MCMVII雙鷹硬幣，只要有任何一枚拿出來拍賣，蒐藏家莫不趨之若鶩。事實上，埃及國王法魯克曾經以一千五百七十五美元，買進一枚一九三三年的雙鷹金幣。二〇〇二年拍賣時，以天價七百六十萬美元（含佣金）拍出，這是罕見硬幣拍賣史上的最高紀錄。[54]是哪家公司主持拍賣？我正坐在他們辦公室，喝著它的大老請我喝的健怡可樂。

注意傾聽

有一個說法，「錢會說話」。它的確是會說話，透過錢幣上的圖象說話。我拜訪過的每位蒐藏家，都告訴我要仔細觀察、研究硬幣上的符號表徵。每位蒐藏家對硬幣都可以有不同的詮釋，但是在我結束追尋之前，重回到起始點似乎並無不宜，檢視我們所擁有的創作和象徵能力，它導致錢幣的發明，也驅動錢幣的一再革新。我還沒有成為錢幣蒐藏家，但是我檢視我碰上的罕見硬幣，試圖弄明白它們的符號表徵的意義。這些錢幣上的符號表徵，敘說著我們一部分的庶民和文化史，它們成為我們國家價值的表徵，提醒我們：即使金錢持續影響我們，我們仍可以打造金錢。

尾聲

我發覺我想要了解金錢竟然到了走火入魔的地步，在孟加拉首都達卡都不理會美國國務院發出的旅行警告。我決心看清楚在瓦利－巴提什瓦地區出土的硬幣，即使必須突破政治異議人士的包圍圈都不惜一試。我已經沉浸在以新方式看待金錢，試圖回答我的大哉問：「金錢究竟如何使世界運轉？」我環繞全球各地找答案，卻發現自己有時候也在繞圈子想了解這個包羅萬象的議題。當我聽說凱因斯花了至少五年時間爬梳古代典籍，探索金錢的起源時，不禁感到安慰。他自稱「幾乎陷入瘋狂狀態」。[1]凱因斯甚至稱自己的研究是「巴比倫式的瘋狂」。[2]

或許我著迷的原因是，研究金錢是個無休無止的追求。它一直都在改變，因我們的需求而精煉，因我們的想像力而改造。針對這樣一個多彩多姿題目，我本意是掌握金錢的本質，寫一本黑白分明的書。儘管透過不同的萬花筒鏡頭看這個題目，金錢從頭到尾可當作是價值的象徵。

我以生物學角度探討交易的本源，提出合作和象徵性思考導致這個價值的象徵被創造出來。人類可以看到東西潛在的象徵價值。大腦主司獎賞的依伏神經核區塊，想到可以得到金錢的好處就會發光發亮，明顯記住金錢是價值的象徵，是眾人想望的東西。從紐西蘭的土著毛利人，到加拿大蒙特婁要搬家的公寓房客，人類學家發現這個符號表徵透過社群的旅程可以界定人際關係的形式和社會的輪廓。不論它是硬體、軟體或無具體形影，金錢仍是人人渴望的東西，對某些人而言，也是亟思控制的東西。許多不同的宗教神祇也意識到金錢是價值的象徵，提出詳細的訓示，告訴信徒如何處理物質財富。仔細觀察錢幣，就會發現古今硬幣都以生動的圖象在敘述我們的價值表徵。

不論我們如何看待金錢，它會回眸看我們。但是它不會駐足等候，它總是在移動、改變，包圍了我們生活中的許多部門，可是我們經常沒有感覺。唯有細心反思，我們才明白錢幣歷史如何影響我們，從協助控制或民主化一個社會，到獲取必要資源而生存。這一價值表徵啟動我們的思想、引領我們的軀體，並且協助決定我們靈魂的命運。

由於人人對此一符號表徵有不同的解讀，需要有實際、有意識的思想才能釐清它對你具有什麼意義。不過這並不代表我不會幫忙。

最近我和一位伊朗裔美國人朋友一道吃飯。我跟他提到我這本書的一部分研究內容。他提起二〇〇九年伊朗國內發生政治抗議風潮時，民眾在紙鈔上寫下反政府的訊息。[3] 這是向社會散布訊息的妙計。

第二天我走路上班途中，經過一位穿軋別汀布裙、配藏青色絲巾的高個子女士，遞給她一張一美元紙鈔。她很驚訝，起先不肯收下，或許是不願承接她無法償付的債務，但最後她還是收下了。在金錢輾轉來到你手中之前，你必須更仔細看清楚過手的錢幣。

致謝

義大利人形容一個人坐辦公桌，工作太久會得「方屁股」（culo quadrato）。由於我花許多年的工夫寫這本書，我的朋友送我這個綽號。我一方面在J．P．摩根公司上班，一方面又是美國海軍預備役軍人，我是大清早寫、三更半夜也寫，週末寫、假日也寫（對不起，老媽！）在飛機、火車、汽車上寫，連進了潛艇基地也要抽空寫。毫無疑問，這是我經歷的知性上最沉重的一個項目，因此我的收穫也最豐盛。

由於這本書包羅萬象，我必須趕上許多不同學科的知識。每一章我都依賴許多專家指點迷津。我非常感激讀了原稿、揪出錯誤，幫我校正的眾多人士：第一章有：北卡羅萊納大學教堂山校區兩位博士候選人瑞秋．卡爾；加拉巴哥科學中心實驗室和田野調查協調人林德羅．瓦加（Leandro Vaca）；北卡羅萊納大學地理學教授、加拉巴哥科學中心共同主任史蒂芬．華許（Stephen Walsh）；加拉巴哥科學中心演進生物學教授卡洛斯．瓦勒（Carlos Valle）；紐約州立大學賓漢頓校區經濟學教授海姆．歐菲克。

第二章有：紐約大學神經科學中心助理教授肯維・路易（Kenway Louie）；紐約大學神經科學博士後研究員海斯・布勞威爾（Gijs Brouwer）；史丹福大學心理學及神經科學副教授布萊安・柯納森；北卡羅萊納大學肯富商學院（Kenan-Flagler），商學院副教授卡蜜莉亞・庫妮；多倫多大學羅特曼（Rotman）管理學院行銷學教授狄力普・索曼（Dilip Soman）；黑石集團凱文・拜能（Kevin Bynum）；以及美國基金公司Harding Loevner的提姆・庫巴李奇（Tim Kubarych）。

第三章有：密蘇里大學堪薩斯市校區經濟學教授藍道爾・韋瑞；聖母大學人類學教授約翰・雪莉（John Sherry）；西華盛頓大學歷史學教授史蒂芬・賈芬克勒；達特茅斯學院人類學及美洲原住民研究教授瑟傑・肯（Sergei Kan）；黑石集團的丹・程比（Dan Chamby）；以及J・P・摩根公司前任執行長謝恩・伊巴度（Shayne Ebudo）。

第四章有：美國錢幣蒐藏協會執行長Ute WartenbergKagan；史蒂芬・賈芬克勒；《羅馬硬幣及其價值》作者；原先任職於B. A. Seaby公司的大衛・西爾（David Sear）；《古幣蒐藏》作者維尼・塞爾斯（Wayne G. Sayles）；藍道爾・韋瑞；Stack's Bowers藝廊的勞倫斯・史塔克。

第五章有：外交關係協會國際經濟學主任班・施泰爾（Benn Steil）；德拉瓦大學經濟學教授Farley Grubb、Oppenheimer公司的Justin Leverenz；NFTE的Steve Mariotti；Artisan

Partners的Nicolas Rodriguez-Brizuela、Stack’s Bowers藝廊香港分公司的Nirat Lertchitvikul、勞倫斯·史塔克、哈維·史塔克、Chirag Garg、Shayne Ebudo、Kevin Bynum。

第六章有：Andreessen Horowitz的Balaji Srinivasan、Sands Capital的Tom Trentman、PayPal前任資深產品經理 Suchit Das、J·P·摩根公司的Tientsin Huan、BitcoinShop公司的Charles Allen和Michal Handerhan、以及哥倫比亞大學的Moshe Cohen。

第七章有：Reverend Steven Paulikas、伊斯蘭財金學學者Monzer Kahf、艾默利大學宗教學教授Paul Courtright、達特茅斯學院猶太學研究教授Susannah Heschel、Larry Kahaner、Umar Moghuls、Nicolas Rodriguez-Brizuela、Charles Boxenbaum。

第八章有：霍華德·丹尼爾、隆那查·克里沙道拉安、威利·韋拉里爾、斐西瓦·包義特·曼紐爾、卡萬·拉特納冬加、哈維·史塔克、勞倫斯·史塔克、以及加爾各答錢幣蒐藏協會的Ravi Shankar Sharma和H. S. Saggu、菲律賓硬幣蒐藏暨古物學會的Morena Ramos和Ed Nocom、河內Mr. Thieu、D. Wayne Johnson、以及E-Sylum主編Wayne Homren。

我要感謝以下眾多小人物的貢獻：Jon Anderson, Arjun Dev Arora, Sundeep Ahuja, John Baxter, Danielle Bernstein, Frank Bisignano, Vicki Black, Michael Bossidy, Josh Bower, Katie Clark, Bishawjit Das, Mike Derham, Mitul Desai, Jasmin Eichler, Corine Farhat, Hussein Fazal, David Gardner, Jono Gasparro, Sophie Geng, Henedina Somoza Gonzales, Adam Jackson,

Moushumi Khan, Sarah Labowitz, Dennis Lockhart, Frederick Mbari, Lisa Miller, Seema Mody, Maroof Mohsin, Lamiya Morshed, Lakshay Nirula, Jared O'Connell, Anne Phyfe Palmer, Chirayu Patel, Sufi Mostafizur Rahman, Benjamin Richter, Jafar Rizvi, Sorin Roibu, Patrick Scholtes, Geoff Schwarten, Manuel Sevillano, Katherine Snedeker, Vivek Sodera, Adam Starr, Lev Sviridov, Paul Volcker, Michael Welch, David Wertime, Brian Westover, John Williams, Andreas Xenachis, Andrew Young, Muhammad Yunus，以及為本書提供見證，並協助取得照片的人士。我特別感謝Archduke Julian Boxenbaum，他一直都熱心撥冗討論這本書及如何改進。我要感謝好朋友、編輯人Ariana Pieper，多年來協助我寫作，審讀我的草稿，認真做研究，並且提供寶貴的編輯整理。我再次感謝你的才智和支持。

我深深感謝J・P・摩根公司是個一流的地方，讓我學習金錢及資本市場。感謝我的上司和同事，他們是我所認識的最聰明、最認真工作的人。感謝紐約公共圖書館豐富的館藏資料，以及它的研究人員。我要感謝我在Hachette出版社第一流的編輯葛蕾・楊格（Gretchen Young）教授。你協助我發想這本書，引導它走向成功。一路走來，你提供明智的建議、鼓勵我，使文字無限清晰易懂。每個人一生都需要有葛蕾這樣的良師益友。

我的家人在本書寫作期間提供我精神支持。當我寫倦了，就和母親在麥迪遜廣場公園散步，她會給我睿智的建議。

我的恩師道格拉斯・布林克理（Douglas Brinkley）惠我良多，深夜也和我秉燭夜談，指點迷津。他和師母安妮多年來一直愛護我。我很榮幸是他的終身學生。最後，我感謝讀者諸君，和我一起踏上了解金錢歷史的旅途。

注釋

卷首語

1. Voltaire, *A Philosophical Dictionary*, n.d., University of Adelaide, retrieved March 11, 2014, from http://ebooks.adelaide.edu.au/v/voltaire/dictionary/chapter332.html.
2. Italo Calvino, *Invisible Cities*, Kindle ed.（Orlando, FL: Harcourt, 2012）.

章一

1. William Whewell, *History of the Inductive Sciences*, vol. 2（London: J. W. Parker, 1837）, p. 185.
2. Adam Smith, *The Wealth of Nations*（New York: Knopf, 1991）, p. 13.
3. Charles Darwin, *The Origin of Species*（Amherst, NY: Prometheus Books, 1991）, pp. 47–48.
4. Richard L. Lesher and George J. Howick, *Assessing Technology Transfer*（Washington, DC: National Aeronautics and Space Administration, 1966）, p. 9.
5. BBC, *History of Life on Earth*, retrieved March 3, 2013, from http://www.bbc.co.uk/ nature/history _of_the_earth.

6. Darwin, *The Origin of Species*, pp. 1–20.
7. Paul D. Stewart, *Galápagos: The Islands That Changed the World*（New Haven, CT: Yale University Press, 2007）, pp. 147–50.
8. National Oceanic and Atmospheric Administration, *National Ocean Service Education*, March 25, 2008, http://oceanservice.noaa.gov/education/kits/corals/media/supp _coral02bc.html.
9. E. M. Bik, "Composition and Function of the Human-Associated Microbiota," *Nutritional Reviews* 67（2009）: S164–71.
10. Haim Ofek, *Second Nature: Economic Origins of Human Evolution*, Kindle ed.（Cambridge: Cambridge University Press, 2001）, loc. 67.
11. Ian Sample, "With a Little Help from Your Friends You Can Live Longer," *Guardian*, July 27, 2010, http://www.theguardian.com/lifeandstyle/2010/jul/27/ friendship-relationships-good-health-study.
12. Robert W. Bauman, *Microbiology*（San Francisco: Pearson, 2006）, pp. 85–86.
13. Victor Fet, " Kozo-Polyansky's Life," in Boris Mikhaylovich Kozo-Polyansky, *Symbiogenesis: A New Principle of Evolution*（Cambridge, MA: Harvard University Press, 2010）.
14. Jeanna Bryner, " Dinosaur-Era Insects Frozen in Time During Oldest Pollination," *Live Science*, May 14, 2012, retrieved March 3, 2013, from http://www.livescience.com/ 20304-amber-insects-oldest-pollination.html.
15. In evolutionary biology, the reproductive success（RS）has become known as the currency of natural selection. RS is determined by the number of offspring that an individual produces, and which survives to reproduce. Professor Carlos Valle points out that energy is a good proxy for RS. For example, the optimal

foraging theory suggests that individuals use energy as currency and seek to maximize it.

16. William C. Burger, *Flowers: How They Changed the World*（Amherst, NY: Prometheus Books, 2006）, pp. 81–90.
17. Adam Cole, "Honey, It's Electric: Bees Sense Charge on Flowers," NPR, February 22, 2013, retrieved March 3, 2013, from http://www.npr.org/2013/02/22/172611866/honey-its-electric-bees-sense-charge-on-flowers.
18. Bauman, *Microbiology*, pp. 141– 63.
19. Jack Weatherford, *The History of Money*（New York: Three Rivers Press, 1997）, p. 48.
20. Anahit Galstyan et al., "The Shade Avoidance Syndrome in Arabidopsis: A Fundamental Role for Atypical Basic Helix-loop-helix Proteins as Transcriptional Cofactors," *Plant Journal* 66, no. 2（2011）: 258– 67.
21. Mark Kurlansky, *Salt*（New York: Penguin, 2002）, pp. 10–11.
22. Karl Marx, *Capital*, vol. 1（1887）, online ed.（Progress Publishers, n.d.）, https://www .marxists.org/archive/marx/works/1867-c1/ch04.htm.
23. Lynne McTaggart, *The Bond*（New York: Free Press, 2011）, pp. xx–xxi.
24. John A. Moore, *Heredity and Development*, 2nd ed.（Washington, DC: National Academies Press, 1972）, pp. 7–18.
25. Charles Darwin, *The Descent of Man*（New York: Appleton, 1871）, p. 79.
26. Robert Axelrod, *The Evolution of Cooperation*, Kindle ed.（New York: Perseus Book Group, 2009）, pp. 7–9.
27. Ibid., pp. 50–51.

28. Ibid., pp. 40–41.
29. Ibid., p. 123.
30. Richard Dawkins, *The Selfish Gene*（Oxford: Oxford University Press, 1989）, p. 229.
31. Ibid., p. 203.
32. Ludwig von Mises, Human Action: A Treatise on Economics（San Francisco: Fox & Wilkes, 1996）, http://mises.org/Books/humanaction.pdf, p. 144.
33. McTaggart, *The Bond*, p. 80.
34. Ibid.
35. Bernadette Boden- Albala et al., "Social Isolation and Outcomes Post Stroke," *Neurology* 64, no. 11（2005）: 1888–92.
36. McTaggart, *The Bond*, p. 80; Julianne Holt-Lunstad, Timothy B. Smith, and J. Bradley Layton, "Social Relationships and Mortality Risk: A Meta-analytic Review," *PLOS Medicine* 7, no. 7（July 10, 2010）, http://www.plosmedicine.org/article/info:doi/10.1371/ journal.pmed.1000316.
37. Dawkins, *The Selfish Gene*, p. 258.
38. Susanne Shultz, Christopher Opie, and Quentin D. Atkinson, "Stepwise Evolution of Stable Sociality in Primates," *Nature* 479（November 10, 2011）: 219–22.
39. Celia W. Dugger and John Noble Wilford, "New Hominid Species Discovered in South Africa," *New York Times*, April 8, 2010, retrieved March 4, 2013, from http://www .nytimes.com/2010/04/09/science/09fossil.html?pagewanted=all&_r=0.
40. Martin Reuter et al., "Investigating the Genetic Basis of Altruism: The Role of the COMT Val158Met

Polymorphism," *Social Cognitive and Affective Neuroscience*（2010）, http://scan.oxfordjournals.org/content/early/2010/10/28/scan.nsq083.full.

41. "Researchers in Bonn Find an 'Altruism Gene,' " press release, University of Bonn, Bonn, Germany, http://www3. Uni-bonn.de/ Press-releases/researchers-in-bonn-find-an-201caltruism-gene201c.
42. Adam L. Penenberg, "Social Networking Affects Brains like Falling in Love," *Fast Company*, July 1, 2010, http://www.fastcompany.com/1659062/ social-networking-affects-brains-falling-love.
43. Mark Honigsbaum, "Oxytocin: Could the 'Trust Hormone' Rebond Our Troubled World?" *Guardian*, August 20, 2011, http://www.guardian.co.uk/science/2011/aug/21/oxytocin-zak-neuroscience-trust-hormone.
44. Zack Lynch, *The Neuro Revolution*（New York: St. Martin's Press, 2009）, pp. 97–108.
45. C. H. Declerck, Christopher Boone, and Toko Kiyonari, "The Effect of Oxytocin on Cooperation in a Prisoner's Dilemma Depends on the Social Context and a Person's Social Value Orientation," *Social Cognitive and Affective Neuroscience*（2013）, http:// www.ncbi.nlm.nih.gov/pubmed/23588271.
46. Axelrod, *The Evolution of Cooperation*, p. 94.
47. Peter T. Boag and Peter R. Grant, "Intense Natural Selection in a Population of Darwin's Finches（Geospizinae）in the Galapagos," in Kathleen Donohue, ed., *Darwin's Finches*（Chicago: University of Chicago Press, 2011）, p. 286.
48. Martin H. Wikelski, "Darwin's Finches," *eLS*（2001）: 3–4.
49. Smith, *The Wealth of Nations*, pp. 4–7.
50. Ann Gibbons, *The First Human*（New York: Anchor Books, 2007）, pp. 36–39.

51. British Museum, “A History of the World in 100 Objects: Olduvai Handaxe,” n.d., retrieved March 18, 2013, from http://www.bbc.co.uk/ahistoryoftheworld/about/ transcripts/episode3.

52. Francisco J. Ayala, *Am I a Monkey*?（Baltimore: Johns Hopkins University Press, 2010）, pp. 3–10.

53. Mises, *Human Action*, p. 176.

54. John F. Hoffecker, *Landscape of the Mind*（New York: Columbia University Press, 2011）, pp. 15–66.

55. Ofek, *Second Nature*, locs. 1499–1503.

56. Michael Balter, “On the Origin of Art and Symbolism,” Science 323（February 6, 2009）: 709– 11, http://www.sciencemag.org/content/323/5915/709.full?ijkey=PVlAWrnJDMlhE &keytype=ref&siteid=sci.

57. Marek Kohn and Steven Mithen, “Handaxes: Products of Sexual Selection?,” *Antiquity* 73（1999）: 518–26.

58. Catherine de Lange, “Our Ancestors Had to Grow Bigger Brains to Make Axes,” *New Scientist*, November 4, 2010, retrieved March 18, 2013, from http://www.newscientist .com/article/ dn19677- our-ancestors-had-to-grow-bigger-brains-to-make-axes.html.

59. Peter N. Peregrine and Melvin Ember, eds., *Encyclopedia of Prehistory*, vol. 1（New York: Springer, 2001）, pp. 3–7.

60. Jonathan Kingdon, *Self-Made Man*（New York: John Wiley, 1993）, pp. 47–49.

61. Maev Kennedy, “Invention of Cooking Made Having a Bigger Brain an Asset for Humans,” *Guardian*, October 22, 2012, http://www.theguardian.com/science/2012/ oct/22/ cooking-supports-increased-human-brain-power.

62. Ferris Jabr, “Does Thinking Really Hard Burn More Calories?,” *Scientific American*, July 18, 2012, http://

www.scientificamerican.com/article.cfm?id= thinking-hard-calories.

63. "Bigger Brains: Complex Brains for a Complex World," Smithsonian National Museum of Natural History, n.d., retrieved March 20, 2013, from http://humanorigins.si.edu/human-characteristics/brains.
64. "Glacial and Interglacial Cycles of the Pleistocene," *Encyclopaedia Britannica*, retrieved March 20, 2013, from http://www.britannica.com/EBchecked/ topic/121632/climate- change/275791/ Glacial-and-interglacial-cycles-of-the-Pleistocene.
65. Stanley I. Greenspan, *The First Idea*（Cambridge, MA: Da Capo Press, 2004）, pp. 169–71.
66. Hoffecker, *Landscape of the Mind*, pp. 3–8.
67. R. Dale Guthrie, *The Nature of Paleolithic Art*（Chicago: University of Chicago Press, 2005）, pp. 7–26, 335–39.
68. Hoffecker, *Landscape of the Mind*, p. x.
69. Ibid., pp. 5–6.
70. Ibid., p. 77.

章二

1. Alan Greenspan, *Age of Turbulence*（New York: Penguin, 2008）, p. 47.
2. Daniel Kahneman, *Thinking, Fast and Slow*, Kindle ed.（New York: Farrar, Straus & Giroux, 2011）, p. 288.
3. Adam Levy, "Brain Scans Show Link Between Lust for Sex and Money," Bloomberg, February 1, 2006.
4. Michael S. Sweeney, *Brain: The Complete Mind*（Washington, DC: National Geographic Society, 2009）

, pp. 1–2.

5. Conor Dougherty and Kelly Evans, "Economy in Worst Fall Since '82," *Wall Street Journal*, February 28, 2009.

6. Alan Greenspan, *The Map and the Territory*（New York: Penguin, 2013）, p. 7.

7. Ibid., p. 8.

8. Ibid., p. 3.

9. Gregory S. Berns et al., "Predictability Modulates Human Brain Response to Reward," *Journal of Neuroscience* 21, no. 8（2001）: 2793–98.

10. Jason Zweig, *Your Money and Your Brain*, Kindle ed.（New York: Simon & Schuster, 2007）, loc. 2995.

11. Walter A. Friedman, *Fortune Tellers*（Princeton, NJ: Princeton University Press, 2014）, p. iv.

12. Ibid., p. 6.

13. Ibid., p. 8.

14. 效率市場理論即是理性預期的運用。見Thomas J. Sargent, "Rational Expectations," *The Concise Encyclopedia of Economics*, n.d., retrieved May 3, 2014, from http://www.econlib.org/library/Enc/RationalExpectations.html.

15. Justin Fox, *The Myth of the Rational Market*（New York: HarperCollins, 2009）, pp. xiv–xv.

16. Ibid., pp. xiii–xiv.

17. Ibid., pp. 47–57.

18. Zweig, *Your Money and Your Brain*, locs. 98–100.

19. Dilip Soman教授提出很有趣的一個觀點：當我們自己做財務決定時，我們可能不自覺地允許感情扮演一個因素。但是別人，如財富管理經理人替我們做財務決定時，他們可能比較不會熱情衝動。在這個案例上，馬克維茲或許請財務顧問替他操盤會比較有利，因為他們在分配金錢時可以擺開感情因素。

20. Toshio Yamagishi et al., "In Search of Homo economicus," *Psychological Science*（2014）, http://www.ncbi.nlm.nih.gov/pubmed/25037961?dopt=Abstract.
21. Peter Coy, "What Good Are Economists Anyway?," *Bloomberg Businessweek*, April 15, 2009.
22. "Why Economists Failed to Predict the Financial Crisis," Knowledge@Wharton, May 13, 2009, retrieved May 5, 2014, from http://knowledge.wharton.upenn.edu/ article/ why-economists-failed-to- predict-the-financial-crisis.
23. David Colander et al., "The Financial Crisis and the Systemic Failure of Academic Economics," March 9, 2009, Social Science Research Network, http://papers.ssrn.com/sol3/papers.cfm?abstract_id=1355882.
24. Cited in Fox, *The Myth of the Rational Market*, p. xi.
25. Cited in Greenspan, *The Map and the Territory*, p. 8.
26. Ibid., p. 14.
27. Kahneman, *Thinking, Fast and Slow*, p. 211.
28. Ibid., pp. 7–8.
29. Michael R. Cunningham, "Weather, Mood, and Helping Behavior: Quasi Experiments with the Sunshine Samaritan," *Journal of Personality and Social Psychology* 37, no. 11（1979）: 1947–56.
30. David Hirshleifer and Tyler Shumway, "Good Day Sunshine: Stock Returns and the Weather," *Journal of Finance* 58, no. 3（2003）: 1009–32.

31. Leonard Mlodinow, *Subliminal*, Kindle ed.（New York: Random House, 2012）, pp. 23–24.
32. Adrian C. North, "The Effect of Background Music on the Taste of Wine," *British Journal of Psychology* 103, no. 3（2012）: 293–301.
33. Kahneman, *Thinking, Fast and Slow*, pp. 130–31.
34. Ibid., p. 216.
35. Ibid., pp. 212–15.
36. David F. Swensen, *Unconventional Success*, Kindle ed.（New York: Simon & Schuster, 2005）, locs. 3532–37.
37. Kahneman, *Thinking, Fast and Slow*, p. 216.
38. George A. Akerlof and Robert J. Shiller, *Animal Spirits*（Princeton, NJ: Princeton University Press, 2009）.
39. Markus K. Brunnermeier and Christian Julliard, "Money Illusion and Housing Frenzies," *Review of Financial Studies* 21, no. 1（2008）: 135–80.
40. Carl R. Chena, Peter P. Lung, and F. Albert Wang, "Stock Market Mispricing: Money Illusion or Resale Option?," *Journal of Financial and Quantitative Analysis* 44, no. 5（2009）: 1125–47.
41. Louis N. Christofides and Amy Chen Peng, "The Determinants of Major Provisions in Union Contracts: Duration, Indexation, and Non-Contingent Wage Adjustment," unpublished paper, University of Cyprus, 2004.
42. Bernd Weber et al., "The Medial Prefrontal Cortex Exhibits Money Illusion," *Proceedings of the National Academy of Sciences* 106, no. 13（2009）: 5025–28.

43. Daniel Kahneman and Amos Tversky, "Prospect Theory: An Analysis of Decision Under Risk," *Econometrica* 47 no. 2（1979）: 263–92.
44. Daniel Kahneman, "Daniel Kahneman — Biographical," 2002, retrieved April 27, 2013, from http://www.nobelprize.org/nobel_prizes/economics/laureates/2002/ kahneman-autobio.html.
45. Mebane Faber, "Dow 300 Point Days and Volatility Clustering," MEB Faber Research, August 7, 2008, retrieved May 30, 2014, from http://mebfaber.com/2008/ 08/07/dow-300-point-days-and-volatility-clustering.
46. Gary Belsky and Thomas Gilovich, *Why Smart People Make Big Money Mistakes*（New York: Simon & Schuster, 2009）, pp. 48–49.
47. Stephen J. Brown and Onno W. Steenbeek, "Doubling: Nick Leeson's Trading Strategy," *Pacific- Basin Finance Journal* 9, no. 2（2001）: 83–99.
48. Paul Pierson, "The New Politics of the Welfare State," *World Politics* 48, no. 2（1996）: 143–79.
49. Devin G. Pope and Maurice E. Schweitzer, "Is Tiger Woods Loss Averse? Persistent Bias in the Face of Experience, Competition, and High Stakes," *American Economic Review* 101（2011）: 129–57.
50. Christopher Trepel, Craig R. Fox, and Russell A. Poldrack, "Prospect Theory on the Brain? Toward a Cognitive Neuroscience of Decision Under Risk," *Cognitive Brain Research*（2005）: 34–50.
51. Benedetto De Martino, Colin F. Camerer, and Ralph Adolphs, "Amygdala Damage Eliminates Monetary Loss Aversion," *Proceedings of the National Academy of Sciences* 107, no. 8（2010）: 3788–92.
52. Katie Moisse, "What Happens in the Amygdala . . . Damage to Brain's Decision- Making Area May Encourage Dicey Gambles," *Scientific American*, February 9, 2010.

53. Richard H. Thaler, "Mental Accounting Matters," *Journal of Behavioral Decision Making* 12（1999）: 183–206.
54. Mathias Pessiglione et al., "How the Brain Translates Money into Force: A Neuroimaging Study of Subliminal Motivation," *Science* 316（2007）: 904–6.
55. Xinyue Zhou, Kathleen D. Vohs, and Roy F. Baumeister, "The Symbolic Power of Money," *Psychological Science* 20, no. 6（2009）: 700–706.
56. Mathias Pessiglione, "How the Brain Translates Money into Force: A Neuro-imaging Study of Subliminal Motivation," *SCitizen*, May 24, 2007.
57. J. F. Stein and Catherine Stoodley, *Neuroscience*（New York: Wiley, 2006）, pp. 36–37.
58. Sandra Blakeslee, "Brain Experts Now Follow the Money," *New York Times*, June 17, 2003.
59. Cristina Becchio et al., "How the Brain Responds to the Destruction of Money," *Journal of Neuroscience, Psychology, and Economics* 4, no. 1（2011）: 1–10.
60. Ibid.
61. Dean Buonomano, *Brain Bugs*（New York: Norton, 2011）, pp. 19–46.
62. David Linden, *The Accidental Mind*（Cambridge, MA: Belknap Press of Harvard University Press, 2007）, pp. 28–32.
63. Don Ross, "Introduction to Neuroeconomics: Neural Information Processing," Society for Neuroeconomics, n.d., retrieved April 27, 2013, from http://www.neuroeconomics.org/teaching/course-introduction-to-neuroeconomics-ec-490-syllabus-lectures/EC%20 490%20lecture%203%20neural%20information%20processing.pdf/at_download/file.

64. Buonomano, *Brain Bugs*, pp. 19–46.
65. Stanley I. Greenspan, *The First Idea*（Cambridge, MA: Da Capo Press, 2004）, pp. 24–27.
66. Ibid.
67. Brian Knutson et al., "Anticipation of Monetary Reward Selectively Recruits Nucleus Accumbens," *Journal of Neuroscience* 21（2001）: RC159.
68. Zweig, *Your Money and Your Brain*, loc. 729.
69. Hans C. Breiter et al., "Acute Effects of Cocaine on Human Brain Activity and Emotion," Neuron 19, no. 3（1997）: 591–611; Patricia Wen, "An Addictive Thrill: MGH Study Finds Gambling, Cocaine Affect Same Region of Brain," *Boston Globe*, May 24, 2001, p. A.1.
70. Zweig, *Your Money and Your Brain*, loc. 143.
71. Adam Levy, "Mapping the Trader's Brain," *Bloomberg Markets*, February 1, 2006.
72. Alan G. Sanfey et al., "The Neural Basis of Economic Decision- Making in the Ultimatum Game," *Science* 300（2003）: 1755–58.
73. Zweig, *Your Money and Your Brain*, loc. 3890.
74. Sanfey et al., "The Neural Basis of Economic Decision-Making in the Ultimatum Game."
75. Brian Knutson, "*Emotion Is Peripheral*," Edge, January 15, 2004, retrieved May 15, 2014, from http://edge.org/print/response-detail/25466.
76. Brian Knutson et al., "Distributed Neural Representation of Expected Value," *Journal of Neuroscience* 25, no. 19（2005）: 4806–12.
77. Brian Knutson et al., "Nucleus Accumbens Activation Mediates the Influence of Reward Cues on

Financial Risk Taking," *NeuroReport* 19（2008）: 509–13.

78. "Brain Scam?," editorial, *Nature Neuroscience* 7, no. 683（2004）.
79. Brian Knutson et al., "Neural Predictors of Purchases," *Neuron* 53, no. 1（2007）: 147–56.
80. Camelia M. Kuhnen and Brian Knutson, "The Neural Basis of Financial Risk Taking," *Neuron* 47（2005）: 763–70.
81. Ibid.
82. Camelia M. Kuhnen, Brian Knutson, and Gregory R. Samanez- Larkin, "Serotonergic Genotypes, Neuroticism, and Financial Choices," *PLoS ONE* 8, no. 1（2013）: e54632.
83. Ibid.
84. Paul Gabrielsen, "Stanford Scholar Looks to Genes to Make Sense of the Dollars You Invest," Stanford News Service, March 4, 2013, retrieved April 4, 2013, from http://news .stanford.edu/pr/2013/pr-genes-invest-attitude-030413.html.
85. Blakeslee, "Brain Experts Now Follow the Money."
86. Josh Fischman, "The Marketplace in Your Brain," *Chronicle of Higher Education*, September 4, 2012.
87. Paul W. Glimcher, *Foundations of Neuroeconomic Analysis*（New York: Oxford University Press, 2011）, p. 427.
88. Blakeslee, "Brain Experts Now Follow the Money."
89. Fischman, "The Marketplace in Your Brain."
90. Ibid.
91. Many use the terms nucleus accumbens and ventral striatum interchangeably, even though nucleus

accumbens is a part of the ventral striatum（along with ventral puta- men and ventral caudate）.

92. Gregory Berns and Sara E. Moore, "A Neural Predictor of Cultural Popularity," *Journal of Consumer Psychology*（2011）.

93. Anna Teo, "Spotlight on Neuroeconomics," *Business Times*, March 1, 2013.

章三

1. Michael Lewis, *Liar's Poker*（New York: Norton, 1989）, p. 99.
2. Lewis Hyde, *The Gift*（New York: Random House, 2007）, p. 13.
3. Charles Dickens, *David Copperfield*（New York: Random House, 2000）, p. 166.
4. Katherine Rupp, *Gift- Giving in Japan: Cash, Connections, Cosmologies*（Stanford, CA: Stanford University Press, 2003）.
5. Benjamin Okaba, *Why Nigerians Bury Their Money: An Ethnography of Ijo Contemporary Burial Ceremonies*（Port Harcourt: Emhai, 1997）.
6. "Factors Affecting Reserve Balances," Federal Reserve, March 27, 2014, http://www.federalreserve.gov/releases/h41/20140327.
7. 史蒂芬·賈芬克勒教授喜用「商業領域」，不用「市場領域」一詞。他認為「市場」在經濟學中含有「資本主義」的意義。
8. Adam Smith, *The Wealth of Nations*（New York: Knopf, 1991）, pp. 19– 22.
9. Adam Smith, *An Inquiry Into the Nature and Causes of the Wealth of Nations*, vol. 1, ed. W. Playfair

(Hartford: O. D. Cooke, 1811), p. 17.

10. L. Randall Wray, ed., *Credit and State Theories of Money: The Contributions of A. Mitchell Innes* (Cheltenham, England, and Northampton, MA: Edward Elgar, 2004), pp. 16– 18.
11. Ibid.
12. Caroline Humphrey, "Barter and Economic Disintegration," *Man* 20, no. 1 (March 1985): 48–72.
13. David Graeber, *Debt: The First 5,000 Years*, Kindle ed. (Brooklyn: Melville House, 2011), loc. 540.
14. Ibid., loc. 627–29.
15. Ibid., loc. 648–60.
16. Ibid., loc. 773–89.
17. Paul Sillitoe, "Why Spheres of Exchange?," *Ethnology* 45, no. 1 (2006): 1–23.
18. Ibid.
19. Marcel Mauss, *The Gift* (London: Norton, 1990).
20. Hyde, The Gift, pp. xx–xxii.
21. Ibid., pp. 20–25.
22. Aafke E. Komter, *Social Solidarity and the Gift* (Cambridge: Cambridge University Press, 2005), pp. 58–60.
23. Ibid.
24. Mauss, *The Gift*, pp. 23–24.
25. Hyde, *The Gift*, pp. 13–20.
26. Komter, *Social Solidarity and the Gift*, pp. 58–59.

27. Hyde, *The Gift*, p. 18.

28. Lakshmi Gandhi, "The History Behind the Phrase 'Don't Be an Indian Giver,' " NPR, September 2, 2013, http://www.npr.org/blogs/codeswitch/2013/09/02 /217295339/ the-history-behind-the-phrase-dont-be-an-indian-giver.

29. Hyde, *The Gift*, pp. 3–5.

30. Ibid., pp. 35–40. 瓜求圖人是夸夸嘉夸族（Kwakwaka'wakw）的一支。

31. Gail Ringel, "The Kwakiutl Potlatch: History, Economics, and Symbols," *Ethnohistory* 26, no. 4（1979）: 347–62. Sergei Kan 指出，在 Tlingit 人母系社會中，新酋長也有可能是舊酋長姊妹所生的長子或最能幹的兒子。

32. Ibid.

33. Homer G. Barnett, "The Nature of the Potlatch," *American Anthropologist* 40, no. 3（1938）: 349–58.

34. Ringel, "The Kwakiutl Potlatch."

35. Barnett, "The Nature of the Potlatch."

36. Joseph Masco, "Competitive Displays: Negotiating Genealogical Rights to the Potlatch at the American Museum of Natural History," *American Anthropologist* 98, no. 4（December 1996）: 837–52.

37. Ringel, "The Kwakiutl Potlatch."

38. Markus Giesler, "Consumer Gift Systems," *Journal of Consumer Research*（2006）: 283–90.

39. Ibid.

40. Ibid.

41. "Kickstarter Stats," retrieved March 27, 2014, from http://www.kickstarter.com/help/stats.

42. Rob Trump, "Why Would You Ever Give Money Through Kickstarter?," *New York Times Magazine*, February 8, 2013, http://www.nytimes.com/2013/02/10/magazine/ why-would-you-ever-give-money-through-kickstarter.html?pagewanted=all&_r=0.
43. Komter, *Social Solidarity and the Gift*, p. 67.
44. Ibid., pp. 56–57.
45. Ibid., pp. 42–43.
46. George Lakoff, *Moral Politics: How Liberals and Conservatives Think*（Chicago: University of Chicago Press, 2002）, pp. 4–8.
47. George Lakoff and Mark Johnson, "Conceptual Metaphor in Everyday Language," *Journal of Philosophy* 77, no. 8（1980）: 453–86.
48. Shawn Tully, "The Toughest Guy on Wall Street," *Fortune*, March 2006, http://features .blogs.fortune.cnn.com/2012/05/13/Jamie-dimon-jpmorgan.
49. Marc Sandalow, "Bush Claims Mandate, Sets 2nd-term Goals," *San Francisco Chronicle*, November 5, 2004, http://www.sfgate.com/politics/article/ Bush-claims-mandate-sets-2nd-term-goals-I-2637116.php.
50. Wilfred Dolfsma, Rene van der Eijk, and Albert Jolink, "On a Source of Social Capital: Gift Exchange," *Journal of Business Ethics* 89, no. 3（October 2009）: 315–29.
51. David B. Wooten, "Qualitative Steps Toward an Expanded Model of Anxiety in Gift-Giving," *Journal of Consumer Research* 27, no. 1（2000）: 84–95.
52. Jean-Sébastien Marcoux, "Escaping the Gift Economy," *Journal of Consumer Research* 36, no. 4（2009）: 671–85.

53. Ibid.
54. Ibid.
55. Rupp, Gift- Giving in Japan, pp. 1–3.
56. Ruth Benedict, *The Chrysanthemum and the Sword*（New York: First Mariner Books, 2005）, pp. 100–108. 她的記述略嫌過時，但是她的重點仍很重要，關係到今天日本的餽贈行為。
57. Ibid.
58. Ibid., pp. 100–104.
59. Ibid., pp. 112–18.
60. Ibid., pp. 132–36.
61. Ibid., pp. 146–48.
62. Takie Sugiyama Lebra, *Japanese Patterns of Behavior*（Honolulu: University Press of Hawaii, 1976）, pp. 96–100.
63. Rupp, Gift- *Giving in Japan*, pp. 105–8.
64. John Sherry 教授提出西方世界婚姻註冊登記中很有趣的一點。新婚夫婦利用婚姻註冊登記提醒賓客社會債意識，給新人送禮。新人利用這個機會不必承擔財務債務，取得或許不易得到的東西。接受賓客送禮後，新人持續在餽贈圈的角色，別人預期他們在日後要回報。每年因婚姻註冊登記而花在贈禮上的金額約為一百九十億美元。詳情可參閱 Tonya Williams Bradford and John F. Sherry Jr., "Orchestrating Rituals Through Retailers: An Examination of Gift Registry," *Journal of Retailing* 89, no. 2（2013）: 158–75.
65. Rupp, *Gift-Giving in Japan*, pp. 57–59.

66. Ibid., pp. 68–70.
67. Fritz M. Heichelheim, *An Ancient Economic History*（Leiden: A. W. Sijthoff, 1958）, pp. 54–56.
68. Ibid.
69. Jamie Stokes, ed., *Encyclopedia of the Peoples of Africa and the Middle East*（New York: Facts on File, 2009）, pp. 664–65.
70. Steven J. Garfinkle, " Turam-ili and the Community of Merchants in the Ur III Period," *Journal of Cuneiform Studies* 54（2002）: 29–48.
71. Steven J. Garfinkle, "Shepherds, Merchants, and Credit: Some Observations on Lending Practices in Ur III," *Journal of the Economic and Social History of the Orient* 47, no. 1（2004）: 1– 30.
72. Ibid.
73. Ibid.
74. Steven Garfinkle, email correspondence, June 22, 2014（K. Sehgal, interviewer）.
75. Douglas Garbutt, "The Significance of Ancient Mesopotamia in Accounting History," *Accounting Historians Journal* 11, no. 1（1984）: 83–101.
76. Garfinkle, "Shepherds, Merchants, and Credit."
77. Michael Hudson, "How Interest Rates Were Set, 2500 BC–1000 AD: Máš, Tokos and Fœnus as Metaphors for Interest Accruals," *Journal of the Economic and Social History of the Orient* 43, no. 2（2000）: 132–61. 根據賈芬克勒教授的說法，máš 意即「山羊」。
78. Garbutt, "The Significance of Ancient Mesopotamia in Accounting History."
79. Hudson, "How Interest Rates Were Set, 2500 BC–1000 AD."

80. Suzanne Daley, "Paris Journal; A Green Light for Sinful Drivers: It's Election Time," *New York Times*, March 26, 2002, http://www.nytimes.com/2002/03/26/world/paris-journal-a-green-light-for-sinful-drivers-it-s-election-time.html.
81. Marvin A. Powell, "Money in Mesopotamia," *Journal of the Economic and Social History of the Orient* 39, no. 3（1996）: 224–42.
82. Steven Garfinkle, email correspondence, June 22, 2014（K. Sehgal, interviewer）.
83. Hudson, "How Interest Rates Were Set, 2500 BC–1000 AD."
84. Ibid.
85. François Thureau-Dangin, "Sketch of a History of the Sexagesimal System," *Osiris*（1939）: 95–141.
86. Hudson, "How Interest Rates Were Set, 2500 BC–1000 AD."
87. U.S. Department of State, "Trafficking in Persons Report," 2012, http://www.state.gov/documents/organization/192587.pdf.
88. Alain Testart, "The Extent and Significance of Debt Slavery," *Revue française de sociologie* 43（2002）: 173–204.
89. 賈芬克勒教授指出，除了做為治理工具之外，漢摩拉比法典可能還是「皇家宣傳」，並沒有徹底執行。
90. Graeber, *Debt*, locs. 3591–92.
91. Testart, "The Extent and Significance of Debt Slavery."
92. Edward M. Harris, "Did Solon Abolish Debt- Bondage?," *Classical Quarterly* 52, no. 2（2002）: 415–30.
93. Richard Ford, "Imprisonment for Debt," *Michigan Law Review* 25, no. 1（November 1926）: 24–49.

94. Walter Thornbury, "The Fleet Prison," *Old and New London* 2（1878）: 404–16, http:// www. british-history.ac.uk/report.aspx?compid=45111.
95. Jason Zweig, "Are Debtors' Prisons Coming Back?," *Wall Street Journal*, August 28, 2012, http://blogs.wsj.com/totalreturn/2012/08/28/ are-debtors-prisons-coming-back.
96. Ford, "Imprisonment for Debt."
97. Charles J. Tabb, "The History of the Bankruptcy Laws in the United States," *American Bankruptcy Institute Law Review*（1995）: 5–51.
98. U.S. Department of State, "Trafficking in Persons Report."
99. Jessica Silver- Greenberg, "Welcome to Debtors' Prison, 2011 Edition," *Wall Street Journal*, March 16, 2011, http://online.wsj.com/article/SB10001424052748704396504576204 553811636610.html.
100. Susie An, "Unpaid Bills Land Some Debtors Behind Bars," NPR, December 12, 2011, http:// www.npr.org/2011/12/12/143274773/unpaid-bills-land-some-debtors-behind-bars.

章四

1. 這句話鐫刻在紐約聯邦準備銀行地下室金庫大門旁的牆上。
2. Aristotle, *Politics*. trans. Benjamin Jowett（New York: Dover, 2000）, p. 42.
3. David Boyle, ed., *The Money Changers*（London: Earthscan, 2002）, p. 41.
4. Federal Reserve Bank of New York, "Gold Vault," retrieved June 16, 2013, from http://www.newyorkfed.org/aboutthefed/goldvault.html.

5. Ibid.
6. HowStuffWorks, "How Much Gold Is There in the World?," retrieved June 20, 2013, from http://money.howstuffworks.com/question213.htm.
7. Georg Friedrich Knapp, *The State Theory of Money*（London: Macmillan, 1924）.
8. U.S. Department of Treasury, "Legal Tender Status," retrieved June 1, 2014, from http:// www.treasury.gov/ resource-center/faqs/currency/pages/ legal- tender.aspx.
9. Paul Davidson, "Monetary Policy in the Twenty- First Century in the Light of the Debate Between Chartalism and Monetarism," in Jeff Biddle, John B. Davis, Steven G. Medema, eds., *Economics Broadly Considered*（New York: Routledge, 2001）, pp. 335–47.
10. Jacob Goldstein and David Kestenbaum, "The Island of Stone Money," NPR, December 10, 2010, retrieved May 25, 2013, from http://www.npr.org/blogs/ money/2011/02/15/131934618/ the-island-of-stone-money.
11. Mark Kurlansky, *Salt*（New York: Penguin, 2002）, p. 63.
12. Wayne G. Sayles, email correspondence, June 28, 2014（K. Sehgal, interviewer）.
13. François Velde, "A Brief History of Minting Technology," June 18, 1997, retrieved April 5, 2014, from http://frenchcoins.net/links/technolo.pdf.
14. Ute Kagan, email correspondence, June 16, 2014（K. Sehgal, interviewer）.
15. J. N. Postgate, *Early Mesopotamia: Society and Economy at the Dawn of History*（London: Routledge, 1994）, p. 18.
16. Ibid., p. 204.

17. Ibid., p. 53.
18. Ibid., p. 51.
19. Stephen Bertman, *Handbook to Life in Ancient Mesopotamia*（Oxford: Oxford University Press, 2005）, p. 249.
20. Postgate, *Early Mesopotamia*, pp. 202–203.
21. Karen Rhea Nemet-Nejat, *Daily Life in Ancient Mesopotamia*（Peabody, MA: Hendrickson, 2002）, pp. 267–68.
22. Bertman, *Handbook to Life in Ancient Mesopotamia*, p. 257.
23. Luca Peyronel, "Ancient Near Eastern Economics: The Silver Question Between Methodology and Archaeological Data," *Proceedings of the 6th International Congress on the Archaeology of the Ancient Near East*（2010）: 926–27.
24. Catherine Eagleton et al., *Money: A History*（New York: Firefly Books, 2007）, p. 17.
25. Ibid., p. 19.
26. Ibid., p. 18.
27. Nemet-Nejat, *Daily Life in Ancient Mesopotamia*, p. 264.
28. Eagleton, *Money*, p. 18.
29. Ibid., p. 19.
30. Wendy Christensen, *Empire of Ancient Egypt*（New York: Chelsea House, 2009）, pp. 9–10.
31. Barry J. Kemp, *Ancient Egypt: Anatomy of a Civilization*（London: Routledge, 1989）, pp. 124– 25.
32. Ibid., pp. 124–26.

33. A. Rosalie David, *Handbook to Life in Ancient Egypt*（New York: Facts on File, 2003）, pp. 318–20.
34. Ibid.
35. Ibid., pp. 318–21.
36. Eagleton, *Money*, p. 21.
37. British Museum, "The Wealth of Africa," retrieved July 1, 2013, from http://www.britishmuseum.org/explore/online_tours/africa/the_wealth_of_africa/ancient_egypt.aspx.
38. David P. Silverman, ed., *Ancient Egypt*（New York: Oxford University Press, 1997）, pp. 64–65.
39. Peter Tyson, "Where Is Punt?," December 1, 2009, retrieved April 22, 2014, from NOVA: http://www.pbs.org/wgbh/nova/ancient/ Egypt-punt.html.
40. David, *Handbook to Life in Ancient Egypt*, pp. 334–56.
41. Silverman, *Ancient Egypt*, p. 40.
42. Rosemarie Klemm and Dietrich Klemm, *Gold and Gold Mining in Ancient Egypt and Nubia*（New York: Springer, 2013）, pp. 20–28.
43. David, *Handbook to Life in Ancient Egypt*.
44. Christensen, *Empire of Ancient Egypt*, pp. 73–89.
45. G. K. Jenkins, "An Egyptian Gold Coin," *British Museum Quarterly* 20, no. 1（1955）: 10–11.
46. "Lydia,"*The Metropolitan Museum of Art Bulletin* 26, no. 5（1968）: 199–200.
47. Koray Konuk, "Asia Minor to the Ionian Revolt," in W. E. Metcalf, ed., *The Oxford Handbook of Greek and Roman Coinage*（New York: Oxford University Press, 2012）, pp. 43–60.
48. 後來的研究認為，琥珀金是人造的，並不是自然出現在山區或附近河流。

49. Donald Kagan, "The Dates of the Earliest Coins," *American Journal of Archaeology* 86, no. 3（1982）: 343–60.
50. Glyn Davies, *A History of Money: From Ancient Times to the Present Day*（Cardiff: University of Wales Press, 1994）, p. 63.
51. Robert W. Wallace, "The Origin of Electrum Coinage," *American Journal of Archaeology* 91, no. 3（1987）: 385–97.
52. Richard Seaford, *Money and the Early Greek Mind*（Cambridge: Cambridge University Press, 2004）, pp. 136–46.
53. Eagleton, *Money*, p. 24.
54. Konuk, "Asia Minor to the Ionian Revolt."
55. Jack M. Balcer, "Herodotus, the 'Early State,' and Lydia," *Historia: Zeitschrift für Alte Geschichte* 43, no. 2（1994）: 246–49.
56. David M. Schaps, "The Invention of Coinage in Lydia, in India, and in China," 2006, retrieved July 6, 2013, from XIV International Economic History Congress, Session 30.
57. Ibid.
58. Madhukar K. Dhavalikar, "The Beginning of Coinage in India," *World Archaeology* 6, no. 3（1975）: 330–38.
59. Seaford, *Money and the Early Greek Mind*, pp. 102–14.
60. Ute Wartenberg Kagan 指出除了Attic制之外，還有許多不同的重量標準。
61. Davies, *A History of Money*, p. 80.

62. Peter G. Van Alfen, "The Coinage of Athens, Sixth to First Century B.C.," in *The Oxford Handbook of Greek and Roman Coinage*, ed. William E. Metcalf（New York: Oxford University Press, 2012）, pp. 88–104.
63. 雅典仍然有以物易物和債務交易。在希臘其他地方，硬幣要經過很長一段時間才通行起來。
64. Edward E. Cohen, "The Elasticity of the Money- Supply at Athens," in W. V. Harris, ed., *The Monetary Systems of the Greeks and Romans*（Oxford: Oxford University Press, 2008）, pp. 66–83.
65. C. J. Howgego, *Ancient History from Coins*（New York: Routledge, 1995）, pp. 1–23.
66. Jack Weatherford, *The History of Money*（New York: Three Rivers Press, 1997）, pp. 34–35.
67. Ibid.
68. Ron Owens, Solon of Athens（Portland, OR: Sussex Academic Press, 2010）, pp. 130–34.
69. Léopold Migeotte, *The Economy of the Greek Cities*（Berkeley: University of California Press, 2009）, pp. 173–79.
70. Weatherford, *The History of Money*, pp. 41–42.
71. Plato, *The Laws*, trans. T. J. Saunders（London: Penguin Books, 1970）, p. 159.
72. Davidson, "Monetary Policy in the Twenty-First Century in the Light of the Debate Between Chartalism and Monetarism."
73. Shahzavar Karimzadi, *Money and Its Origins*（New York: Routledge, 2013）, pp. 139–50.
74. Aristotle, *The Politics and Economics of Aristotle*, trans. E. Walford（London: George Bell, 1876）, pp 21–22.
75. Joseph A. Schumpeter, *History of Economic Analysis*（New York: Oxford University Press, 1994）, pp.

62–64.
76. Barry J. Gordon, "Aristotle, Schumpeter, and the Metalist Tradition," *Quarterly Journal of Economics* 75, no. 4（1961）: 608–14.
77. Scott Meikle, "Aristotle on Money," *Phronesis* 39, no. 1（1994）: 26–44.
78. Ibid.
79. Aristotle, *The Politics and Economics of Aristotle*, p. 25.
80. Tenney Frank, *An Economic History of Rome*（New York: Cooper Square, 1962）, pp. 69–89.
81. "Gresham's Law," *Encyclopaedia Britannica*, retrieved August 6, 2013, from http:// www.britannica.com/ EBchecked/topic/245850/ Greshams-law.
82. Bernhard E. Woytek, "The Denarius Coinage of the Roman Republic," in W. E. Metcalf, ed., *The Oxford Handbook of Greek and Roman Coinage*（New York: Oxford University Press, 2012）, pp. 315–34.
83. Andrew Meadows, "J. W. Moneta and the Monuments: Coinage and Politics in Republican Rome," *Journal of Roman Studies* 91（2001）: 27–49.
84. Eagleton, *Money*, pp. 39–61.
85. Alfred Wassink, "Inflation and Financial Policy Under the Roman Empire to the Price Edict of 301 A.D.," *Historia: Zeitschrift für Alte Geschichte* 40, no. 4（1991）: 465–93.
86. Mary E. Thornton, "Nero's New Deal," *Transactions and Proceedings of the American Philological Association* 102（1971）: 621–29.
87. Gary Richardson, Alejandro Komai, and Michael Gou, "Roosevelt's Gold Program," Federal Reserve History, retrieved April 22, 2014, from http://www.federalreservehistory .org/Events/DetailView/24.

88. Wassink, "Inflation and Financial Policy Under the Roman Empire to the Price Edict of 301 A.D."
89. Thornton, "Nero's New Deal."
90. Ulrich W. Hiesinger, "The Portraits of Nero," *American Journal of Archaeology* 79, no. 2（1975）: 113–24.
91. Weatherford, *The History of Money*, pp. 46–63.
92. C. H. V. Sutherland, "Denarius and Sestertius in Diocletian's Coinage Reform," *Journal of Roman Studies* 51（1961）: 94–97.
93. World Gold Council, "Demand and Supply," retrieved July 29, 2013, from http://www .gold.org/about_gold/story_of_gold/demand_and_supply.
94. World Steel Association, "World Crude Steel Output Increases by 1.2% in 2012," January 22, 2013, retrieved July 29, 2013, from http://www.worldsteel.org/media-centre/press-releases/2012/12-2012-crude-steel.html.
95. Andrew Ross Sorkin, "Render Unto Caesar, but Who Backs Bitcoin?," *New York Times*, November 25, 2013.
96. James Grant, "All About Gold"（Charlie Rose, interviewer）, December 5, 2010.
97. Virginia Morell, "Feature Article: Bowerbirds," *National Geographic*, July 2010.
98. Paul T. Keyser, "Alchemy in the Ancient World: From Science to Magic," *Illinois Classical Studies* 15, no. 2（1990）: 361.
99. Ibid., 353–78.
100. Lynn Thorndike, *A History of Magic and Experimental Science*（New York: Columbia University Press, 1923）, p. 194.
101. Keyser, "Alchemy in the Ancient World."

102. Lawrence Principe, *The Secrets of Alchemy*（Chicago: University of Chicago Press, 2013）, pp. 13–18.
103. Ibid., pp. 30–38.
104. Ibid., pp. 65–70.
105. Lawrence Principe, “Alchemy Restored,” *Isis* 102, no. 2（2011）: 305–12.
106. Ibid., p. 307.
107. Davies, *A History of Money*, pp. 29–30.

章五

1. Marco Polo, *The Travels*. trans. Ronald Latham（London: Penguin Books, 1958）, pp. 147–48.
2. Lawrence Lande and Tim Congdon, “John Law and the Invention of Paper Money,” *RSA Journal*, 139, no. 5414（January 1991）: 916–28.
3. Bill Gross, “Investment Outlook: The Scouting Party,” January 2002, http://www.pimco .com/EN/Insights/Pages/IO_01_2002.aspx.
4. 這則故事來自華爾街某位交易員，但名氏改用化名。
5. Neil Irwin, “This One Number Explains How China Is Taking Over the World,” *Washington Post*, December 3, 2013, http://www.washingtonpost.com/blogs/wonkblog/wp/2013/12/03/this-one-number-explains-how-china-is-taking-over-the-world.
6. Barry J. Eichengreen, *Exorbitant Privilege*, Kindle ed.（New York: Oxford University Press, 2011）.
7. Ibid.

8. "All Signs Pointing to Gold," U.S. Global Investors, September 17, 2012, http://www.usfunds.com/investor-resources-frank-talk/all-signs-pointing-to-gold/ #.Uiky_Dash8E.
9. Milton Friedman and Rose D. Friedman, *Free to Choose*（New York: Harcourt, 1980）, p. 249.
10. "Monetarists Anonymous," Economist, 2012, http://www.economist.com/node/21563752.
11. Gordon Tullock, "Paper Money — A Cycle in Cathay," *Economic History Review* 9, no. 3（1957）: 393–407.
12. Federal Reserve, "How Much U.S. Currency Is in Circulation?," August 2, 2013, retrieved August 8, 2013, from http://www.federalreserve.gov/faqs/currency_12773.htm.
13. 聯邦準備理事會以好幾種方法追蹤貨幣供給額，最常用的兩種是M1和M2。兩者都包括流通中的貨幣，但不包括保管在聯準會的銀行準備。M1是最容易提領的錢，包括流通的貨幣、旅行支票、活存和支存。M2除上述項目外，再加不是那麼容易流動的一些戶頭，因為它們本意就是家庭儲蓄和投資之用，如儲蓄存款、十萬元以下定存單等。二〇一三年六月，美國的M1總數二兆五千億美元，M2超過十兆五千億美元。
14. 經濟學家Irving Fisher的研究，促成今人首度清楚名目利率和實質利率之間的差異。他描述名目利率約等於實質利率加通貨膨脹率，因此預期通膨率的改變將反映在名目利率上。見"Irving Fisher," *Concise Encyclopedia of Economics*, retrieved June 1, 2014, from http://www.econlib .org/library/Enc/bios/Fisher.html.
15. 實際數字是九十七元九分。
16. 實際數字是二千七百六十八萬三千美元。
17. Hunter Lewis, How Much Money Does an Economy Need?（Mount Jackson, VA: Axios Press, 2007）,

pp. 6–7.

18. Marc Shell, "Money and the Mind: The Economics of Translation in Goethe's Faust," *MLN* 95, no. 3（April 1980）: 516–62.
19. Jack Weatherford, *The History of Money*（New York: Three Rivers Press, 1997）, pp. 137–40.
20. Mark Levine, "Can a Papermaker Help to Save Civilization?," *New York Times Magazine*, February 17, 2012, http://www.nytimes.com/2012/02/19/magazine/ timothy-barrett-papermaker.html?pagewanted=all.
21. Tsuen-Hsuin Tsien, "Raw Materials for Old Papermaking in China," *Journal of the American Oriental Society* 93, no. 4（1973）: 510–19.
22. Thomas F. Carter, *The Invention of Printing in China and Its Spread Westward*（New York: Ronald Press, 1955）.
23. Metropolitan Museum of Art, "Tang Dynasty（618–906）", retrieved April 10, 2014, from http://www.metmuseum.org/toah/hd/tang/hd_tang.htm.
24. Tullock, "Paper Money — A Cycle in Cathay."
25. Liansheng Yang（楊聯陞）, *Money and Credit in China: A Short History*（Cambridge, MA: Harvard University Press, 1952）, pp. 51–52.
26. Nirat Lertchitvikul稱這個時期的紙幣為「軍閥的紙鈔」，因為它們幾乎全靠指派的總督和地方軍閥而定。
27. Yang, *Money and Credit in China*, pp. 51–52.
28. Kojiro Tomita, Andrew McFarland Davis, and Ch 'üan Pu Tung Chih, "Ancient Chinese Paper Money as Described in a Chinese Work on Numismatics," *Proceedings of the American Academy of Arts and*

Sciences 53, no. 7（June 1918）: 467–647.

29. Yang, *Money and Credit in China*, pp. 5–6.
30. Ibid., p. 52.
31. Richard Von Glahn, "Monies of Account and Monetary Transition in China, Twelfth to Fourteenth Centuries," *Journal of the Economic and Social History of the Orient*（2010）: 463–505.
32. Richard Von Glahn, "Cycles of Silver in Chinese Monetary History, in Billy K. L. So, ed., *The Economy of Lower Yangzi Delta in Late Imperial China: Connecting Money, Markets, and Institutions*（New York: Routledge, 2013）, pp. 17–71.
33. Von Glahn, "Monies of Account and Monetary Transition in China, Twelfth to Fourteenth Centuries."
34. Tsien, "Raw Materials for Old Papermaking in China."
35. Yang, *Money and Credit in China*, p. 53.
36. Tullock, "Paper Money — A Cycle in Cathay."
37. Von Glahn, "Cycles of Silver in Chinese Monetary History."
38. Richard Von Glahn, "Silver and the Transition to a Paper Money Standard," Von Gremp Workshop in Economic and Entrepreneurial History, 2010, University of California, Los Angeles, pp. 1–31, http://www.econ.ucla.edu/workshops/papers/ History/Von%20Glahn.pdf.
39. Von Glahn, "Cycles of Silver in Chinese Monetary History."
40. Yang, *Money and Credit in China*, p. 55.
41. Von Glahn, "Monies of Account and Monetary Transition in China, Twelfth to Fourteenth Centuries."
42. Ibid.

43. Ibid.
44. Richard Von Glahn, "The Origins of Paper Money in China," in William N. Goetzmann and K. Geert Rouwenhorst, eds., *The Origins of Value: The Financial Innovations That Created Modern Capital Markets*（New York: Oxford University Press, 2005）, pp. 65–91.
45. John W. Dardess, "From Mongol Empire to Yüan Dynasty: Changing Forms of Imperial Rule in Mongolia and Central Asia," *Monumenta Serica*（1972–73）: 117– 65.
46. Von Glahn, "Monies of Account and Monetary Transition in China, Twelfth to Fourteenth Centuries."
47. "Kublai Khan," *Encyclopaedia Britannica*, http://www.britannica.com/EBchecked/ topic/324254/ Kublai-Khan/3994/ Social-and-administrative-policy.
48. Weatherford, *The History of Money*, pp. 125–28.
49. Yang, *Money and Credit in China*, pp. 64–66.
50. Von Glahn, "Monies of Account and Monetary Transition in China, Twelfth to Fourteenth Centuries."
51. Yang, *Money and Credit in China*, pp. 64–66.
52. Tullock, "Paper Money — A Cycle in Cathay."
53. Von Glahn, "Monies of Account and Monetary Transition in China, Twelfth to Fourteenth Centuries."
54. Lande, "John Law and the Invention of Paper Money."
55. Antoin E. Murphy, *John Law: Economic Theorist*（Oxford: Oxford University Press, 1997）, pp. 31–40.
56. Niall Ferguson, *The Ascent of Money*（New York: Penguin Group, 2008）, p. 132.
57. Stephen Quinn and William Roberds, "How Amsterdam Got Fiat Money," Federal Reserve Bank of Atlanta, December 2010, https://www.frbatlanta.org/documents/ pubs/wp/wp1017.pdf.

58. Earl J. Hamilton, "John Law of Lauriston: Banker, Gamester, Merchant, Chief?," *American Economic Review* 57, no. 2（1967）: 273–82.
59. H. Montgomery Hyde, *John Law: The History of an Honest Adventurer*（London: Home & Van Thal, 1969）, p. 83.
60. Antoin E. Murphy, "John Law," in William N. Goetzmann and K. Geert Rouwenhorst, eds., *The Origins of Value: The Financial Innovations That Created Modern Capital Markets*（New York: Oxford University Press, 2005）, pp. 225–38.
61. Ibid.
62. Earl J. Hamilton, "Prices and Wages at Paris under John Law's System," *Quarterly Journal of Economics*, 51, no. 1（November 1936）: 42–70.
63. Ibid.
64. Ferguson, *The Ascent of Money*, pp. 138–49.
65. Lande, "John Law and the Invention of Paper Money."
66. Ferguson, *The Ascent of Money*, pp. 140–45.
67. Murphy, "John Law."
68. Ferguson, *The Ascent of Money*, pp. 138–49.
69. Lande, "John Law and the Invention of Paper Money."
70. Ferguson, *The Ascent of Money*, pp. 138–49.
71. Lande, "John Law and the Invention of Paper Money."
72. Murphy, "John Law."

73. Lande, "John Law and the Invention of Paper Money."
74. Ferguson, *The Ascent of Money*, pp. 138–57.
75. Eichengreen, *Exorbitant Privilege*, pp. 10–11.
76. Farley Grubb, "Benjamin Franklin and the Birth of Paper Money," Federal Reserve Bank of Philadelphia, March 3, 2006, https://www.philadelphiafed.org/publications/ economic-education/ ben-franklin-and-paper-money-economy.pdf.
77. Ibid.
78. Charles W. Calomiris, "Institutional Failure, Monetary Scarcity, and the Depreciation of the Continental," *Journal of Economic History* 48, no. 1（1988）: 47–69.
79. Benjamin Franklin, "A Modest Enquiry into the Nature and Necessity of a Paper-Currency," in *Colonial Currency Reprints*（Boston: John Wilson, 1911）, pp. 335–57.
80. Grubb, "Benjamin Franklin and the Birth of Paper Money."
81. Robert Garson, "The US Dollar and American Nationhood, 1781– 1820," *Journal of American Studies* 35, no. 1（2001）: 21–46.
82. Farley Grubb, email correspondence, May 27, 2014（K. Sehgal, interviewer）.
83. Ibid.
84. Calomiris, "Institutional Failure, Monetary Scarcity, and the Depreciation of the Continental."
85. Declaration of Independence, July 4, 1776, http://www.archives.gov/exhibits/charters/ declaration_transcript.html.
86. Grubb, email correspondence, May 27, 2014.

87. Robert Shaw, "History of the Dollar," *Analysts Journal* 14, no. 2（1958）: 77–79.
88. Farley Grubb, "The Continental Dollar: How Much Was Really Issued?," *Journal of Economic History* 68, no. 1（March 2008）: 283–91.
89. Massachusetts Historical Society, "United States Continental Paper Currency," http:// www.masshist.org/findingaids/doc.cfm?fa=fao0005.
90. Grubb, email correspondence, May 27, 2014.
91. Alexander Hamilton, *The Works of Alexander Hamilton*, vol. 2, ed. John C. Hamilton（New York: J. F. Trow, 1850）, p. 271.
92. Garson, "The US Dollar and American Nationhood, 1781–1820."
93. Eichengreen, *Exorbitant Privilege*, pp. 10–14.
94. Grubb, email correspondence, May 27, 2014.
95. Constitution of the United States of America, http://www.archives.gov/exhibits/charters/ constitution_transcript.html.
96. Weatherford, *The History of Money*, pp. 136–40.
97. Ronald W. Michener and Robert E. Wright, "State 'Currencies' and the Transition to the U.S. Dollar: Clarifying Some Confusions," *American Economic Review* 95, no. 3（June 2005）: 682–703.
98. Abraham Lincoln, *Abraham Lincoln: Speeches and Writings*, 1859–1865（New York: Library of America, 1989）, p. 397.
99. Heather Cox Richardson, *The Greatest Nation on Earth*（Cambridge, MA: Harvard University Press, 1997）, pp. 1–7.

100. Marc Egnal, "The Greenback Is Born," *New York Times*, February 27, 2012, http:// opinionator.blogs.nytimes.com/2012/02/27/ the-greenback-is-born/?_php=true& _type=blogs&_r=0.
101. Ibid.
102. Grubb, email correspondence, May 27, 2014.
103. University of Groningen, "American History: From Revolution to Reconstruction and Beyond," retrieved May 31, 2014, from http://www.let.rug.nl/usa/essays/ general/a-brief-history-of-central-banking/ national-banking-acts-of-1863-and-1864.php.
104. "Resumption Act of 1875," *Encylopaedia Britannica*, retrieved September 8, 2013, from http://www.britannica.com/EBchecked/topic/499805/ Resumption-Act-of-1875.
105. Murray N. Rothbard, "What Has Government Done to Our Money?," Ludwig von Mises Institute, https://mises.org/money/4s1.asp.
106. Nathan Lewis, "The 1870–1914 Gold Standard: The Most Perfect One Ever Created," *Forbes*, January 3, 2013, http://www.forbes.com/sites/nathanlewis/ 2013/01/03/the-1870-1914-gold-standard-the-most-perfect-one-ever-created.
107. Michael David Bordo, "The Classical Gold Standard: Some Lessons For Today," Federal Reserve Bank of St. Louis, May 1981, http://research.stlouisfed.org/publications/review/81/05/Classical_May1981.pdf.
108. Barry Eichengreen and Peter Temin, "The Gold Standard and the Great Depression," June 1997, NBER Working Paper Series, http://www.nber.org/papers/w6060.pdf?new_window=1.
109. Murray N. Rothbard, "The Monetary Breakdown of the West," Ludwig von Mises Institute, http://mises.org/money/4s3.asp.

110. Ibid.
111. James Rickards, *Currency Wars*（New York: Penguin, 2011）, p. 66.
112. Eichengreen, "The Gold Standard and the Great Depression."
113. Benn Steil, *The Battle of Bretton Woods*（Princeton, NJ: Princeton University Press, 2013）, p. 24.
114. Eichengreen, "The Gold Standard and the Great Depression."
115. Steil, *The Battle of Bretton Woods*, p. 25.
116. Jacob Goldstein and David Kestenbaum, "Why We Left the Gold Standard," NPR, April 21, 2011, http://www.npr.org/blogs/money/2011/04/27/135604828/why-we-left-the-gold-standard.
117. Steil, *The Battle of Bretton Woods*, p. 27.
118. Joanne S. Gowa, *Closing the Gold Window: Domestic Politics and the End of Bretton Woods*（Ithaca, NY: Cornell University Press, 1983）, pp. 34–40.
119. Rickards, *Currency Wars*, p. 78.
120. Miller Center, "American President: A Reference Resource," http://millercenter.org/president/lbjohnson/essays/biography/4.
121. Stephen Daggett and Nina M. Serafino, "Costs of Major U.S. Wars," Congressional Research Service, 2010, http://www.fas.org/sgp/crs/natsec/RS22926.pdf.
122. Leonard Dudley and Peter Passell, "The War in Vietnam and the United States Balance of Payments," *Review of Economics and Statistics* 50, no. 4（1968）: 437–42.
123. Julian E. Zelizer, "The Nation: Guns and Butter; Government Can Run More Than a War," *New York Times*, December 30, 2001, http://www.nytimes.com/2001/12/30/ weekinreview/ the-nation-guns-and-

butter-government-can-run-more-than-a-war.html.

124. Robert J. Samuelson, *The Great Inflation and Its Aftermath*（New York: Random House, 2008）, p. 4.

125. Ibid., pp. 63–65.

126. Benjamin Klein, "Our New Monetary Standard: The Measurement and Effects of Price Uncertainty, 1880–1973," *Economic Inquiry* 13, no. 4（December 1975）: 461–84.

127. Allan H. Meltzer, "Origins of the Great Inflation," *Review*（2005）: 145–76, http:// research.stlouisfed.org/publications/review/05/03/part2/Meltzer.pdf.

128. Joseph E. Gagnon and Marc Hinterschweiger, *Flexible Exchange Rates for a Stable World Economy*（Washington, DC: Peterson Institute for International Economics, 2011）, pp. 12–13.

129. Gowa, *Closing the Gold Window*, pp. 140–50.

130. President Richard M. Nixon, "Address to the Nation Outlining a New Economic Policy: 'The Challenge of Peace,' " August 15, 1971, http://www.presidency.ucsb.edu/ws/ ?pid=3115#axzz2fZeubBDa.

131. Rickards, *Currency Wars*, pp. 85–93.

132. Roger Lowenstein, "The Nixon Shock," Bloomberg Businessweek, August 4, 2011, http://www.businessweek.com/printer/articles/ 870-the-nixon-shock.

133. Steil, *The Battle of Bretton Woods*, p. 353.

134. Henry Ford, *My Life and Work*（Garden City, NY: Doubleday, Page, 1922）, p. 179.

135. Board of Governors of the Federal Reserve System, *The Federal Reserve System: Purposes and Functions*（Washington, DC: Publications Committee of the Board of Governors of the Federal Reserve System, 2005）, p. 1.

章六

1. Alex Crippen, "CNBC Buffett Transcript Part 2: The 'Zebra' That Got Away," CNBC, March 2, 2011, http://www.cnbc.com/id/41867379.
2. Erick Schonfeld, "Jack Dorsey on Charlie Rose: 'It's Really Complex to Make Some-thing Simple,' " Tech Crunch, January 11, 2011, http://techcrunch.com/2011/01/11/ jack-dorsey-charlie-rose.
3. Peter H. Diamandis and Steven Kotler, *Abundance: The Future Is Better Than You Think*（New York: Free Press, 2012）.
4. Andrew Ross Sorkin, "A Revolution in Money," *New York Times*, April 1, 2014, http://dealbook.nytimes.com/2014/04/01/a-revolution-in-money/?_php=true&_type=blogs& _r=0.
5. Nick Barisheff, *$10,000 Gold: Why Gold's Inevitable Rise Is the Investor's Safe Haven*（Mississuaga, Ontario: John Wiley & Sons Canada, 2013）.
6. Ibid., pp. 164–68.
7. Natasha Lennard, "Ben Bernanke Tells Ron Paul What Gold Is," *Salon*, July 14, 2011, http://www.salon.com/2011/07/14/bernanke_ron_paul_is_gold_money.
8. John C. Williams, "Cash Is Dead! Long Live Cash!," Federal Reserve Bank of San Francisco 2012 Annual Report, http://www.frbsf.org/files/2012_Annual_Report_Essay.pdf.
9. Robert Lee Hotz, "Why You Shouldn't Put Your Money Where Your Mouth Is," *Wall Street Journal*, April 18, 2014, http://online.wsj.com/news/articles/ SB100014240527023 03456104579489510784385696.
10. Mark Koba, "$2 Trillion Underground Economy May Be Recovery's Savior," CNBC, April 24, 2013,

http://www.cnbc.com/id/100668336.

11. John Cook, "After Bootstrapping to $10M in Sales, BizX Scores Real Cash for Virtual Currency," Geek Wire, April 16, 2013, http://www.geekwire.com/2013/after-bootstrapping-to-10m-in-sales-bizx-scores-cash-for-virtual-currency.
12. Meritxell Mir, "In Hard- Hit Spain, Bartering Becomes Means of Getting By," *USA Today*, February 20, 2013, http://www.usatoday.com/story/news/world/2013/ 02/20/Spanish-bartering/1894365.
13. John Stonestreet, "Spain Barter Economy Wins Followers in Grip of Crisis," Reuters, February 20, 2010, http://www.reuters.com/article/2012/02/20/us-spainbarter-idUS T RE81J0NJ20120220.
14. Rachel Donadio, "Battered by Economic Crisis, Greeks Turn to Barter Networks," *New York Times*, October 1, 2011, http://www.nytimes.com/2011/10/02/world/europe/in-greece-barter-networks-surge.html?_r=0&adxnnl=1&pagewanted=all&adxnnl x= 1381862981-8waQus1MLcdWO4mVYjdxsA.
15. Ibid.
16. Mir, "In Hard-Hit Spain, Bartering Becomes Means of Getting By."
17. International Reciprocal Trade Association, "Modern Trade and Barter," http://www .irta.com/index.php/about/ modern-trade-barter.
18. Michael Burawoy and Pavel Krotov, "The Soviet Transition from Socialism to Capi- talism: Worker Control and Economic Bargaining in the Wood Industry," *American Sociological Review*（1992）: 16–38.
19. David M. Woodruff, "The Russian Barter Debate: Implications for Western Policy," *PONARS*, 1998, http://personal.lse.ac.uk/woodruff/_private/materials/pm_0038.pdf.
20. Barbara A. Cellarius, " 'You Can Buy Almost Anything with Potatoes': An Examination of Barter During

Economic Crisis in Bulgaria," *Ethnology*（2000）: 73–92.

21. Mary Mellor, *The Future of Money: From Financial Crisis to Public Resource*（New York: Pluto Press, 2010）, pp. 152–76.
22. "Confidence in Institutions," Gallup, June 1, 2013, http://www.gallup.com/poll/1597/ confidence-institutions.aspx#1.
23. World Bank, "Participatory Budgeting in Brazil," http://www-wds.worldbank.org/ external/default/WDSContentServer/WDSP/IB/2009/11/03/000333037_20091103015746/Rendered/PDF/514180WP0BR0Bu10Box342027B01PUBLIC1.pdf.
24. Dana Khromov, "Ithaca Hours Revival Would Require Community Support," April 13, 2011, http://www.ithaca.com/news/ article_175100c4-65d6-11e0-bd73-001cc4c002e0.html.
25. Gretchen M. Herrmann, "Special Money: Ithaca Hours and Garage Sales," *Ethnology* 45, no. 2（2006）: 125–41.
26. "The Birth of the Dollar Bill," NPR, December 7, 2012, http://www.npr.org/blogs/ money/2012/12/07/166747693/ episode-421-the-birth-of-the-dollar-bill.
27. "Funny Money," *Economist*, December 20, 2005, http://www.economist.com/node/ 5323615.
28. Cary Stemle, "Starbucks Reports Continued Growth in Mobile App Usage," MobilePaymentsToday.com, January 24, 2014, http://www.mobilepaymentstoday. com/articles/ starbucks-reports-continued-growth-in-mobile-app-usage.
29. Paul Kemp- Robertson, "Bitcoin. Sweat. Tide. Meet the Future of Branded Currency," TED, July 2013, http://www.ted.com/talks/paul-kemp-robertson-bitcoin-sweat-tide -meet-the-future-of-branded-currency.

html.

30. Thomas H. Greco, *The End of Money and the Future of Civilization*, Kindle ed.（White River Junction, VT: Chelsea Green, 2009）, loc. 3442.

31. Kathleen Gallagher, "Peer to Peer Lending Sites Attracting Investors," *Milwaukee Wisconsin Journal Sentinel*, November 9, 2013, http://www.jsonline.com/business/ peer-to-peer-lending-sites-attracting-investors-b99137303z1- 231300731.html.

32. Greco, *The End of Money and the Future of Civilization*, loc. 3486.

33. bitcoinmining.com, "What is Bitcoin Mining?," April 9, 2013, https://www.youtube.com/watch?v=GmOzih6I1zs.

34. "Getting Started," Bitcoin Mining, http://www.bitcoinmining.com/ getting-started.

35. "Frequently Asked Questions," http://bitcoin.org/en/faq.

36. David Woo, Ian Gordon, and Vadim Iaralov, "Bitcoin: A First Assessment,"Bank of America Merrill Lynch, 2013.

37. Steven Perlberg, "Bernanke: Bitcoin 'May Hold Long-Term Promise,' " *Business Insider*, November 18, 2013, http://www.businessinsider.com/ ben-bernanke-on-bitcoin-2013-11 #ixzz2nDsX0xSR.

38. Paul Krugman, "Bitcoin Is Evil," *New York Times*, December 28, 2013, http://krugman.blogs.nytimes.com/2013/12/28/bitcoin-is-evil/?_php=true&_type=blogs&_r=0.

39. Robin Sidel, Eleanor Warnock, and Takashi Mochizuki, "Almost Half a Billion Worth of Bitcoins Vanish," *Wall Street Journal*, February 28, 2014, http://online.wsj.com/news/ articles/ SB10001424052702303801304579410010379087576.

40. Patricia Hurtado, “Ex-Bitcoin Foundation’s Shrem Indicted After Plea Talks,” Bloomberg, April 14, 2014, http://www.bloomberg.com/news/2014-04-14/ex-bitcoin-foundation-s-shrem-indicted-by-u-s-after-plea-talks.html.
41. Scott Lee, “FBI Seized $28.5 Million In Bitcoins from Silk Road Owner Ross Ulbricht,” TechBeat, October 29, 2013, http://techbeat.com/2013/10/ fbi-seized-28-5-million-bitcoins-silk-road-owner-ross-ulbricht.
42. Richard Rubin and Carter Dougherty, “Bitcoin Is Property, Not Currency, in Tax System: IRS,” Bloomberg, May 25, 2014, http://www.bloomberg.com/news/2014-03-25/bitcoin-is-property-not-currency-in-tax-system-irs-says.html.
43. Michael Carney, “Bitcoin, You Have a China Problem,” *PandoDaily*, November 6, 2013, http://pando.com/2013/11/26/ bitcoin-you-have-a-china-problem.
44. Alex Hern, “Chinese Bitcoin Exchange Closes Deposits After Central Bank Clamp-down,” *Guardian*, April 3, 2014, http://www.theguardian.com/technology/2014/apr/03/Chinese-bitcoin-exchange-closes-after-central-bank-clampdown.
45. Matthew Philips, “Bitcoin Isn’t Really Banned in China—and It’s Quickly Gaining Ground,” *Bloomberg Businessweek*, March 20, 2014, http://www.businessweek. com/articles/2014-03-20/btc-chinas-bobby-lee-bitcoin-isnt-really-banned-in-china-and-its-quickly-gaining-ground.
46. François R. Velde, “Bitcoin: A Primer,” Chicago Fed Letter, December 2013, http:// www.chicagofed.org/digital_assets/publications/chicago_fed_letter/2013/cfldecember 2013_317.pdf.
47. Marc Andreessen, “Why Bitcoin Matters,” *New York Times*, January 21, 2014, http://deal book.nytimes.

com/2014/01/21/ why-bitcoin-matters/?_php=true&_type=blogs&_r=0.

48. Brian Fung, "Marc Andreessen: In 20 Years, We'll Talk About Bitcoin Like We Talk About the Internet Today," *Washington Post*, May 21, 2014, http://www.washingtonpost.com/ blogs/ the- switch/ wp/2014/05/21/marc-andreessen-in-20-years-well-talk-about-bitcoin-like-we-talk-about-the-internet-today/?tid=pm_business_pop.
49. Andreessen, "Why Bitcoin Matters" 中有很好的說明。
50. Timothy Carmody, "Money 3.0: How Bitcoins May Change the Global Economy," *National Geographic*, October 14, 2013, http://news.nationalgeographic.com/news/ 2013/10/ 131014-bitcoins-silk-road-virtual-currencies-internet-money.
51. Kevin Fitchard, "Square Retools Consumer Mobile Payments, Replacing Wallet with a New App Called Order," GigaOm, May 12, 2014, http://gigaom.com/2014/05/12/ square-retools-consumer-mobile-payments-replacing-wallet-with-a-new-app-called-order.
52. Jane Martinson, "Apple's In-App Game Charges: How My Kids Ran Up Huge Bills," *Guardian*, March 26, 2013, http://www.theguardian.com/technology/shortcuts /2013/ mar/26/apples-in-app-game-charges-kids-bills.
53. 我進行的是不亮卡的交易，由於商家不能查證我是否真正的信用卡持有人，這種交易的風險較大，經常有人報案遭詐騙。
54. Edward Bellamy, *Looking Backward*（New York: Dover Thrift Editions, 1996）.
55. "Credit Card," *Encyclopaedia Britannica*, http://www.britannica.com/EBchecked/ topic/142321/ credit-card.

56. Jack Weatherford, *The History of Money*（New York: Three Rivers Press, 1997）, pp. 225– 32.
57. US Census Bureau, "2012 Credit Cards— Holders, Number, Spending, and Debt, 2000 and 2009, and Projections, 2012," http://www.census.gov/compendia/statab/2012/tables/12s1188.pdf; Tien-tsin Huang, "Payment Processing: Payments Market Share Handbook," J. P. Morgan, 2013.
58. Emily Steel, "Using Credit Cards to Target Web Ads," *Wall Street Journal*, October 11, 2011, http://online.wsj.com/news/articles/ SB10001424052970204002304576627030651339352.
59. "War of the Virtual Wallets," *Economist*, November 17, 2012, http://www. economist .com/news/ finance-and-economics/ 21566644-visa-mastercard-and-other-big-payment-networks-need-not-be-victims-shift/print.
60. "Secret History of the Credit Card," *Frontline*, PBS, November 23, 2004, http://www .pbs.org/wgbh/pages/frontline/shows/credit/etc/script.html.
61. Bradley Johnson, "100 Leading National Advertisers," *Advertising Age*, June 20, 2011, http://adage.com/article/news/ad-spending-100-leading-national-advertisers/228267/.
62. "MasterCard Advisors' Cashless Journey," MasterCard, September 2013, http://news room.mastercard.com/wp-content/uploads/2013/09/ Cashless-Journey_WhitePaper _FINAL.pdf.
63. Steve Barnett and Nigel Chalk, "Building a Social Safety Net," International Monetary Fund, September 2010, http://www.imf.org/external/pubs/ft/fandd/2010/09/pdf/barnett.pdf.
64. Shan-Jing Wei, "Why Do the Chinese Save So Much?," *Forbes*, February 2, 2010, http:// www.forbes.com/2010/02/02/ china-saving-marriage-markets-economy-trade.html.
65. Simon Kuper, "Debt: Another Word for Guilt," *FT*, January 14, 2011, http://www.ft.com/ intl/cms/s/2/

a2c51e14-1ded-11e0-badd-00144feab49a.html#axzz2zOkYgJ7C.
66. Huang, "Payment Processing."
67. Mark Zandi, Virendra Singh, and Justin Irving, "The Impact of Electronic Payments on Economic Growth," Moody's, February 2013, http://corporate.visa.com/_media/ moodys-economy-white-paper.pdf.
68. Scott Schmith, "Credit Card Market: Economic Benefits and Industry Trends," Visa, March 2008, http://corporate.visa.com/_media/ ita-credit-card-report.pdf.
69. Chris G. Christopher Jr. and Erik Johnson, "Emerging Consumer Markets: The New Drivers of Global Economic Growth," Supply Chain Quarterly, 2011, http://www . supply chainquarterly.com/columns/201104monetarymatters.
70. David Humphrey et al., "What Does It Cost to Make a Payment?," *Review of Network Economics* 2, no. 2（June 2003）, http://www.riksbank.se/Upload/Dokument_riksbank/Kat_foa/Cost%20of%20Making.pdf.
71. Community Merchants USA, "The Benefits of Small Business Card Acceptance," http://communitymerchantsusa.com/resources/ the-benefits-of-small-business-card-acceptance.
72. 但是在信用卡公司有利經濟之前，小商家可能不會大量接受刷卡。
73. International Telecommunication Union, 2013 Facts and Figures, http://www.itu.int/en/ITU-D/Statistics/Documents/facts/ICTFactsFigures2013.pdf.
74. "Gartner Says Worldwide Mobile Payment Users to Reach 141 Million in 2011", Gartner, July 21, 2011, http://www.gartner.com/newsroom/id/1749114.
75. Huang, "Payment Processing."
76. Ibid.

77. Jennifer Van Grove, "Square Sets New Record: $2M Processed in One Day," Mashable, April 29, 2011, http://mashable.com/2011/04/29/ square-payments.
78. Leena Rao, "Visa Makes a Strategic Investment in Disruptive Mobile Payments Startup Square," Tech Crunch, April 27, 2011, http://techcrunch.com/2011/04/27/ visa-makes-a-strategic-investment-in-disruptive-mobile-payments-startup-square.
79. 「廣場」的商家風險很高，他必須累積許多顧客。若要有利潤，他需要依賴信用卡公司給他有利的費率，可是「廣場」的問題出在顧客變動率極大，因此信用卡公司對廣場商家收取較高費率。
80. Donna Tam, "PayPal Wants to Get Rid of Your Wallet," *CNET*, May 21, 2013, http://www .cnet.com/news/ paypal-wants-to-get-rid-of-your-wallet. Square has launched its "Order" application, which enables users to order ahead from restaurants.
81. Jason Del Rey, "Starbucks Has Bigger Plans in Mobile Payments Than Most People Realize," *Re/code*, July 17, 2014, http://recode.net/2014/07/17/ starbucks-has-bigger-plans-in-mobile-payments-than-most-people-realize.
82. Sarah Clark, "NTT Docomo to Take Japanese Mobile Wallet Global," NFC World, October 11, 2012, http://www.nfcworld.com/2012/10/11/318353/ ntt-docomo-to-take-japanese-mobile-wallet-global.
83. Bill Siwicki, "It's Official: Mobile Devices Surpass PCs in Online Retail," Internet Retailer, October 1, 2013, http://www.internetretailer.com/2013/10/01/ its-official-mobile-devices-surpass-pcsonline-retail.
84. "Why Does Kenya Lead the World in Mobile Money?," *Economist*, May 27, 2013, http:// www.economist.com/blogs/economist-explains/2013/05/economist-explains-18.
85. Fiona Graham, "M-Pesa: Kenya's Mobile Wallet Revolution," BBC, November 22, 2010, http://www.bbc.

co.uk/news/ business-11793290.
86. "Mobile Threats Around the World," Lookout, retrieved April 20, 2014, from https://www .lookout.com/resources/know-your-mobile/mobile-threats-around-the-world.
87. " Mobile-Payments Fraud Concerns Consumers," *ISO & Agent*, July 14, 2011.
88. Jon M. Chang, "PayPal Galactic Looks to Solve Payments in Space," ABC News, June 27, 2013, http://abcnews.go.com/Technology/paypal-galactic-launches-answer-questions-space-transactions/story?id=19498683.
89. "Galactic Credit Standard," Wookieepedia, retrieved November 12, 2013, from http:// starwars.wikia.com/wiki/Galactic_Credit_Standard.
90. "PayPal, SETI Launch Program to Explore Space Currency," *International Business Times*, June 27, 2013.
91. Matt Peckham, "Space Payments: PayPal Galactic Aims for Infinity and Beyond," *Time*, June 27, 2013, http://techland.time.com/2013/06/27/ space-payments-paypal-galactic-aims-for-infinity-and-beyond.
92. "New Currency for Space Travellers," BBC, October 5, 2007, http://news.bbc.co.uk/2/ hi/business/7029564.stm.
93. Brian Dodson, "PayPal Galactic— Don't Leave Earth Without It," *GizMag*, July 2, 2013, http://www.gizmag.com/ paypalgalactic-financial-infrastructure-for-space-travel/28116.
94. Paul Krugman, "The Theory of Interstellar Trade," July 1978, http://www.princeton .edu/pkrugman/interstellar.pdf.
95. "Starship Enterprises," *Economist*, October 23, 2013, http://www.economist.com/news/science- and-technology/21588350-dismal-scientists-also-speculating-about-space-flight-starship-enterprises.

96. Cotton Delo, "Your Klout Score Could Get You into American Airlines' First Class Lounge," *Advertising Age*, May 7, 2013, http://adage.com/article/digital/american-airlines-opens-lounge-high-klout-scorers/241336.
97. "Man or Machine," *Wall Street Journal*, June 29, 2012, http://online.wsj.com/ news/articles/SB10001424052702304782404577490533504354976.
98. Andrew Ross Sorkin, "A Revolution in Money," *New York Times*, April 1, 2014, http://dealbook.nytimes.com/2014/04/01/a-revolution-in-money/?_php=true&_type=blogs&_r=0.
99. Hal E. Hershfield et al., "Increasing Saving Behavior Through Age- Progressed Renderings of the Future Self," Journal of Marketing Research 48（November 2011）: S23– S37.

章七

1. *New American Standard Bible*（Carol Stream, IL: Creation House, n.d.）, p. 324.
2. *Pirke Avot*（New York: UAHC Press, 1993）, p. 56.
3. "The Casualties: Faith in Hard Work and Capitalism," Pew Research Global Attitudes Project, July 2, 2012, http://www.pewglobal.org/2012/07/12/chapter-4-the-casualties-faith-in-hard-work-and-capitalism.
4. 對這個題目最著名的一項研究是普林斯頓大學教授安格斯・迪頓（Angus Deaton）和丹尼爾・康納曼（Daniel Kahneman），針對回覆蓋洛普調查的四十五萬個美國人的回答做分析，研究他們的個人幸福和所得的關聯性。兩位教授把幸福分為兩類，一是情感上的幸福，即一個人日常的幸福；二是生命的評價，即長久的滿意。他們發現所得和生命的評價有正向關聯：賺的錢愈多，對生活的滿意度就愈高。他們也發現情感上的幸福和所得也是有正向關聯，但是到了年所得七萬五千美元左右，情感上的幸福大約就停止成長。譬如，有哮喘病、年所得又低於七萬五千美元的人，有四一%表示不幸福，但是所得超過七萬五千美元的人，只有二一%覺得不幸福。所得低使已經悽慘的情境顯得更糟糕，因為人們在個人苦楚（如病痛）之外，還必須擔心怎麼應付基本生活需求。兩位教授認為，所得高買到較多的生活滿意度，但是在某一點之後就得不到情感上的幸福：「高所得不能帶來幸福，但它們帶給你你認為比較美好的人生。」針對幸福的研究是經濟學和心理學新興的領域。它使得一些偏遠國家決策者決定，不光是增進國民財富，也要最大化國民幸福。加拿大有些城市追蹤關切居民的幸福水準。不丹的全國幸福毛額（Gross National Happiness, GNH）指數，考量九個項目，從文化多元化到生活水準都涵蓋在內。全國幸福毛額的概念似乎源自不丹的主要宗教佛教。（譯按：翻譯本書時，迪頓榮獲二〇一五年諾貝爾經濟學獎。）

5. "State of the Global Workplace," Gallup, 2013, http://www.gallup.com/strategic consulting/164735/ state-global-workplace.aspx.
6. "Market of Ideas," *Economist*, April 7, 2011, http://www.economist.com/node/18527446.
7. Duncan Campbell, "Greed Is Good: A Guide to Radical Individualism," Guardian, March 9, 2009, http://www.theguardian.com/world/2009/mar/10/ ayn-rand-capitalism.
8. Justin Fox, *The Myth of the Rational Market*（New York: HarperCollins, 2009）, p. xiii.
9. Mark C. Taylor, *Confidence Games*（Chicago: University of Chicago Press, 2004）, p. 4.
10. Ibid.
11. Laura Davis, "After Woman Sells Virginity for $780,000, Here Are the Results of Our Prostitution Survey," *Independent*, October 25, 2012, http://www.independent.co.uk/ voices/comment/ after-woman-sells-virginity-for-780000-here-are-the-results-of-our-prostitution-survey-8226025.html.

12. Michael J. Sandel, *What Money Can't Buy*（New York: Farrar, Straus & Giroux, 2012）. 桑德爾認為，什麼都可以用錢買的話，會產生貧富懸殊，因為有錢人出得起窮人負擔不了的價錢。Steve Hargreaves, "How Income Inequality Hurts America," *CNNMoney*, September 25, 2013, http://money.cnn.com/2013/09/25/news/economy/ income-inequality.
13. Lao Tsu, *Tao te Ching*（New York: Random House, 1997）, p. 87. 老子，《道德經》。
14. David Graeber, *Debt: The First 5,000 Years*, Kindle ed.（Brooklyn: Melville House, 2011）, p. 223.
15. Matthew 6: 19–21（New International Version）, http://www.biblica.com/niv.
16. Matthew 6:21（NIV）, http://www.biblica.com/niv.
17. Matthew 6:24（NIV）, http://www.biblica.com/niv.
18. Matthew 19: 16–22（NIV）, http://www.biblica.com/niv.
19. Matthew 19: 23–24（NIV）, http://www.biblica.com/niv.
20. 誰將得救這個問題在其他章節中也出現，譬如〈馬太福音〉第十九章第二十六節：「在人這是不能，在神凡事都能。」在〈以弗所書〉第二章第八節：「你們得救是本乎恩，也因著信。」〈馬太福音〉第五章第三節更說：「心靈貧窮的人有福了！因為天國是他們的。」
21. Matthew 19: 28–30（NIV）, http://www.biblica.com/niv.
22. Matthew 5:3（NIV）, http://www.biblica.com/niv.
23. 1 Chronicles 4:10（NIV）, http://www.biblica.com/niv.
24. Nanci Hellmich, "Is 'Jabez' for the Needy or Greedy?," *USA Today*, July 17, 2001, http:// usatoday30.usatoday.com/life/books/2001-05-24-the-prayer-of-jabez.htm.
25. Laurie Goodstein, "A Book Spreads the Word: Prayer for Prosperity Works," *New York Times*, May 8,

2001, http://www.nytimes.com/2001/05/08/us/a-book-spreads-the-word-prayer-for-prosperity-works.html?pagewanted=print&src=pm.

26. Galatians 5: 19–21（NIV）, http://www.biblica.com/niv.
27. Erin McClam, "Greed or Godliness? Prayer Book Creates Controversy in Georgia," *Kingman Daily Miner*, June 8, 2001, http://news.google.com/newspapers?nid= 932&da t=20010608&id=DtNPAAAAIBAJ&sjid=71IDAAAAIBAJ&pg=7211,5960921.
28. Matthew 6: 22–23（NIV）, http://www.biblica.com/niv.
29. Timothy Keller, "Treasure vs. Money," May 2, 1999, Redeemer Presbyterian Church, http://sermons2.redeemer.com/sermons/treasure-vs-money.
30. Juliet Schor, *The Overspent American*（New York: Harper Perennial, 1999）, http:// www.nytimes.com/books/first/s/ schor-overspent.html.
31. Hanna Krasnova et al., "Envy on Facebook: A Hidden Threat to Users' Life," *Wirtschaftsinformatik Proceedings*, 2013, http://warhol.wiwi.hu-berlin.de/ ~hkrasnova/Ongoing_Research_files/WI%20 2013%20Final%20Submission%20Krasnova.pdf.
32. "Know What the Scriptures Say About Money and Giving," Brigham Young University, retrieved December 16, 2013, from http://personalfinance.byu.edu/?q=node/1061.
33. Luke 8:11（NIV）, http://www.biblica.com/niv.
34. Matthew 13:37（NIV）, http://www.biblica.com/niv.
35. Matthew 13: 1–23（NIV）, http://www.biblica.com/niv.
36. Pope Francis, "Apostolic Exhortation Evangelii Gaudium," http://www.vatican.va/ holy_father/

francesco/apost_exhortations/documents/ papa-francesco_esortazione-ap_20131124_evangelii-gaudium_en.html#No_to_the_new_idolatry_of_money.

37. Mark 8: 35–36（King James Version）, http://www.biblegateway.com/versions/King-James-Version-KJV-Bible/#books; Matthew 16:26（NIV）, http://www.biblica.com/niv.
38. Ben Witherington III, *Jesus and Money*（Grand Rapids, MI: Brazos Press, 2010）,p. 64.
39. Matthew 6: 31–34（NIV）, http://www.biblica.com/niv.
40. Witherington, *Jesus and Money*, pp. 52–54.
41. Ibid., p. 51.
42. Ibid., p. 53.
43. Henry A. Sanders, "The Number of the Beast in Revelation," *Journal of Biblical Literature* 37（1918）: 95–99.
44. Luke 20:22（NIV）, http://www.biblica.com/niv.
45. Luke 20:25（KJV）, http://www.biblegateway.com/versions/ King-James-Version-KJV-Bible/ #books.
46. Matthew 21:13（NIV）, http://www.biblica.com/niv.
47. Luke 6:35（NIV）, http://www.biblica.com/niv.
48. Acts 2: 42–47（NIV）, http://www.biblica.com/niv.
49. Mark 12: 43–44（NIV）, http://www.biblica.com/niv.
50. Keller, "Treasure vs. Money."
51. C. S. Lewis, Mere Christianity（New York: HarperCollins, 1980）, pp. 86–89.
52. Genesis 1:31（Revised Standard Version）, http://quod.lib.umich.edu/r/rsv/browse.html.

53. Deuteronomy 11:14（RSV）, http://quod.lib.umich.edu/r/rsv/browse.html.
54. Ecclesiastes 5:15（RSV）, http://quod.lib.umich.edu/r/rsv/browse.html.
55. Exodus 20:4（RSV）, http://quod.lib.umich.edu/r/rsv/browse.html.
56. Exodus 32: 1–35（RSV）, http://quod.lib.umich.edu/r/rsv/browse.html.
57. Exodus 20:17（RSV）, http://quod.lib.umich.edu/r/rsv/browse.html.
58. Proverbs 18:23（RSV）, http://quod.lib.umich.edu/r/rsv/browse.html.
59. Ecclesiastes 5:10（RSV）, http://quod.lib.umich.edu/r/rsv/browse.html.
60. Deuteronomy 8: 13–18（RSV）, http://quod.lib.umich.edu/r/rsv/browse.html.
61. Larry Kahaner, *Values, Prosperity, and the Talmud*（Hoboken, NJ: John Wiley & Sons, 2003）, p. 15. Primary source: Babylonian Talmud, *Tamid* 32b.
62. Job 22:24 RSV）, http://quod.lib.umich.edu/r/rsv/browse.html.
63. *Encyclopedia of Torah Thoughts*, trans. Charles B. Chavel（New York: Shilo, 1980）, pp. 484–89.
64. Job 22:25（RSV）, http://quod.lib.umich.edu/r/rsv/browse.html.
65. Proverbs 23: 4–5（RSV）, http://quod.lib.umich.edu/r/rsv/browse.html.
66. *Encyclopedia of Torah Thoughts*, pp. 484–89.
67. Larry Kahaner, email correspondence, May 27, 2014（K. Sehgal, interviewer）.
68. Proverbs 15:15（RSV）, http://quod.lib.umich.edu/r/rsv/browse.html.
69. Proverbs 28:27（RSV）, http://quod.lib.umich.edu/r/rsv/browse.html.
70. Proverbs 11:24（RSV）, http://quod.lib.umich.edu/r/rsv/browse.html.
71. Deuteronomy 15:11（RSV）, http://quod.lib.umich.edu/r/rsv/browse.html.

72. Joseph Telushkin, *Biblical Literacy*（New York: William Morrow, 1997）, p. 483.
73. Leviticus 25:36（RSV）, http://quod.lib.umich.edu/r/rsv/browse.html.
74. Ezekiel 18:12–13（RSV）, http://quod.lib.umich.edu/r/rsv/browse.html. 關於猶太教對高利貸的看法，以及社會如何看待金錢貸放，Joseph Shatzmiller 的 *Shylock Reconsidered: Jews, Moneylending, and Medieval Society*（Berkeley: University of California Press, 1990）有很深入的分析。
75. Telushkin, *Biblical Literacy*, pp. 473–74.Primary source: Babylonian Talmud, Bava Bathra 9a.
76. Geoffrey Wigoder, ed., *The New Encyclopedia of Judaism*（Jerusalem: Jerusalem Publishing House, 2002）, pp. 161–62.
77. Gerald J. Blidstein, "Tikkun Olam," in *Tikkun Olam*（Lanham, MD: Rowman & Little- field, 1997）, pp. 17–60.
78. Colin Turner, "Wealth as an Immortality Symbol in the Qur'an: A Reconsideration of the ml/amwl Verses," *Journal of Qur'anic Studies* 8, no. 2（2006）: 58–83.
79. Asad Zaman, "Islamic Economics: A Survey of the Literature: II," *Islamic Studies* 48, no. 4（2009）: 525–66.
80. *Qur'an*（Sahih International）, www.quran.com, Surat Al-Kahf 18:32–43.
81. Ibid., Surat Al-'Anfa-l 8:28.
82. Ibid., Surat Al-Munafiqun 63:9.
83. Ibid., Surat Al-Baqarah 2:261.
84. Ibid., Surat At-Tawbah 9:24.
85. Ibid., Surat Al-Fajr 89: 20–23.

86. Ibid., Surat Al-Humazah 104:101– 103.
87. Turner, “Wealth as an Immortality Symbol in the Qur’an.”
88. Monzer Kahf, correspondence about Islam and wealth, May 25, 2014（K. Sehgal, interviewer）.
89. Turner, “Wealth as an Immortality Symbol in the Qur’an.”
90. *Qur’an*（Sahih International）, www.quran.com, Surat T ,aha 20:131.
91. Ibid., Surat Al-’Araf 7:152.
92. Ibid., Surat T ,aha 20:6.
93. *Qur’an* 28:77, cited in Zaman, “Islamic Economics: A Survey of the Literature: II.”
94. Michael Bonner, “Poverty and Economics in the Qur’an,” *Journal of Interdisciplinary History* 35, no. 3（2005）: 391–406.
95. Muhammad Arkam Khan, *Islamic Economics and Finance: A Glossary*（New York: Routledge, 1990）, p. 157.
96. *Qur’an*（Sahih International）, www.quran.com, Surat An-Nisa’ 4:161.
97. M. Siddieq Noorzoy, “Islamic Laws on Riba（Interest）and Their Economic Implica- tions,” *International Journal of Middle East Studies* 14, no. 1（1982）: 3–17.
98. Muhammad Anwar, “Islamicity of Banking and Modes of Islamic Banking,” *Arab Law Quarterly* 18, no. 1（2003）: 62–80.
99. “Lakshmi,” BBC, August 24, 2009, http://www.bbc.co.uk/religion/religions/hinduism/ deities/lakshmi.shtml.
100. Mahalakshmi, *The Book of Lakshmi*, pp. 1–20.

101. Ibid., p. 72.
102. Sharada Sugirtharajah, "Picturing God," in P. Bowen, ed., *Themes and Issues in Hinduism*（London: Cassell, 1998）, pp. 161–203.
103. Mahalakshmi, *The Book of Lakshmi*, pp. 6–8.
104. Ibid., pp. 71–94.
105. "Dhanteras Symbolizes Arrival of Goddess Lakshmi," *Times of India*, November 1, 2013, http://articles.timesofindia.indiatimes.com/2013-11-01/kanpur/ 43591930_1 _dhanteras-dhanavantri-goddess-lakshmi.
106. Wendy Doniger, *The Hindus: An Alternative History*（New York: Penguin, 2009）, p. 378.
107. Albert Hall Museum, Jaipur, "Gallery Collection: Coins," http://alberthalljaipur.gov.in/ displaycontents/view/49.
108. Donald R. Davis Jr., "Being Hindu or Being Human: A Reappraisal of the Purus · arthas," International Journal of Hindu Studies 8, no. 1/3（2004）: 1– 27; S. R. Bhatt, "The Concept of Moksa — An Analysis," *Philosophy and Phenomenological Research* 364（1976）: 564–70.
109. Arvind Sharma, "The Purus · a¯rthas: An Axiological Exploration of Hinduism," Journal of Religious Ethics（1999）: 223–56.
110. 法國經濟學家皮凱提（Thomas Piketty）在他的巨作《二十一世紀資本論》（*Capital in the Twenty-First Century*）中說，資本主義有個傾向，會導致更大的貧富不均。這個說法如果成立的話，市場是以資源的分配為基礎劃分人類。艾默利大學（Emory University）教授Paul Courtright指出，如果他對的話，市場就是不恰當、隱含不道德。要更正錯誤，我們必須引導市場對付自己——以更公平的方式重新分配資本。我們需要多賺錢，才能捨棄它們、捐獻出去。

111. "Ashrama," *Encyclopaedia Britannica*, http://www.britannica.com/EBchecked/topic/ 38363/ashrama.
112. Sharma, "The Purusarthas."
113. Bhagavad Gita, 5: 18–22, trans. Stephen Mitchell（New York: Harmony Books, 1998）, p. 85.
114. Ibid., 5: 18–29, pp. 85–87.
115. "Meditation Mapped in Monks," BBC, March 1, 2002, http://news.bbc.co.uk/2/hi/ science/nature/1847442.stm.
116. Joshua Landy, "In Defense of Humanities," December 7, 2010, http://news.stanford .edu/news/2010/ december/ humanities-defense-landy-120710.html.

章八

1. D. Wayne Johnson, email correspondence, March 4, 2014（K. Sehgal, interviewer）.
2. Robert Louis Stevenson, *Treasure Island*（New Jersey: J. P. Piper Books, 2013）, p.58.
3. 我在二〇一四年三月二日從 http://coins.lakdiva.org 下載R. S. Poole, "LakdivaCoins Collection," 發現這段話。原始出處是R. S. Poole, "On the Study of Coins," *Antiquary* 9（1884）: 7–10.
4. 我在達卡期間，某些新聞報導的標題是：「反對派支持者在拉傑沙希市（Rajshahi）向警車投擲汽油彈」；「衝突中十人受傷，手工炸彈爆炸造成警員受傷」；「上午六點起街道封鎖禁行。大使館發出旅行限制令。小心戒備。」
5. Wari-Bateshwar, retrieved February 5, 2014, from http://www.parjatan.gov.bd/wari_arc .php.
6. Reema Islam, "A Family's Passion," *Archaeology*, October 13, 2013, http:// archaeology .org/issues/ 112–1311/ letter-from/1406-wari-bateshwar-ptolemy-sounagoura-indo-pacific-beads.

7. 這是很戲劇化的經驗。為了穿過封鎖線，朋友建議我們包一輛救護車。他說，以相當五十美元的四千元孟加拉幣（taka），我們可以包租一輛救護車，藉著有色玻璃車窗掩護突破封鎖線，暴民可能會讓我們通過。我有點猶豫，覺得似乎並不安全。另一位同行的朋友是電視製作人，他說：「我可以用採訪車安全無虞通過，但是必須一大早就出發，大清早五點鐘。」我上午四點鐘起床，把不必要的東西統統從皮夾掏出來，又從旅館餐廳摸了一把叉子塞進牛仔褲口袋——以防萬一有事，稍可護身。我在大廳裡等候。五點……五點十五分……五點半。終於來了一輛白色廂型車，車上並無本地人。我問：「你的採訪證呢？」他指指車窗角上貼著的一張白紙，標出「媒體」兩個字。唯一能保護我不被暴民修理的竟然就是從印表機上拿出來的一張紙。我把門關上，閉上雙眼。

8. Sufi Mostafizur Rahman, “Coins and Currency System,” in Rahman, ed., *Archaeological Heritage*（Dhaka: Asiatic Society of Bangladesh, 2007）, pp. 108–44.

9. Emran Hossain, “ Wari- Bateshwar One of Earliest Kingdoms,” Daily Star, March 19, 2008, http://archive.thedailystar.net/newDesign/ news-details.php?nid=28431.

10. “1890s Glass Pattern Has Value Far Beyond a Few Coins,” *Milwaukee Wisconsin Journal Sentinel*, March 25, 2007, http://www.jsonline.com/realestate/29340799.html.

11. Cornelius C. Vermeule, *Numismatic Art in America*（Cambridge, MA: Belknap Press of Harvard University Press, 1971）, pp 20–24.

12. Ibid., Preface.

13. UNESCO, “Convention on the Means of Prohibiting and Preventing the Illicit Import, Export and Transfer of Ownership of Cultural Property,” November 14, 1970, http:// portal.unesco.org/en/ev. Php-URL_ID=13039&URL_DO=DO_TOPIC&URL_SECTION =201.html.

14. "Coin Collecting," *Encyclopaedia Britannica*, retrieved February 9, 2014, from http:// www.britannica.com/EBchecked/topic/124774/ coin-collecting.
15. James A. Mackay, *The World Encyclopedia of Coins*（Leicestershire: Lorenz Books, 2012）, pp. 58–59.
16. James L. Noles, *A Pocketful of History*（Cambridge, MA: Da Capo Press, 2008）, pp. xxii–xxiii.
17. Ibid., p. xxiv.
18. "United States Mint Call for Artists: Seeking Artists to Design United States Coins and Medals," National Endowment for the Arts, retrieved May 28, 2014, from http://arts .gov/ grants- individuals/united-states-mint-call-for-artists.
19. Noles, *A Pocketful of History*, pp. 1–6.
20. Frank Meyer, "The Coins of the U.S.: Symbols of a People," *Clearing House* 29, no. 2（1954）: 100–104.
21. "Dinh Bo Linh," *Encyclopaedia Britannica*, retrieved February 11, 2014, from http:// www.britannica.com/EBchecked/topic/163870/Dinh-Bo-Linh.
22. 霍華德．丹尼爾也說一九四八年的越南硬幣很值得注意。它們是金幣，有三種面額，但是並未公開發行。胡志明拿它們送給莫斯科和北京高級官員，感謝他們在印度支那戰爭中援助越南人民。剩下的，胡志明送給戰爭中的越南英勇戰士。霍華德說，這些硬幣之所以特殊，是因為它們來自越南國父、民族英雄所賞賜。霍華德數十年蒐藏經驗，也只見過一次，而且是在博物館裡看到。他願意出價一萬美元以上買一枚。
23. R. Allan Barker, "The Historical Cash Coins of Viet Nam," 2004, http://vietnam.sudoku one.com/d1_dinh.htm.
24. Howard Daniel, email correspondence, May 28, 2014（K. Sehgal, interviewer）.
25. Ronachai Krisadaolarn and Vasilijs Milhailovs, *Siamese Coins: From Funan to the Fifth Reign*（Bangkok:

River Books Press, 2010）, pp. 12–13.

26. Manote Tripathi, "Coins of the Realm," *Nation*, October 22, 2012, http://www.nation multimedia.com/life/Coins-of-the-realm-30192703.html.

27. "Mongkut," *Encyclopaedia Britannica*, retrieved February 14, 2014, from http://www .britannica.com/EBchecked/topic/389268/Mongkut.

28. 我覺得內情不是這麼簡單。隆那查．克里沙道拉安是我遇見的第二位越戰退伍軍人，退役之後留在亞洲，而且變成硬幣蒐藏家。這絕對不是巧合。臨床心理學家瑞秋．菲勒（Rachel Feller）認為，蒐藏是一種治療方式，協助人們適應艱苦的經驗。她訪問過許多蒐藏家，就這個題目寫成論文。她的研究出現一個我們或許似曾相識的主題——符號表徵。蒐藏家認為他們的蒐藏品是他們創傷的符號表徵，或是他們一度試圖摧毀的社會之符號表徵。蒐藏硬幣重新打造這些退伍軍人的生命，把他們改造為硬幣蒐藏家。建立硬幣蒐藏庫使他們記得創傷，體認到這不會擊敗他們。有位變成蒐藏家的退伍軍人告訴菲勒：「我的蒐藏品裡有些東西可以連結到我的同志的痛苦經驗。我睹物思人，看到它們，就會想到這些人。」蒐藏家也把自己的蒐藏品當作代表本身的符號表徵，是他們的一部分。建立蒐藏庫可謂一種自我發現。有些蒐藏家寧可談論他們的蒐藏品、不願談論他們本身——彷彿蒐藏品就是他們的延伸。隆那查的蒐藏品幫助他了解泰國多彩多姿的歷史。它幫助他發現泰國好客的文化，與他所謂的美國「鼠輩」文化大異其趣。隆那查最後成為他一路研究的東西——他歸化為泰國人。他的蒐藏品不再只是泰國的符號表徵。這些硬幣也成為代表他的符號表徵。

29. Gilbert Perez, *The "Dos Mundos" Pillar Coins*, Philippine Numismatic Monographs（Manila: Philippines Numismatics and Antiquarian Society, 1948）.

30. Michael Richardson, "Can the Pilar Be Found? And What's in It? Deep in the Pacific a Plunge for Riches," *New York Times*, June 14, 2001, http://www.nytimes.com/2001/06/14/style/14iht- spang_ed3_.html.
31. Filipino Numismatist, http://www.filipinonumismatist.com/2011/10/ revalidados-rare-holed-coins-of.html.
32. "Hubble Discovers New Class of Gravitational Lens for Probing the Structure of the Cosmos," HubbelSite, October 18, 1995, http://hubblesite.org/newscenter/archive/ releases/1995/1995/43.
33. 「斯里蘭卡」是一九四八年以來所使用的國名，它的舊名是「蘭卡」。
34. Kavan Ratnatunga, "Size & Weight Analysis of 100 Copper Massa Coins," retrieved March 4, 2014, from http://coins.lakdiva.org/medievalindian/rajaraja/ massa_100coins .html.
35. Kavan Ratnatunga, " Ruhuna — 'Punch Mark' Silver," retrieved March 2, 2014, from http://coins.lakdiva.org/punch/punch_marked_GH442.html.
36. Kavan Ratnatunga, "Maneless Lion Type Ancient Lanka — Mahasena: 277– 304," retrieved March 3, 2014, from http://lakdiva.com/coins/ancient/maneless_lion.html.
37. Kavan Ratnatunga, "Ancient Lanka — Bull and Fish Type: Pandya Influence 824–943," retrieved March 2, 2014, from http://coins.lakdiva.org/medievalindian/ pandya_bull _2lrfish.html.
38. "Etana Epic," *Encyclopaedia Britannica*, retrieved March 6, 2014, from http://www .britannica.com/EBchecked/topic/193803/ Etana-Epic.
39. British Museum, "Cuneiform Tablet Telling the Legend of Etana," retrieved May 6, 2014, from https://www.britishmuseum.org/explore/highlights/highlight_ objects/me/c/cuneiform _the_legend_of_etana.aspx.
40. Rudolf Wittkower, "Eagle and Serpent. A Study in the Migration of Symbols," *Journal of the Warburg*

Institute 2, no. 4（April 1939）: 293–325.

41. “Harvey and Larry Stack to Rejoin Stack’s Bowers Galleries,” *CoinWeek*, May 26, 2011, https://www.coinweek.com/ featured-news/Harvey-and-larry-stack-to-rejoin-stacks-bowers-galleries.
42. Harvey Stack, “The Phenomena of the 50-State Commemorative Quarters,” Stack’s Bowers, July 10, 2012, http://www.stacksbowers.com/NewsMedia/ Blogs/TabId/780/Art MID/2678/ArticleID/478/The-Phenomena-of-the-50-State-Commemorative-Quarters .aspx.
43. “Theodore Roosevelt（1858–1919）,” PBS, http://www.pbs.org/nationalparks/people/ historical/roosevelt.
44. *American Experience*, PBS, March 5, 2014, http://www.pbs.org/wgbh/amex/whitman/more/e_literary.html.
45. Q. David Bowers, *A Guide Book of Double Eagle Coins*, Kindle ed.（Atlanta: Whitman, 2004）, loc. 5552.
46. Ibid., loc. 838.
47. William E. Hagans, “Recreating a Masterpiece,” *Coins*, November 16, 2009, http:// numismaster.com/ta/numis/Article.jsp?ad=article&ArticleId=8456.
48. Bowers, *A Guide Book of Double Eagle Coins*, loc. 789.
49. Ibid., loc. 5569.
50. Ibid., loc. 5604.
51. Ibid., loc. 5605.
52. Ibid., loc. 5606.
53. Ibid., loc. 5687.

54. Susan Berfield, "The Mystery of the Double Eagle Gold Coins," *Bloomberg Businessweek*. August 29, 2011, http://www.today.com/id/44288821/ns/ today-today_news/ t/mystery-double-eagle-gold-coins.

尾聲

1. 引自Geoffrey Ingham, " 'Babylonian Madness': On the Historical and Sociological Origins of Money," in John N. Smithin, ed., *What Is Money?*（New York: Routledge, 2000）. 它的原始出處是 John Maynard Keynes（凱因斯）, *The Collected Writings of John Maynard Keynes*, vol. 11（Cambridge: Cambridge University Press, 1983）, pp. 1–2.
2. 引自Ingham, " 'Babylonian Madness.' "
3. 詳情可參見"Money Talks," *Economist*, September 29, 2012.

知識叢書 1051

錢的歷史：貨幣如何改變我們的生活及未來

Coined: The Rich Life of Money and How Its History Has Shaped Us

作　者—卡比爾・賽加爾（Kabir Sehgal）
譯　者—林添貴
主　編—鍾岳明
編　輯—張啟淵
封面設計—Poulenc
企　劃—劉凱瑛

董事長—趙政岷
出版者—時報文化出版企業股份有限公司
108019台北市和平西路三段二四〇號四樓
發行專線—（〇二）二三〇六六八四二
讀者服務專線—〇八〇〇二三一七〇五（〇二）二三〇四七一〇三
讀者服務傳真—（〇二）二三〇四六八五八
郵撥—一九三四四七二四時報文化出版公司
信箱—10899台北華江橋郵局第九十九信箱

時報悅讀網—http://www.readingtimes.com.tw
電子郵箱—history@readingtimes.com.tw
法律顧問—理律法律事務所　陳長文律師、李念祖律師
印　刷—勁達印刷有限公司
初版一刷—二〇一六年五月十三日
初版三刷—二〇二一年七月十六日
定　價—新台幣四二〇元

時報文化出版公司成立於一九七五年，
並於一九九九年股票上櫃公開發行，於二〇〇八年脫離中時集團非屬旺中，
以「尊重智慧與創意的文化事業」為信念。

錢的歷史：貨幣如何改變我們的生活及未來 / 卡比爾.賽加爾(Kabir Sehgal)著；
林添貴譯. -- 初版. -- 臺北市：時報文化, 2016.05
面；　公分. -- (知識叢書；1051)

譯自：Coined : the rich life of money and how its history has shaped us

ISBN 978-957-13-6614-2(平裝)

1.金錢 2.貨幣史

561.09　　105006050

ISBN 978-957-13-6614-2
Printed in Taiwan